Une Vie, celle de Laurent HIBRANT, est une fresque en passe d'être oubliée, les trente premières années d'un exceptionnel XXe siècle et d'un jeune Périgourdin rural, une histoire qui transforme la biographie en document. On y découvre avec une curiosité relancée toutes les étapes d'une vocation d'enseignant, de Poitiers à Montmorillon, [...] et Bordeaux.

— Raymond POURRAIN,
Bourgogne.

Ce livre est habité. Des précisions et des détails du quotidien, enfouis dans nos mémoires, nous reviennent à chaque page. [...] Quand il est question « du temps de vivre » et de l'évocation du village qui était « comme un petit monde en soi », c'est un hommage aux hommes et aux femmes de la terre, et c'est le monde paysan de notre belle France profonde qui s'active sous nos yeux.

— Raymond KUNTZMANN,
Aquitaine.

Laurent HIBRANT

UNE VIE

Texte révisé, illustré et mis en forme par
J. L. F. Lambert
—8Θ8Θ8—

Du même auteur :
Enquête sur l'enseignement de l'instruction civique. Bordeaux, C.R.D.P. Institut pédagogique national, 1964.
En collaboration :
Enseignement technique. – Textes choisis pour lectures expliquées et lectures dirigées, conformément aux programmes du 3 juillet 1939. – Cours préparatoire et 1ʳᵉ année des écoles nationales professionnelles, collèges techniques et écoles de métiers. [Pierre-] Léon Gauthier [docteur ès lettres, directeur de l'E.P.S. de Rouen], Anne-Marie Rousseau [agrégée de l'Université, professeur au lycée Victor-Hugo]; Laurent Hibrant [directeur de l'École pratique de Saint-Nazaire]. Paris, Vuibert, 1939.
Enseignement technique et professionnel – Cours professionnels d'apprentissage. Avant-propos de Laurent Hibrant. Bordeaux, Samie, 1946.
Lettre adressée au transcripteur avec maquette du texte (deux vol. et pièces rectificatives) :
À Jean LAMBERT […], en témoignage d'affectueuse amitié et en souvenir de son père Georges, mon camarade d'enfance durant les années qui précédèrent la Ie guerre 1914-18.
—
Avec le recul du temps, la mémoire s'est ouverte répondant à l'appel de souvenirs lointains venant lentement s'égrener…
Ils sont rapportés simplement, au seul fil de la plume, évoquant la vie d'un petit Français, semblable à tant d'autres, durant les années du premier tiers de ce siècle.
Cette narration directe mais vraie se veut comme un témoignage d'attachement à une terre, aux deux villages périgourdins, berceaux de son enfance, à sa famille, à notre pays, venu du fond des âges.
Puissent ces quelques pages apporter dans l'esprit du lecteur une réflexion attentive. Car il n'est pas de présent sans passé, et nos humbles passés individuels font notre histoire nationale.

Cenon, ce 15 Mai 87.

L. Hibrant

Témoignage posthume inachevé, rédigé entre 1970-1980; original conservé par la veuve de son auteur, Micheline Hibrant, à Cenon (Gironde). Révision, vérifications patronymiques, recherches historiques, transcription, annotations, dessins, bibliographie, indexations, majorité des titres de chapitres et s.-titres, mise en page et saisie par J. L. F. Lambert. (Grmd 12 esv 11 mrg 200 170 070)

—8Θ8Θ8—

Laurent Hibrant, Eymet 1898 – Cenon 1992
Une Vie
Comprend préface (gᵃˡ R. Kuntzmann, L. H.), notes, illustrations, deux cartes, trois photos, bibliographie, deux glossaires, six index et note du transcripteur (J. L. F. Lambert). Édition autorisée par Micheline Hibrant (2013.04.05, 2013.05.29, témoin : sa belle-petite-fille, Laure Pedezert).

Titre confirmé par Bibliothèque et Archives Canada 2013.06.25
ISBN 978-0-9689826-6-2 (souple) — ISBN 978-0-9689826-7-9 (cartonné)
ISBN 978-0-9689826-8-6 (numérique)

1898-1927; Aisne, Dordogne, Gironde, Lot-et-Garonne, Nord, Rhénanie, Seine-et-Oise, Vienne; Eymet, Issigeac, Marmande, Montmorillon, Périgueux, Poitiers, Royan; Patois périgourdin; Tannage, Activités paysannes, Foires, Compagnie du chemin de fer de Paris à Orléans, Instruction publique, Pensionnats; Première Guerre mondiale, Réfugiés serbes, Brigades russes, Mutinerie de La Courtine, Troisième bataille de l'Aisne, 5ᵉ R.I., 50ᵉ R.I., 108ᵉ R.I.

ILLUSTRATIONS

ABRÉVIATIONS

anon. : anonyme

C.G. : Croix de guerre

c^ne : capitaine

C.R.I.P. : centre régional d'instruction physique

D.I. : division d'infanterie

E.N.P. : école nationale professionnelle

E.P.S. : école primaire supérieure

g^al : général

L.H. : Légion d'honneur

l^t-col. : lieutenant-colonel

P. Ac. : Palmes académiques

P.O. : Compagnie du chemin de fer de Paris à Orléans

P.T.T. : Postes, Télégraphes et Téléphones

R.A. : régiment d'artillerie

R.I. : régiment d'infanterie

N.B. : Les termes suivis d'un astérisque se retrouvent dans le Glossaire; ceux de patois (en italique), à sa fin. « N.T. » précède une intervention du transcripteur.

PRÉFACE

Il y a parfois des **coïncidences mystérieuses**.

Le transcripteur de la présente autobiographie, Monsieur Jean Lambert, souhaitait obtenir des informations sur Jean Galmot, né à Monpazier, aventurier envoûtant aux multiples facettes et personnage central du roman de Blaise Cendrars, intitulé « *Rhum* ». J'avais pu lui apporter, me semble-t-il, les réponses attendues. En charge de la préparation de la publication d'une autobiographie de Monsieur Laurent Hibrant, il m'avait contacté de nouveau pour me proposer de présenter la préface du présent livre, en accord avec Madame Hibrant, veuve de l'auteur.

La **coïncidence**, c'est le rappel à la mémoire de Jean Galmot qui fait l'objet de travaux constants de la part d'une association monpaziéroise, dans laquelle je me suis quelque peu investi, et le **mystère** c'est que, dans le même temps, j'avais le plaisir de travailler sur la biographie d'une Alsacienne qui avait confié ses souvenirs à l'âge de 95 ans. Dans ce cadre, je faisais un plaidoyer pro domo sur les biographies et autobiographies. J'avais écrit que c'était des trésors de famille, mais qu'elles représentaient également une étonnante richesse pour nos compatriotes qui pouvaient y retrouver le ressenti des évènements majeurs, les joies, les peines et les moments forts d'une vie qui ne pouvaient que correspondre à celle de leurs ancêtres. J'avais estimé que tout cela méritait d'être connu et partagé. Le présent livre me renforce dans cette conviction.

I

Cet ouvrage est une œuvre utile et, qui plus est, de très haute qualité. Le transcripteur a réalisé un travail remarquable en le produisant et en y apportant son savoir-faire. Il était l'homme idoine pour avoir connu l'auteur. Je souhaite vivement que ce livre sorte du cercle familial pour notre mémoire collective. Le parcours de Laurent Hibrant, retracé, ici, uniquement dans les trois premières décennies de sa vie, enrichit notre connaissance et notre approche du début du XXème siècle.

L'écriture de Laurent Hibrant est fluide, le style est classique, et la lecture en est facilitée. Le récit de sa vie est empreint de douceur, même dans les temps de souffrance et de peur, comme ceux de la Première Guerre mondiale. Les jours filent sous nos yeux pour construire la vie d'un homme et, pourtant, l'auteur donne l'impression de pouvoir ralentir le temps et de le maîtriser sous sa plume. A bon escient, les notes complémentaires du transcripteur se glissent pour répondre à nos éventuels besoins ou attentes. Ce texte est incarné. Les mots prennent corps au point de se transformer rapidement en images ; notre esprit voit une vie se dérouler comme dans un film. Ce livre est habité. Des précisions et des détails du quotidien, enfouis dans nos mémoires, nous reviennent à chaque page. Ces souvenirs partagés agissent comme un nostalgique retour sur soi. Quand il est question « *du temps de vivre* » et de l'évocation du village qui était « *comme un petit monde en soi* », c'est un hommage aux hommes et aux femmes de la terre, et c'est le monde paysan de notre belle France profonde qui s'active sous nos yeux. Raison de plus pour lire et faire connaître ce livre qui se lit d'une traite. Intitulé « *Une vie* », il est porteur de vies. Celles de plusieurs générations, celles de nos familles. On y retrouve la sienne, celles de ses parents, grands-parents et aïeux.

La Première Guerre mondiale, évènement majeur du début du XXème siècle, est présentée, initialement, par un jeune homme, dont l'âge le rend observateur attentif des premières années de la guerre, puis par le soldat, envoyé au front dans les derniers mois du conflit. Comme pour l'ensemble du récit, son témoignage vivant, détaillé, précis, ne laisse aucune prise à la critique. Respectueux de traduire les moments les plus simples comme les plus dramatiques avec le regard de l'époque, le soldat Hibrant est resté à sa place avec une scrupuleuse honnêteté intellectuelle. Sans en rajouter, il invite à se reporter aux écrits de Maurice Genevoix, Henri Barbusse et Roland Dorgelès, avec, évidemment, pour ce dernier, « *Les Croix de Bois* ». Chacun de nous ne peut que rester admiratif de l'attitude d'abnégation du soldat Hibrant. Dans cette période marquée, certes, par l'horreur, mais aussi par la force du courage, la foi, l'héroïsme au quotidien, Laurent Hibrant ne juge pas et invite à ne pas le faire, mais au contraire à se plonger dans le contexte international, politique, sociologique de ce début de siècle pour en acquérir une connaissance affinée. Une invitation à la sagesse et à la compréhension de l'atmosphère et de la tonalité de cette période. Sa mise en garde est d'autant plus opportune que nous entrons dans le centenaire de la déclaration de cette guerre. Une **coïncidence supplémentaire** pour ceux qui sont sensibles aux signes...

Si le destin des hommes est à chaque fois différent, il suit un cheminement proche, et le vécu individuel se retrouve souvent partagé, sans en prendre vraiment conscience. C'est rassurant et enrichissant. C'est, aussi, une invitation à partager le temps de lecture de ce bel ouvrage qui porte une remarquable biographie.

Raymond Kuntzmann
Général de l'armée de terre (2ème section),
Monpazier (Dordogne).

POITIERS
Boivre
Clain
MONTMORILLON
Gartempe
La ROCHELLE
BELLAC
LIMOGES
La COURTINE   CLERMONT-Ferrand
ROYAN
La BOURBOULE
N
45°N-
PERIGUEUX
COUTRAS ST ANTOINE   Isle
St SEURIN
LIBOURNE BERGERAC
BORDEAUX   Dordogne
CENON   ISSIGEAC   BEAUMONT-du-PERIGORD
Garonne   Dropt   MONPAZIER
EYMET   VILLERÉAL
MARMANDE
ATLANTIQUE
AGEN
Adour
TOULOUSE
SÈTES
TARBES
MÉDI-TERRANÉE
FRANCE
ANDORRE
50 km
ESPAGNE
LL 2013

Le Sud-Ouest de la France

IV

Vous étiez mêmes gens habitant un village,
Vous ne connaissiez rien que vos mêmes usages,
Et voici que le monde entier roule sur vous
                 Ses tumultes et ses remous.

—*Les Rythmes souverains*, Émile Verhaeren, 1910

Aufgestanden ist er, welcher lange schlief,
Aufgestanden unten aus Gewölben tief.
In der Dämmerung steht er, groß und unbekannt,
Und den Mond zerdrückt er in der schwarzen Hand.

—*Der Krieg*, Georg Heym, 1911

Laurent Hibrant
L.H., C.G., P. Ac.
1898-1992
élève de l'École normale d'instituteurs de Poitiers (1915-1917)
enseignant
de l'École primaire supérieure de Montmorillon (1920-1927)
et de l'École nationale professionnelle de Tarbes (1927-1935)
directeur des collèges techniques
de Saint-Nazaire (1935-1942) et de Bordeaux (1942-1963)

À une époque où l'on reproche à la jeunesse
la recherche des plaisirs matériels et volontiers grossiers,
vous vous efforcez de lui inculquer cette éducation artistique
dont la possession n'a pas de prix
et qui reste la source des joies les plus profondes.

—Inauguration de la 18e exposition du Groupe artistique,
Laurent Hibrant, Saint-Nazaire, 1936

INTRODUCTION

Mon ascendance paternelle
(N.T. – Mises au point de Colette Poveda [2015.06.15].)

Arrière-grands-parents

Louis HIBRANT   épouse   Catherine CHAGNIAUD
né à Eymet le 11 févr. 1795
ouvrier tanneur

deux enfants :

Louis HIBRANT   Élisabeth HIBRANT
1828-1881   1839-1895

Grands-parents

Louis HIBRANT   épouse   Anne-Marie CRESTIA, dite
artisan tanneur à Eymet   Christine, asc. espagnole,
1828-1881   1834-1915

deux fils :

Joseph Alix HIBRANT   Joseph/Laurent HIBRANT
1865-1907   1867-1892

Anne-Marie Crestia avait une sœur mariée à Eymet et un frère, Louis Crestia, qui eut deux enfants, Joseph Crestia (mon tuteur lors du décès de mon père) et Céline Crestia, tous deux célibataires et sans postérité.

Laurent Hibrant, dessinateur à la Compagnie du chemin de fer de Paris à Orléans, est décédé des suites d'une laryngite tuberculeuse contractée au service militaire.

Parents

J. Alix HIBRANT   épouse   Léonie Marie CAUNIÈRE
né à Eymet le 24 déc. 1865   le 7 avril 1896   née à Issigeac le 11 avr. 1875
artisan tanneur à Eymet   déc. à Bordeaux le 12 août
déc. à Eymet le 7 sept. 1907   1961

un fils :

Pierre Laurent   épouse   Marcelle Yvonne
HIBRANT   à St-Antoine/l'Isle   TRIMOULET, dite
né à Eymet   le 11 août 1921   Georgette/Zette, née à
le 5 janv. 1898   Eygurande-et-Gardedeuil le
18 mars 1901, déc. à
Bordeaux le 20 juin 1950

fille de Raoul TRIMOULET et Marguerite LACAILLE, six enfants (Georgette; une sœur déc. en bas âge; Paul; René; André; Jacques)

1

2

Mon ascendance maternelle

(N.T. – Mises au point de Colette Poveda [2015.06.15] et d'André Dubois [2014.01.13].)

Arrière-arrière-grands-parents

Michel VINCENT	épouse	Marguerite BOUTIER
né à Razac-d'Eymet		née à Issigeac
le 24 janv. 1811		le 16 avr. 1814
horloger		

quatre enfants :

Marguerite, dite Vincente,	Marguerite	Michel/Louis	Troisille ? ♀
née à Mandacou	née à Mandacou	né à Mandacou	déc. en
le 4 août 1835	le 19 août 1839	le 3 avr. 1841	bas âge
		horloger à Issigeac	

Arrière-grands-parents

Pierre MEUR, dit MUR	épouse	Marguerite VINCENT,
né à Issigeac le 21 janv. 1822	à Issigeac	dite Vincente,
ouvrier tanneur	le 10 mars 1852	née à Mandacou
Comp. du Tour de France		le 4 août 1835

deux filles :

Marguerite MEUR, dite Muralie,	Reynotte/Reine MEUR
née à Issigeac	née à Issigeac
le 30 déc. 1852	le 7 janv. 1859

Grands-parents

Pierre/Martin CAUNIÈRE	épouse	Marguerite MEUR,
né à Issigeac le 3 juin 1848	à Issigeac	dite Muralie
combattant 70-71	le 23 avril 1872	née à Issigeac
tonnelier-viticulteur		le 30 déc. 1852

deux filles :

Madeleine CAUNIÈRE
née à Issigeac le 18 janv. 1873
déc. à Issigeac le 26 janv. 1949
épouse Arthur DUBOIS (1865-1946), artisan
ferblantier zingueur – trois fils :
1. Amédée A. DUBOIS (1891-1951), combattant
14-18 trois fois blessé, ferblantier-quincailler à
Issigeac, marié à Adrienne RIVES, six enfants
(Andrée, Armand, Alix, Arlette, Albert, Alain);
2. André DUBOIS (1896-1915), déc. au 50e R.I.;
3. Jean Paul DUBOIS (1902-1981), ferblantier-
plombier à Issigeac, marié à Paule CAMUS, quatre
enfants (Pierrette, Michelle, André, Jean-Claude).

Ma Mère
Léonie Marie CAUNIÈRE
née à Issigeac le 11 avr. 1875
déc. à Bordeaux le 12 août 1961
épouse en 1896 mon père,
J. Alix HIBRANT

I

Entre les Arcades et les Gargouilles

—

mon enfance entre Eymet et Issigeac

Primitivement dénommée La Bastide Aymeri, Eymet remonte à l'époque romaine ainsi qu'en témoignent les nombreux vestiges retrouvés : mosaïques, briques à rebord, fragments de poterie.

C'est en 1270 que fut créée la bastide, sur ordre d'Alphonse IX, comte de Poitiers, frère du roi Saint Louis. Arrosée par le Dropt, petit affluent de la rive droite de la Garonne, qui coule sur une longueur d'environ 125 km entre le Lot et la Dordogne, la bourgade a conservé son architecture primitive. La bastide comprend une place centrale, entourée de cornières*, à laquelle on accède aux quatre angles par des rues qui étaient fermées, à l'extérieur, par des portes fortifiées comprises dans l'enceinte de remparts (¹).

Eymet connut toutes les vicissitudes des guerres qui opposèrent pendant longtemps, du XIIᵉ au XIIIᵉ siècle, les Capétiens et les Plantagenêts, et fut un champ de bataille permanent, surtout pendant la guerre de Cent Ans. En 1377, le connétable Du Guesclin, le fidèle serviteur du roi Charles V, qui devait trouver la mort en Lozère au siège de Châteauneuf de

---

¹ Enceinte et portes ont disparu, mais les rues conduisent toujours à la place centrale. N.T. – Ancienne colonie romaine, étape de pèlerinage à Saint-Jacques-de-Compostelle, Eymet est annexée par la France en 1271 (après l'extermination des « hérétiques » [ou Albigeois]).

4

Randon en 1385 (place fortifiée à 1250 m d'altitude), enleva Eymet aux Anglais (²).

---

² Traduction d'un texte en langue romane découvert vers 1840-45 dans un registre de l'hôtel de ville de Périgueux :

Le samedi, vingt-deuxième jour d'août, l'an 1377 fut mis le siège par Monseigneur le Duc d'ANJOU devant la ville de BERGERAC, et avait avec lui Monseigneur Bertrand DUGUESCLIN, Connétable de France, Louis de Sancerre, Maréchal de France, Yves de GALLES et grand nombre d'autres grands Seigneurs.

La ville et les châteaux se rendirent le 3 septembre suivant.

Pendant qu'il était au siège de ladite ville, Monseigneur le Duc avait envoyé Monseigneur Jean du BUELH avec un certain nombre de gens d'armes, pour faire venir un engin qu'on appelle « Truie ».

Et Monseigneur Thomas de FELTON qui était Sénéchal de GUIENNE pour le roi d'ANGLETERRE, les barons de GASCOGNE qui étaient de ce parti, faisaient leur assemblée de gens d'armes, et vinrent en un lieu qui a nom EYMET pour se porter à la rencontre dudit Seigneur de BUEJL, pour le prendre, lui et ses gens, s'ils pouvaient.

-   Monseigneur de BUEJL, son frère,
-   Yves de GALLES,
-   Monseigneur Pierre de MORNAY

et grand nombre d'autres les rencontrèrent près dudit lieu d'EYMET et découvrirent les ennemis, et ce fut fait le 1er jour de septembre de l'an dessus dit, et furent pris les seigneurs suivants :

-   Le Sénéchal Thomas FELTON,
-   Le Sire de LANGOIRAN,
-   Le Sire de MUSSIDAN,
-   Le Sire de RAUXAN

et grand nombre d'autres furent pris ou tués à la bataille, beaucoup, voulant fuir, se noyèrent dans le DROPT.

C'est en partant de ces faits, historiquement exacts, qu'une interprétation plus « légendaire » s'est transmise à travers les générations successives. Du Guesclin, qui ne semble pas avoir participé à la bataille, étant retenu au siège de Bergerac, a été donné comme l'organisateur et le vainqueur de la bataille alors que ce sont ses lieutenants qui l'ont livrée et remportée. L'engin appelé « truie* » ayant permis de pénétrer dans l'enceinte fortifiée d'Eymet aurait plus tard donné son nom à la voie d'accès à la bastide, dénommée depuis lors rue de l'Engin (La légende voudrait parfois que cet engin aurait été une sorte de cheval de Troie.). D'autre part, on parlait encore, dans mon enfance, du « trou des Anglais », faisant ainsi allusion à cet endroit du Dropt où se noyèrent ceux des combattants du parti du roi d'Angleterre en essayant d'échapper à la poursuite des Français. N.T. — Eymet est anglaise de 1279 à 1337, contestée par Français et Anglais de 1337 à 1380, anglaise de 1380 à 1451.

Les guerres religieuses, aux XVIe et XVIIe siècles, ensanglantèrent le pays. La religion réformée y prit alors de fortes racines et la population de la bourgade, au début du XXe siècle, comptait environ vingt pour cent de protestants, le culte étant assuré rue du Temple par un pasteur résidant. Les familles protestantes occupaient, en général, socialement des situations bien assises et les mariages dits « mixtes » n'avaient pas cours. Les deux cimetières, catholique et protestant, bien que mitoyens, étaient séparés par un mur. Ce mur fut abattu après la guerre de 1914-1918, lorsque cette dernière eut contribué à rapprocher ceux qui avaient été si longtemps antagonistes et s'étaient méconnus (³). Mais ce mur était en place en 1907 lors de l'inhumation de mon père et je m'étonnais alors, à 9 ans, de voir que chacun de ces deux « champs de repos » était respectivement fermé aux uns ou aux autres, alors que l'école communale rassemblait les petits protestants et la grande majorité des petits catholiques.

En 1588, le futur Henri IV séjourna à Eymet, selon les dires de Voltaire qui fait état, dans son *Essai sur les mœurs et l'esprit des nations*, d'une lettre datée d'Eymet que celui-ci y écrivit.

Par la suite l'histoire de la bourgade se confond avec celle des régimes successifs et avec l'histoire nationale.

La Maison Natale

C'est dans la rue de l'Engin, à Eymet, que je naquis, une nuit d'hiver, le 5 janvier 1898.

Père, mère, grand'mère paternelle, qui vivaient ensemble, étaient là pour m'accueillir dans une maison bien modeste. De cette prime enfance, je n'ai conservé que des souvenirs d'ordre physique : une chute sur le rebord d'un trottoir qui détermina une cicatrice au

---

³ N.T. — 1. Eymet est protestante de 1535 à 1685; son temple est démoli en 1671 (avant l'édit de Fontainebleau de 1685), mais reconstruit en 1808. 2. À vingt kilomètres d'Eymet, aussi récemment qu'en 1961, les catholiques d'Issigeac ont dû faire pression sur leur curé pour qu'il ne s'oppose pas à l'inhumation dans le cimetière communal d'une chrétienne orthodoxe dans le tombeau de son mari, catholique excommunié.

sourcil gauche, un abcès sous un bras qui nécessita une intervention du médecin et beaucoup de pleurs et de cris.

Alors que j'avais trois ans, mes parents achetèrent une maison plus importante, en face de celle où ils habitaient. J'en pris vite possession. On y pénétrait par une porte cloutée. Un marteau rustique, dont le battant résonnait sur l'un des clous, annonçait les visiteurs. Par un couloir, on accédait à une salle assez vaste (que nous appellerions aujourd'hui « séjour »). Une grande cheminée se dressait sur un côté. Sur les braises ma grand'mère y confectionna beaucoup de millas*. Tout le sol du rez-de-chaussée était dallé de larges carreaux de Marseille. Sur un côté du couloir, avant d'accéder à la salle à manger, s'ouvrait une pièce donnant sur la rue : elle était destinée à recevoir les amis, et pendant longtemps, après la mort de mon père et pour des raisons d'ordre matériel, elle fut louée au Crédit Lyonnais. Un agent de cette banque y traitait les transactions avec la clientèle les jours de foire et de marché. Le mobilier de cette pièce comportait notamment un grand fauteuil Voltaire et des chaises très fines, et cet ensemble, recouvert de reps* rouge, faisait mon admiration.

À côté de ce « salon » et ouvrant sur la salle à manger, une chambre « noire » où couchaient ma grand'mère et moi-même. Attenant à la salle à manger, la cuisine : elle comportait un fourneau de trois trous dans lesquels le charbon à bois servait de combustible, un évier en fonte d'où l'eau s'écoulait après usage par une canalisation qui se déversait dans un puits perdu. Une pompe, dans le jardin, alimentait seau et arrosoir placés sur l'évier.

On puisait l'eau fraîche dans le seau à l'aide d'un « godet » comportant un long tuyau. Le godet rempli et placé sur le seau servait de robinet pour le lavage des mains. Mais beaucoup d'aliments étaient préparés dans des marmites de fonte suspendues à la crémaillère de la cheminée, au-dessus d'un joyeux feu de bois.

Salle à manger et cuisine donnaient de plain-pied sur le jardin. Pour moi, c'était un univers grand et attrayant.

Auprès de la maison croissaient des arbustes divers, mais un massif de seringas, aux fleurs blanches et très odorantes, plaisait à mon père qui témoignait aussi d'un intérêt particulier pour la treille de chasselas roses qui courait le long du mur mitoyen, entre notre jardin et celui du docteur Marboutin, notre voisin.

Dans un coin, dissimulés dans la verdure, les W.C. avec une banquette de bois bien cirée témoignaient d'un souci de propreté et d'hygiène (adaptées à cette époque). Au fond du jardin, un abri de bois, bien couvert; il y faisait bon entendre crépiter la pluie.

Mais une ombre vint un jour m'enlever ces joies enfantines : ma mère prétendit qu'une chouette dont le hululement s'élevait d'une des sapinettes était venue cet été de 1907 annoncer une mort prochaine... J'en restai marqué par la suite, craintif, lorsque je me retrouvai seul avec ma grand'mère, à la rentrée de la classe, quelques semaines après la mort brutale de mon père...

Le premier étage de la maison comptait trois chambres à coucher. Deux d'entre elles, dont celle de mes parents, ouvraient sur le jardin, la troisième sur la rue. J'y allais peu et même plus du tout après le départ de mon père : ma grand'mère, terrassée par le deuil, manifestait une frayeur pathologique en revoyant en pensée la chambre où avait agonisé mon père pendant trois jours et cette réaction m'atteignait au point que je n'osais plus ouvrir la porte de l'escalier qui conduisait de la salle à manger à la chambre.

Au deuxième étage s'étendait le grenier.

Mon Père, Artisan Tanneur

Chaque matin, de bonne heure et jusqu'à la tombée de la nuit, mon père partait travailler à son atelier, non loin de la maison, à proximité de l'école communale des filles.

Il était tanneur de son métier, mais il était spécialisé dans un corroyage et une technique particulière : il traitait et façonnait les cuirs de buffle. Ce métier était pratiqué de père en fils tout au long du XIXe siècle et mon père l'avait appris tout jeune de son propre père.

Deux importantes maisons de cuir fournissaient ces peaux de buffle qui arrivaient en France par cargos, venant d'Indochine et des Îles de la Sonde (Java et Sumatra). Ces peaux avaient subi un traitement sommaire, elles étaient recouvertes de longs poils et livrées pliées en deux. Suivant les circonstances, les besoins de la fabrication et la nature des arrivages, mon père passait commande à la maison Alphonse, du Havre, ou, plus souvent, se rendait à Bordeaux par le train pour acheter, sur pièces, auprès de la maison Charmet, qui continue d'ailleurs d'exister, rue de Tauzia.

Les peaux livrées à Eymet étaient entreposées dans un hangar très aéré, et au fur et à mesure des besoins, recevaient un nouveau traitement : dans un grand bassin dont l'eau était renouvelée pendant plusieurs jours, elles subissaient un trempage qui les ramollissait, puis elles étaient découpées à l'aide d'un tranchet en bande de largeur variable, après avoir été débarrassées des poils et rendues bien lisses et bien nettes.

Le travail de fabrication des « crognons* » ou des « ambines* » pouvait alors commencer.

L'atelier était des plus modestes, son équipement paraîtrait aujourd'hui primitif et archaïque. Sur une grande table les bandes de cuir étaient allongées pour recevoir des coups de maillet en bois en vue de les assouplir, puis placées sur une planche et suspendues, ou plutôt accrochées à l'une des extrémités, elles étaient, de place en place, amincies à l'aide d'un tranchet.

Ainsi préparées, elles étaient alors solidement fixées à un crochet rivé au mur : c'était l'heure de la force et de la dextérité manuelle. Autour d'un câble en corde, il convenait d'enrouler la bande de cuir pour obtenir un tressage plein et solide, et l'ouvrier devait alors conduire à la fois l'intégration de la corde et l'enroulement du cuir autour d'elle. À l'issue de ce travail, la « cordée » ainsi exécutée était étirée à l'aide de deux pas de vis fixés sur une table. Accrochée à deux sortes de tenailles entraînées par le pas de vis, chacun d'eux agissant en sens contraire à l'aide d'une petite manivelle actionnée à la main, la corde prenait la longueur désirée, s'affinait. Plusieurs coups de maillet contribuaient de nouveau à l'assouplir. On passait alors à un autre stade de la fabrication : la confection de l'anneau lui-même.

Il fallait en effet, en partant de la bande tressée faire de cette dernière un anneau, tressé lui aussi, de diamètre variable selon la destination éventuelle, et d'une solidité totale. Cette besogne se faisait entièrement à la main, avec soin, méthodiquement, selon une technique acquise par expérience.

Bien formé et son tressage retenu par deux « cornes », l'anneau était alors enfoncé autour d'un moule en bois très dur, de forme tronconique, à coups de maillet pour que la partie intérieure soit aplatie et pour y prendre une forme bien circulaire et sécher plusieurs jours.

Après séchage et contrôle à la main, les crognons étaient emballés dans des sacs de jute (par douzaines) et expédiés par la voie ferrée (petite vitesse) aux clients dont la majorité habitait les régions agricoles fertiles où se pratiquait une culture intensive.

Le crognon (ou l'ambine selon le cas) était en effet un des éléments de l'attelage des bœufs ou des vaches qui tractaient les charrues et les lourdes charrettes. Ces derniers, accouplés de part et d'autre du timon par de longues et fortes lanières de cuir (les « juilles* »), tiraient pesamment le chariot. Pour amortir les saccades, le crognon était fixé et retenu par une courte lame d'acier à l'extrémité du timon, ce qui assurait au convoi plus de souplesse dans le roulement. C'était l'époque où la traction animale constituait l'une des techniques de la culture et des transports ruraux.

La clientèle la plus importante de mon père se rencontrait dans les régions de riche culture : le Lauragais, le Midi-Pyrénées, la Limagne notamment.

Une fois emballés, les crognons étaient emportés à la gare de marchandises par mon père ou l'un des deux ouvriers, dans une petite charrette à deux roues et deux brancards. Il m'arrivait parfois de monter sur les sacs, dans la charrette, pour voir charger et décharger par les agents de la Compagnie (on disait alors « la Compagnie du P.O. » [Paris-Orléans] [4]) ces paquets,

---

4 N.T. — La Compagnie du chemin de fer de Paris à Orléans fut fondée en 1838 et sa première ligne fut ouverte à partir de 1840-1843, avec pour tête de ligne la gare d'Orléans (appelée plus tard gare d'Austerlitz, la gare d'Orsay étant tête de ligne de 1900 à 1939); de 1852 à 1934, la compagnie absorba d'autres compagnies de chemins de fer, reliant ainsi Bordeaux à son réseau; en 1937, elle fusionna avec quatre autres grandes compagnies pour former la Société nationale des chemins de fer français (S.N.C.F.).

ces caisses, ces marchandises diverses qui s'alignaient dans le hall de cette gare qui me semblait immense.

Mon père travaillait avec deux ouvriers.

Le plus âgé (il est mort depuis assez peu de temps à l'âge de quatre-vingt-douze ans) s'appelait Félix. Je ne le connaissais que par ce prénom. Il était grave, laborieux, appliqué, attentif. Il me considérait avec affection et je l'aimais bien. Il habitait avec sa femme, Hélène, une petite maison mitoyenne de la nôtre. Le ménage n'ayant pas d'enfants, Hélène s'occupait aux besognes quotidiennes mais, pour augmenter les ressources, elle s'employait chaque après-midi à domicile, comme un certain nombre d'autres femmes, à enfiler des perles de verre creuses et colorées dans du fil de fer. Elle percevait ainsi, pour chaque après-midi de travail, cinquante centimes. En effet, Eymet, chef-lieu de canton, possédait un atelier de fabrication de couronnes mortuaires en perles, et ses trois artisans s'adonnaient alors à les assembler. Le mari d'Hélène, lui, était rétribué par mon père, en 1907, cinq francs par journée de travail (le franc avait sa valeur or). Je revois Hélène, assise devant sa porte, sur une chaise basse, un grand tablier formant poche devant elle et contenant les perles, piquer le fil dans le gros tas de perles, des heures durant...

Le plus jeune des deux ouvriers s'appelait Léon. J'ai meilleure souvenance de son physique : il était brun, maigre, le visage allongé; il fumait, assez souvent il chantait. Mais il était moins qualifié que Félix, moins attaché à sa besogne. Il fallait parfois lui faire des observations : il était, me semble-t-il, léger et insouciant. Néanmoins, il faisait équipe avec Félix et mon père le rétribuait trois francs cinquante par journée de travail.

J'allais souvent à l'atelier avec mon père et les ouvriers. J'aimais tourner la poignée de l'appareil qui permettait de tirer le cuir tressé et frapper avec le maillet sur les crognons pour les enfoncer autour des moules de bois. L'été, l'atelier sentait plus fort le cuir, la sueur ruisselait sur les fronts, tombait sur les tabliers de jute dont s'enveloppaient mon père et les deux ouvriers.

Dans le jardin contigu à l'atelier chantaient les cigales; devant la petite fenêtre de l'atelier, les capucines grimpaient le long des ficelles tendues par mon père pour faire un écrin de fleurs. De la cour de récréation de l'école des filles tout proche montaient les cris et les chants tout d'un coup, suspendus par la cloche, et la torpeur de l'été s'appesantissait sur toutes choses…

La Rue de l'Engin

Mon père aimait les chats : ils combattaient les souris qui auraient grignoté les cuirs, et il leur apportait chaque jour des restes du repas de midi. Habitués à lui, ils venaient à sa rencontre, à mi-chemin entre la maison et l'atelier, miaulant et la queue en l'air.

Mon père était bon, calme, laborieux, ordonné, raisonnable. À quinze ans, à la mort de son père, il avait dû endosser la responsabilité de chef de famille pour assurer l'existence de sa mère et de son frère, et l'éducation de ce dernier.

Selon la mode de l'époque, il portait une moustache blonde assez fournie, son regard s'éclairait de deux yeux bleus sous un front très dégarni par une calvitie précoce de la partie supérieure du crâne. De taille moyenne, 1,65 m, il s'attachait à la plus parfaite correction vestimentaire et il me revient de lui un portrait où il paraît vêtu d'un pantalon à petits carreaux, d'une veste noire d'alpaga, la chaîne de montre sur le petit gilet, un nœud papillon noir très strict devant le col d'une chemise blanche. Je ne me souviens pas de l'avoir entendu crier ou protester fortement, ou se plaindre. Et la seule correction que j'ai eue à recevoir de lui est venue de mon balancement sur ma chaise, à table, lors du déjeuner. Comme j'avais perdu l'équilibre et étais tombé en arrière, à la renverse de ma chaise, il avait éprouvé une grande peur, me croyant blessé par cette chute sur le carrelage. La peur dissipée, je reçu alors une fessée et fus mis au coin dans l'escalier.

Il comptait beaucoup d'amis dans le village, depuis le pharmacien Joly, son camarade d'école, jusqu'à ses clients du canton. Mais il affectionnait se retrouver à la belle saison, après le souper, avec son voisin Joseph Crestia, tanneur comme lui, et Aucher, le cordonnier, fabricant et vendeur de chaussures dont le magasin et l'atelier étaient situés sous les cornières. Tous les trois, devisant, gagnaient le pont sur le Dropt, près du moulin, et s'entretenaient de leurs activités et des questions susceptibles à l'échelon local ou cantonal d'offrir matière à discussion. C'était direct, amical, parfois jovial lorsque Aucher conduisait l'entretien; il m'arrivait d'accompagner mon père et j'aimais bien M. Aucher.

Ma mère s'était mariée à vingt ans.

Le receveur des contributions indirectes d'Eymet, qui assurait aussi ses fonctions dans le canton voisin d'Issigeac, contrôlait les déclarations de récolte de vin chez les viticulteurs. À ce titre, il était devenu un familier de mon grand-père maternel. Comme il était aussi en relations amicales avec mon père, il fit de son mieux pour mettre en contact le célibataire, chef de famille, âgé alors de trente ans, et la seconde fille de mon grand-père : une grande brune, le visage rond, qui avait reçu avec sa sœur Madeleine au couvent d'Issigeac, dirigé par des sœurs de la congrégation de sainte Marthe, une éducation religieuse et une « petite » instruction primaire. Une photo de cette époque la représente dans un groupe de jeunes femmes : toutes vêtues de longues robes noires, coiffées sur modèle uniforme, auprès d'un harmonium.

Dès son mariage, ma mère vint habiter Eymet dans la maison qu'occupaient mon père et ma grand'mère veuve depuis déjà une douzaine d'années. Il était alors normal que deux générations, parfois trois, vivent sous le même toit et se livrent, en commun, aux diverses activités ménagères de cuisine, couture, linge, éventuellement travaux d'agrément, les hommes exerçant leur métier à l'extérieur.

Ma grand'mère, née Crestia Anne-Marie, mais dénommée familièrement Christine par les siens, était alors âgée d'environ soixante ans, marquée par deux épreuves : la mort de son mari, décédé à cinquante et un ans, et celle de son plus jeune fils, décédé à vingt-six ans d'une laryngite tuberculeuse contractée durant son service militaire, deux ans avant le mariage de mon père. Elle présentait néanmoins un visage agréable sous une coiffe blanche tuyautée, mais demeurait constamment vêtue de noir, ajoutant, l'hiver, sur ses épaules, une mantille noire en laine tricotée, et couvrant partiellement ses mains avec des mitaines*. Ma grand'mère, qui avait reporté toute son affection sur le fils qui lui restait, vouait à ce dernier un culte véritable. Aussi, lorsqu'en 1907 celui-ci mourut en un court espace de temps, elle commença à se replier sur elle-même.

*

Sous les arcades, au bout de la rue de l'Engin

Dans la rue de l'Engin, les familles vivaient très proches les unes des autres. Notre maison était mitoyenne de celle du docteur Marboutin et de celle, beaucoup plus modeste, de Félix, le premier ouvrier de mon père. En face habitait la famille Bijou, locataire de la première maison antérieurement occupée par mes parents. M. Bijou et sa femme montaient, avec des perles de verre, des couronnes mortuaires et des ensembles de feuillage. Ils étaient très habiles et laborieux, et, en quelques années, ils purent mieux s'installer, « sous les couverts* », dans un immeuble mieux agencé, et ouvrir un magasin. Ils avaient deux filles : Fernande, encore vivante, brave et très bonne, laborieuse, et Louise, née le même trimestre que moi, fine et intelligente, qui devait être ma première camarade de jeu. Je l'aimais beaucoup, même séparés par les circonstances, devenus âgés l'un et l'autre. Louise demeurée célibataire, mais ayant conseillé et dirigé l'affaire familiale, même après le mariage de sa sœur Fernande, je ne manquais pas, à l'occasion de mes brèves visites à Eymet, d'aller la voir et de l'embrasser.

À côté de la maison de M. Bijou, il y avait l'épicerie de deux sœurs, Mélanie et Héroda Borderie. J'y régnais un peu et, traversant la rue maintes fois, je pénétrais dans le monde d'une petite boutique bien close, parfumée de l'odeur du café récemment grillé, du sucre, du savon, des épices... Je m'exerçais à moudre le poivre ou le café en grains dans des moulins fixés à un comptoir. J'avais toujours quelque appétit pour un bâton de chocolat vendu à la pièce et « cassé » de la tablette, pour la grosse sardine à l'huile vendue aussi à la pièce, mijotant dans une grosse boîte soigneusement recouverte après son ouverture d'un rectangle de verre minutieusement nettoyé. Et souvent, je m'invitais à partager le repas dans la petite pièce qui jouxtait la cuisine.

En face de notre maison, et allant jusqu'à l'angle de la rue de l'Engin, habitait un maçon : Monmajou. Son fils travaillait avec lui; il avait rapporté d'une lointaine colonie où il avait servi comme soldat, un gros perroquet vert et rouge. Fixé à son perchoir par une chaîne, l'oiseau « Jacquot », en dehors des moments où il broyait et mangeait des graines, répétait à longueur de journée les phrases que lui enseignait son maître. Il faisait la joie du quartier et suscitait toujours ma curiosité. Souvent, le matin, l'hiver avant de partir pour l'école, j'allais chez Monmajou acheter pour un sou de châtaignes bouillies dans une assiette émaillée. La femme du maçon faisait en effet, dans le village, office de marchande de marrons. À l'heure du petit déjeuner, elle passait dans les rues, portant sous son bras (elle était très forte), soigneusement recouvert d'un torchon blanc, un couffin de marrons cuits à la mode périgourdine dans de grands récipients de terre. L'après-midi, vers seize-dix-sept heures, à la sortie de l'école, on la trouvait encore criant en patois les marrons chauds et grillés.

L'École Communale d'Eymet

À partir de six ans, on m'envoya à l'école communale.

L'école des garçons, qui possédait en annexe un cours complémentaire, était située pour moi, à mon échelle d'enfant, loin de la maison, route de Bergerac, près d'un pont de pierre qui coupait le Dropt. Elle passait pour importante et réputée. Elle comptait en effet quatre classes, depuis le cours préparatoire (on ignorait alors, en zone rurale, les écoles maternelles) jusqu'au cours dit « supérieur » qui faisait suite pendant un ou deux ans à la classe du Certificat d'études primaires.

J'entrai dans la classe de Mme Gruvel, la femme du directeur. C'était une mère de famille de trois enfants, forte et enjouée, sachant vite discerner les voies et moyens des meilleurs pour apprivoiser les petits en fonction de leurs réactions propres.

Elle usait abondamment du tableau noir pour tracer les barres, les traits, les ronds, les jambages qui constituaient les lettres. Et devant ces lignes de figures qui étaient l'alphabet, nous étions entraînés à voix collective puis individuelle à connaître et reconnaître les lettres, puis les mots.

Et l'on répétait et l'on répétait. Et peu à peu, on passait du tableau à l'abécédaire et au premier livre de lecture.

Et à seize heures, nous sortions, souvent blancs de craie, car du tableau noir, instrument magique, se dégageait, impalpable, la fine poussière des bâtons de craie, outils magiques avec lesquels le tableau pouvait se couvrir de tant de symboles.

Un après-midi, pendant la leçon de lecture, un orage très violent éclata. Les éclairs et le tonnerre m'effrayaient. Je me précipitai alors sous la table de la maîtresse et m'enfouis le visage dans sa longue jupe. Elle eut beaucoup de peine à me rassurer et raconta en riant à ma mère, qui était venue m'attendre à la sortie de l'école, ma peur panique.

Et puis, j'entrai ensuite dans la classe de M. Chieze qui était chargé du cours élémentaire. Ici, mes souvenirs sont peu précis, sinon que ce maître me paraissait un peu précieux et distant, et mon séjour dans cette classe m'apparaît sans relief.

À neuf ou dix ans, je fus admis dans la classe du certificat d'études, animée par M. Landa. Je m'y retrouvai avec de bons camarades connus depuis le cours préparatoire et qui avaient été jugés aptes ou dignes d'affronter ce Certificat d'études primaires qui illustrait et sanctionnait le savoir patiemment acquis. Sa possession constituait alors un témoignage important de la connaissance et le diplôme délivré au soir de l'examen, où le nom était écrit en belle écriture ronde, méritait l'encadrement et une place d'honneur dans l'une des chambres de la maison familiale.

M. Landa était un jeune instituteur, fils d'un cantonnier, agréable et souriant, élevé et instruit par une mère prématurément veuve et pauvre. Il était l'exemple de ce que l'on qualifie aujourd'hui de « démocratisation ». Par le canal du cours complémentaire, il avait été reçu au concours de l'École normale et était revenu enseigner dans cette école où il avait été élève.

Avec lui, nous avons beaucoup travaillé. De la leçon de morale ou d'instruction civique par laquelle commençait la journée, en passant par les dictées, les questions de grammaire, les fractions, le système métrique, les problèmes, les récitations de fables, les rois de France, les départements, les fleuves, les engrais et les amendements (car nous avions aussi un livre d'agriculture), les heures de classe fuyaient et les semaines tombaient en nous rapprochant du certificat d'études; sans omettre, bien sûr, l'étude qui prolongeait la classe, et durant laquelle, moyennant une bien faible rétribution, le maître aidait ceux qui étaient en peine, ou bien nous conviait à une dictée supplémentaire ou vérifiait nos certitudes dans les formules de surface latérale ou de volume du cylindre.

Ce qui ne nous interdisait pas, durant les récréations – la cour nous paraissait immense – de nous lancer à toutes jambes dans le jeu de barres, du drapeau, de la balle cavalière ou autre… Durant ces récréations, et aussi avant l'entrée en étude du soir, le directeur, sa femme et les deux adjoints devisaient, assis en cercle sous un tilleul, à l'angle de la cour.

C'est un « grand » qui, par alternance, sonnait la cloche pour les entrées, les récréations, les sorties. Et, alignés devant la porte de la classe, nous rentrions souvent en chantant, car il fallait présenter au certificat d'études, si l'on était admis à passer l'oral, cinq chants choisis dans une liste officielle.

Quant à l'éducation physique, c'est le maître qui en assumait la charge par la pratique de leçons comportant des mouvements, les grands pouvant se livrer à une forme de culture plus savante aux barres parallèles, aux anneaux, au trapèze, à la barre fixe. Les sports, eux, étaient, pour nous tous, ces jeux où s'éprouvaient l'adresse, la force et la vitesse à la course. Et ces petits paysans ou demi-paysans avaient devant eux, autour du village, les prés et les champs pour s'ébattre...

Le 21 juin 1909, je fus reçu très confortablement au certificat d'études. Ma mère était présente en fin d'après-midi pour les résultats. Elle avait amené avec elle, venant d'Issigeac, une amie plus jeune, Lucienne Bel, la fille d'un charpentier, de bonne famille d'artisans, jolie et éveillée. Était-ce dans l'intention d'appeler sur elle l'attention de mon instituteur ? On me le dit plus tard, mais ce fut sans suite.

Je quittai M. Landa les jours suivants. Je ne devais plus le revoir. Mobilisé dès le premier jour de la guerre, il devait être tué au mois d'août 1914 sous l'uniforme de caporal d'infanterie. Je ne l'ai jamais oublié.

Mes Camarades

Dans ce même temps, je me préparais à la première communion. Le curé d'Eymet était un brave homme de prêtre, sans beaucoup de relief. Mais la présence au catéchisme allait de pair, dans la semaine, avec la préparation du certificat d'études. Et ce fut sensiblement à la même date que je fis ma première communion. Mais sur ces deux événements planait encore la mort de mon père disparu en septembre 1907; aussi ne furent-ils pas, comme dans les autres familles de mes camarades, l'occasion de joies intimes.

Cependant, nous nous retrouvions aussi avec amitié au catéchisme et nous y avions alors l'occasion d'y rencontrer les filles de l'école communale, de notre âge, et de parler de tout ce qui se faisait dans nos écoles respectives. D'ailleurs, durant la belle saison et pour maintenir des traditions de village, avec l'accord de nos parents, nous organisions des jeux et des rondes autour des « buissons blancs », c'est-à-dire des buissons d'aubépines.

Nous allions couper ces buissons dans les haies puis, liés aux dossiers de deux chaises accouplées, nous les garnissions de morceaux de bougie, piqués aux épines. Le soir venu, les bougies allumées, nous nous retrouvions au carrefour de l'une des rues (il y avait alors « buisson blanc » par roulement chaque semaine successivement dans chaque quartier) et ainsi commençaient la farandole et les chants autour du buisson illuminé : « *Nous n'irons plus au bois, Les lauriers sont coupés... Entrez dans la danse, Voyez comme on danse...* » On donnait des gages, on levait les gages en s'embrassant. Et nous nous connaissions tous très bien ainsi. Je revois se lever devant moi Madeleine Hibrant (qui était mon homonyme), Marcela Barjeaud, Louise Bijou et tant d'autres de tout le village qui était vraiment une communauté et une amitié.

Tout contribuait d'ailleurs à cette entente. À l'exception de quelques familles fortunées, peu nombreuses, tous nos parents étaient des travailleurs aux ressources modestes et stables : artisans, agriculteurs, ouvriers à façon, petits commerçants, boutiquiers, dont le mode de vie était le même. Tous avaient le souci du lendemain qui poussait à l'économie. Aussi bien, observait-on bien peu de disparités dans nos vêtements et notre alimentation. C'était pour tous, l'hiver : les longs bas de laine noirs retenus par une jarretière, les sabots-souliers à la tige de cuir et à la semelle de bois tapissée de gros clous pour éviter l'usure trop rapide et remplacés un à un à grand renfort de coups de marteau, le pantalon serré par un bracelet boutonné au-dessous du genou, des sous-vêtements de laine tricotés à la main, des mitaines par temps très froid, et par-dessus le tout, destinée à protéger à la fois de la pluie et de la gelée, une épaisse pèlerine de laine bleue, lourde, dont le capuchon amovible, grâce à des boutons, venait coiffer une casquette plate, à visière et à rabats sur les oreilles, selon le temps. Et c'est équipés de la sorte, la gibecière aux épaules, sous la pèlerine, que nous faisions notre métier d'écolier, étant entendu qu'en arrivant dans la classe, avant l'heure et à tour de rôle, il convenait d'allumer le poêle, de veiller à bien faire flamber au plus vite les bûches préparées pour ressentir seulement longtemps après une tiède douceur. Aussi, les vitamines étant inconnues, l'huile de foie de morue venait au secours de ceux dont les engelures* crevaient les doigts, et la glycérine, au secours de ceux qui avaient les mains gercées, tous subissant les morsures du froid.

L'été, notre tenue était plus « aérée » : pantalon court et droit jusqu'au genou, chaussettes, chaussures de toile, blouse de tissu léger. C'était la saison des grands rassemblements du jeudi : au-delà de la voie ferrée, sur les coteaux, nous pétrissions une terre argileuse en boules légères, nous les fixions à l'extrémité d'une branche flexible et, traçant une demi-circonférence, projetions la boule le plus loin possible. Nous pratiquions des jeux les plus divers, jusques et y compris, dans les chemins de campagne, la course aux cerceaux. Le cerceau était un cercle de gros métal – léger câble d'acier – soudé, de diamètre variable que nous faisions rouler à vitesse rapide à l'aide d'un crochet, et dont nous suivions obligatoirement le trajet. Et la comparaison des cerceaux, de leur solidité, de leur légèreté, était toujours un sujet de compétition. Il y avait dans ces groupes : Borderie, le fils du ferblantier; Philippe, le fils de la directrice de l'école des filles; Ortéga, dont la mère était couturière; Pozzio, le fils du marchand de chapeaux, et bien d'autres dont le nom s'est effacé dans ma mémoire.

Les jours de pluie, on se réfugiait sous les couverts, devant la boutique du père de Borderie. Ce dernier avait un cheval mécanique, jouet de luxe et d'envie qui s'offrait successivement à chacun…

Le soir, avant la tombée de la nuit, j'aimais m'asseoir sur une chaise basse, et même sur le rebord du trottoir, devant la boutique de Mélanie l'épicière, et lire des romans (livres brochés de quatre sous) de Fenimore Cooper, cet écrivain américain qui révéla les tribus indiennes aux petits Blancs d'Europe. J'étais passionné par les exploits et les luttes des trappeurs et des Indiens rusés : Œil-de-Faucon, dit Bas-de-Cuir ou Longue-Carabine, et Rosée-de-Juin avaient un très fervent admirateur, la générosité, le courage marquant toujours les conclusions des récits ([5]).

Et puis ma chère Mélanie avait aussi des réserves du *Petit Journal illustré* qui paraissait chaque dimanche, un sou l'exemplaire ([6]). Sur les deux pages en couleur, je suivais avidement les commentaires qui accompagnaient les photos fantaisistes et me révélaient l'héroïsme des Boers contre les Anglais en 1902 et l'ingéniosité et supériorité des petits Japonais qui abattaient si cruellement « l'Ours russe », notre allié dans cette étonnante guerre de Mandchourie, bien loin, de 1904 à 1905 ([7]). Ainsi le monde, par ces moyens à la mesure de l'époque, s'ouvrait à ma curiosité et à mes interrogations, au fond d'un village périgourdin…

Je venais d'atteindre onze ans et demi. Ma mère était définitivement fixée à Issigeac où elle était retournée dès son veuvage, aidant ses parents dans l'exploitation de l'Auberge du Lion d'or, ma grand'mère Christine se faisant âgée. Il fut décidé que nous irions rejoindre ma mère à Issigeac. La maison d'Eymet serait louée à Mélina Borderie (la nièce de l'épicière Mélanie, ma grande amie), mariée tardivement à un monsieur Oppermann, d'origine juive et parisienne, riche (il devait perdre en effet, après la révolution russe

---

[5] N.T. — Œil-de-Faucon, Bas-de-Cuir et Longue-Carabine sont les surnoms donnés par divers Indiens à un fils d'Européens, Nathaniel Bumppo, homme des bois sans femme ni enfant, élevé par des Indiens et une secte chrétienne; ses aventures sont contées dans cinq romans qui relatent le début de l'histoire des États-Unis d'Amérique (1740-1804); le plus populaire de ces romans est *Le Dernier des Mohicans* (1826), qui couvre l'année 1757.

[6] N.T. — *Le Petit Journal illustré* (1890-1931, puis, *L'Illustré du Petit Journal*, 1931-1937), supplément illustré hebdomadaire du quotidien républicain *Le Petit Journal* (1863-1944); sa une et sa dernière page sont en six couleurs.

[7] N.T. — 1. Guerres des Boers (1880-1881, 1899-1902, 50 000 morts), guerre de l'Empire britannique contre deux États de colons franco-germano-hollandais, fondés après divers exodes, le Transvaal et l'État libre d'Orange, qu'il annexa avec leurs ressources minières. 2. Guerre de Mandchourie (1904-1905, 140 000 morts), guerre d'accès à des ressources minières du Nord-Est de l'Empire chinois, par l'Empire japonais contre l'Empire russe dont il fit reculer l'influence.

de 1917, soixante mille francs-or*, titres d'emprunt souscrit au bénéfice du gouvernement du tsar pour la construction du réseau ferré de son vaste empire). Ma grand'mère habiterait à Issigeac une maison appartenant à mes grands-parents, et pourrait donc, chaque jour, être en contact avec ma mère.

Quant à moi, je continuerais à fréquenter l'école à Issigeac, chef-lieu de canton, qui possédait, paraît-il, un cours supérieur faisant suite au certificat d'études.

Je partis d'Eymet, triste, et plein d'appréhensions de toutes les sortes...

*

Les derniers plateaux et terrasses calcaires blanc gris du Quercy viennent se mêler aux premières collines, boisées de petits genévriers puis de taillis et de châtaigniers du Périgord noir. D'Issigeac à Villeréal puis Monpazier se découvrent de vastes horizons par où s'achève le Quercy. D'autre part, la route qui conduit à Beaumont-du-Périgord et à Cadouin-L'Abbaye s'engage rapidement dans le Périgord noir. Celle qui relie Issigeac à Eymet en gagnant vite la vallée du Dropt fait passer rapidement à la fertilité et à la douceur du pays de l'Agenais.

Il est fait mention d'Issigeac dans une bulle pontificale du pape Eugène III en 1153, alors qu'Issigeac possédait un monastère de l'ordre de saint Benoît.

Longtemps sous la dépendance de la puissante famille des Gontaut-Biron, Issigeac fut dotée par elle d'une église collégiale gothique, édifiée au XVIe siècle, qui vint s'adjoindre à un clocher-porche antérieur du XIIe siècle, au toit à huit pans. L'ensemble surprend par son importance et son caractère ([8]).

---

[8] N.T. — Ancienne place anglaise (1154-1200, 1259-1437), le bourg fortifié d'Issigeac est pris, pillé et rendu au roi de France par une armée de mercenaires anglo-espagnols. Il sombre à peine cent ans plus tard dans les luttes de la Réformation : papistes et « hérétiques » s'accordent plus ou moins entre 1545 et 1567 pour utiliser à tour de rôle l'église (reconstruite à peine vingt ans plus tôt) mais, les réformistes ayant pris le contrôle du bourg en 1560, les partis endommagent l'église en 1567 et rivalisent de violence jusqu'à l'édit de Nantes de 1598. Ils se livrent alors à une guerre larvée qui fait intervenir le parlement de

Les évêques de Sarlat, qui affectionnaient cette localité, firent bâtir en 1667 un château à côté de la collégiale. L'édifice porte encore le nom d'évêché. Il accueillit Fénelon durant plusieurs mois (⁹).

À l'époque du Moyen-Âge et lors du mouvement d'émancipation des communes, Issigeac, qui était un gros marché agricole, vit se construire nombre de maisons dont certaines ont pu être classées du fait de leur architecture type de l'époque : façades à colombages, figures de pierres, gargouilles. L'ensemble gagnerait aujourd'hui à être harmonieusement restauré dans son cadre étroit où l'on accède par un lacis de ruelles et de *carreyrous*.

Sous les gargouilles

Bordeaux et aboutit à la démolition du temple d'Issigeac en 1680 (ou 1683 ou 1685). (shpvd.org/cartechrono.html, guyenne.fr/archivesperigord/SHAP/T16_1889/Issigeac_T16.htm, 2013.09.27.)

⁹ N.T. — Tout comme la nouvelle église en 1567, le château des évêques fut partiellement détruit et pillé en 1574 et 1581, et rebâti en 1660 (ou 1669). (web.lerelaisinternet.com/issigeac/spip.php?article8, guyenne.fr, op. cit.)

Issigeac a longtemps conservé le parler périgourdin, l'un des langages occitans. Le patois constituait le fondement même des rapports quotidiens; il se transmettait par l'usage, d'une génération à l'autre, l'enseignement du français n'ayant pas encore fait l'objet des caractères de gratuité et d'obligation des lois Jules Ferry votées de 1881 à 1882. Aussi bien, et jusqu'en 1914, surtout les journaux locaux hebdomadaires partageaient leurs colonnes entre le patois et le français, avec une place plus grande réservée au premier en période électorale (conseillers généraux, députés). Ce patois périgourdin, dru, imagé, sonore, se plaisait souvent aux récits truculents ou plaisants, ou ironiques. Un observateur attentif pouvait y déceler quelque parenté avec les fabliaux du Moyen-Âge, mais il était avant tout l'expression directe et joviale d'un peuple solide, appuyé sur les réalités paysannes et telle discussion, un jour de foire, entre le vendeur et l'acheteur d'une paire de jeunes bœufs, était d'une richesse d'éloquence persuasive dont aurait pu s'inspirer un avocat d'affaires.

*

J'avais vécu jusqu'alors très peu à Issigeac. J'y retrouvais ma mère et mes grands-parents maternels à l'occasion des vacances scolaires, mais je m'y sentais dépaysé et un peu étranger.

Eymet, avec sa grande place centrale, ses cornières, son château, ses rues bien ajustées, sa rivière et le pont, son moulin, les routes qui la ceinturaient, ses deux lignes de chemin de fer, Bergerac-Marmande et Eymet-Bordeaux, son école avec son cours complémentaire, mon quartier d'habitation, représentait pour moi un séjour aimable, ouvert, riant.

À vingt kilomètres seulement, Issigeac, replié sur son Tour-de-Ville, enclos dans ses vieilles demeures moyenâgeuses, me paraissait sombre, presque hostile ([10]).

---

[10] N.T. — La chaussée du Tour-de-Ville représenterait dans sa majeure partie l'emplacement des douves comblées par les pierres des remparts du régime anglais. Des cartes et des plans semblent indiquer que ceux-ci ont été démolis pendant la Restauration, peu après l'occupation de la France par les Coalisés (1814-1818), avant 1823 (valleedudropt.com/issigeac.html). Dans une section de

Cette séparation, dès 1909, devait m'être pénible.

Mes Grands-Parents Maternels

J'éprouvais un vif attachement, spontané et légitime, pour ma grand'mère Christine qui m'avait eu en charge depuis la mort de mon père. Pour elle, ce transfert à Issigeac, dans un village étranger, auprès d'une famille qu'elle avait relativement peu connue, et inversement, devait finir de la conduire à un repliement sur elle-même, d'où elle ne devait plus sortir, et je le sentais intensément... Pour moi, j'allais un peu à la découverte de mes autres grands-parents, du côté maternel.

C'était d'abord mon arrière-grand'mère, Vincente Meur, à qui étaient confiées des besognes élémentaires et faciles. Âgée alors de plus de soixante-quinze ans, le visage ridé, la tête et le front enveloppés d'une coiffe noire nouée, vêtements et pèlerine noirs, elle était essentiellement chargée d'entretenir le feu dans la cheminée de la cuisine et du nettoyage et du rangement de la vaisselle. Elle avait perdu son mari, ancien compagnon tanneur, après plusieurs années de paralysie, et sa fille cadette, Reine, morte des suites de couches. Le dos affaissé par le travail et une « diététique » alors inconnue, elle s'affairait quand même au long du jour.

Sa fille aînée, ma grand'mère Muralie, lui ressemblait beaucoup mais, droite, maigre, les cheveux coiffés et tirés, des yeux expressifs et bienveillants, elle était l'âme de la maison. Toujours en mouvement, elle était attentive à toute chose, besognant sans arrêt tant à l'extérieur, dans les champs, qu'à l'intérieur, vaquant du fourneau à l'entretien du linge et aux soins quotidiens donnés aux trois cochons qui grognaient dans la basse-cour. Indulgente et conciliante, intuitive, intensément, je lui portais bientôt une affection profonde; je la sentais proche de moi.

---

rempart demeurée debout et servant de façade à quelques habitations qui s'y adossent de l'intérieur du village, on trouve encore une cuisinette aménagée dans son épaisseur.

Mon grand-père, Martin Caunière, était issu d'une bonne famille de paysans du canton. Bien moins instruit que sa femme, ma grand'mère Muralie, qui avait reçu une courte mais solide instruction primaire chez les sœurs, à Issigeac même (et qui rédigeait et orthographiait les lettres mieux que sa mère), il avait fait l'apprentissage du métier de tonnelier qu'il avait exercé jusqu'à son mariage, l'abandonnant pour faire marcher l'auberge avec sa femme. Il avait, aussi, une excellente formation de viticulteur et le vin qu'il récoltait et produisait était réputé dans le canton.

Il faisait avec sa femme, qu'il avait épousée alors qu'elle avait seulement dix-sept ans, un saisissant contraste. Mesurant 1,90 m, pesant entre 110 et 120 kg, le visage sévère, les cheveux en brosse, d'une vigueur exceptionnelle, il possédait une carrure de lutteur, infatigable au labeur quotidien, tantôt aux champs ou à l'écurie où il prenait le plus grand soin de sa belle jument, de ses vaches et du petit âne qu'il attelait chaque matin pour se rendre dans les prés ou dans les vignes, ou dans les champs de maïs ou de cultures diverses, selon la saison.

Appelé par le gouvernement provisoire de Gambetta, en 1870, après la chute de l'Empire, il avait appartenu au corps des mobiles de la Dordogne, affecté sous le général Chanzy à l'armée de la Loire, et avait combattu à Coulmiers (l'une des rares victoires contre les Prussiens [11]). Il était revenu de l'armée, ayant, disait-il, couché deux mois dans la neige, affligé d'une sciatique qui rendait pénible ses mouvements et qui s'était aggravée avec l'âge. Dur pour lui-même comme pour les autres, habitué dès son jeune âge à la rude existence du paysan, on redoutait autour de lui ses colères et son autoritarisme. Il avait fait de ma grand'mère une sorte d'esclave soumise, du moins en apparence, car elle avait l'art de toute conciliation.

Pendant longtemps, chaque mois, le docteur Vivien, le médecin du canton venait lui faire une saignée à un bras pour maintenir le système circulatoire en bon état et éviter les risques de

---

[11] N.T. — Bataille de Coulmiers (Loiret, 9 nov. 1870), guerre franco-prussienne (1870-1871) : victoire par attaque-surprise de l'armée de la Loire sur une armée bavaroise inférieure en nombre (pertes françaises : 1 500 hommes).

congestion qui auraient pu résulter d'un tempérament aussi sanguin. Connaisseur averti de toutes les choses de la terre : récoltes, plantes, animaux, il était devenu à la fois l'ami et le conseiller des marchands de bestiaux* qui fréquentaient mensuellement la foire du canton, car sa notoriété dans ces domaines s'était établie jusque dans les communes éloignées et les plus proches chefs-lieux des autres cantons.

De son mariage avec ma grand'mère étaient nées deux filles : Madeleine Caunière, l'aînée, mariée à Issigeac même avec un artisan ferblantier-quincailler et devenue par ce mariage Madeleine Dubois; et ma propre mère, Léonie, partie se marier à Eymet et qui avait regagné Issigeac dès son veuvage.

Mon oncle Arthur Dubois et ma tante Madeleine avaient leur boutique et l'atelier de ferblanterie dans la rue centrale, dite rue du Cardenal, tout près de l'Auberge du Lion d'or. Je retrouvai donc, pour vivre dès lors beaucoup plus près d'eux, mes trois cousins germains :

Amédée, mon aîné de six ou sept ans, qui avait appris le métier de son père et était parti le parfaire comme jeune ouvrier en Touraine, chez un confrère de son père, après avoir étudié à Eymet, au cours complémentaire où il avait été pensionnaire deux ans avant la mort de mon père, venant régulièrement chez mes parents, et où il avait laissé le souvenir d'un élève doué et intelligent;

André, mon aîné de près de deux ans, dont on ne soupçonnait nullement qu'il était cardiaque et sujet à la maladie bleue, mais dont les malaises fréquents, le teint, les essoufflements étaient alors négligés; il fut mon camarade de classe durant un an au cours supérieur à l'école communale; il était le petit-fils préféré de mon grand-père qui voyait en lui un futur agriculteur et l'emmenait avec lui dans ses travaux; mobilisé en 1915 au 50e d'Infanterie, il devait être terrassé par une crise cardiaque et mourir à la caserne en revenant d'une marche d'entraînement;

Paul, mon cadet de quatre ans; c'est lui qui maintient aujourd'hui la tradition artisanale de ferblantier-zingueur-quincailler à Issigeac.

L'École Communale d'Issigeac

En octobre 1909, j'entrai à l'école du village (deux classes), dans le cours dénommé « supérieur », qui faisait suite à l'année du certificat d'études.

Le directeur s'appelait Salanier et sa femme était son adjointe. C'était un petit homme, un peu chauve, assez ventru, tout pénétré de son ministère. Fils de paysans de la région, en possession du Brevet élémentaire, il exerçait sa fonction de maître d'école avec beaucoup de gravité et une certaine pédanterie. Dans nos campagnes périgourdines, on dénommait alors l'instituteur *lou rétzou* (le « régent »), et mon oncle Arthur, narquois et moqueur, disait volontiers « le marchand d'esprit », mais dans son parler patois plein d'images, ce terme traduisait la moquerie au regard de cette sorte de vanité professorale affichée par le régent.

La salle de classe était meublée de bancs-écritoires longs et massifs occupant une grande partie de la largeur de la classe. Nous y étions assis au nombre de huit. M. Salanier assurait l'enseignement à trois ou quatre divisions, après que sa femme, dans la « petite classe » avait appris à lire, écrire et doté des premiers rudiments les petits paysans venus des fermes de la commune. Il se piquait aussi d'inculquer à son cours supérieur squelettique (nous étions trois à le peupler, mon cousin André, Maurice Ferrand et moi-même) des notions hors du commun en ce temps dans une école primaire, et il nous entraîna à sa suite vers l'étude de l'algèbre.

C'est dans ce domaine, tout nouveau pour moi, que je me familiarisai avec les opérations algébriques et l'équation du premier degré à deux ou trois inconnues. Il me plaisait de manier les « x » et les « y ». Quant au reste, je ne retirai guère de profit d'un enseignement qui reprenait en grande partie ce que j'avais pu acquérir à Eymet. Il manquait aussi dans cette classe ce que je ne sais quoi d'attachant, une atmosphère ouverte, avec des camarades actifs et éveillés comme ceux qui avaient été les miens à Eymet les années écoulées.

Aussi, cette année scolaire fut sans joie ni enthousiasme et elle me pesait. Ma mère le comprit et elle prit la décision louable de m'envoyer de nouveau à Eymet, comme pensionnaire, au cours complémentaire à la rentrée 1910. Du coup prit fin l'année expérimentale du cours supérieur de M. Salanier.

L'Auberge « Au Lion d'Or »

Je me retrouvais en dehors des heures de classe à l'auberge tenue par mes grands-parents ([12]). C'était essentiellement le domaine de ma grand'mère Muralie, de ma mère et, accessoirement, de mon arrière-grand'mère Vincente, mon grand-père apportant sa contribution lors de la période de la foire mensuelle et dans le domaine de la cave. Les bâtiments qui la composaient étaient construits en bordure de deux venelles ou *carreyrous*, entre la rue du Cardenal et la place de l'Église.

Les clients accédaient à l'auberge elle-même par un escalier de bois ouvrant directement sur la cuisine, face à une grande cheminée, à la hauteur d'un entresol. De cette cuisine partaient plusieurs salles de dimensions diverses où l'on servait les repas. De cette cuisine également se détachait, par un petit escalier intérieur de quatre ou cinq marches, la chambre de mes grands-parents, tandis que mon arrière-grand'mère logeait tout à l'extrémité de la maison, auprès de la plus grande salle, les fenêtres de ces pièces ouvrant sur la place qui ceinture l'église. Tout cet ensemble, conçu en profondeur et en largeur pouvait accueillir les jours de foire plusieurs dizaines de personnes, mais n'offrait rien de rationnel ni de logique dans la distribution. De l'autre côté de la venelle, un bâtiment plus récent avait été aménagé, au rez-de-chaussée, en écuries pour les chevaux et le bétail, et au premier étage, en chambres à coucher pour les maquignons*, voyageurs ou représentants de passage.

Ma mère et moi-même, nous avions nos deux chambres, contigües, dans ce dernier bâtiment. Le problème du sanitaire ne se posait pas en ce temps. Chaque chambre était équipée d'un seau hygiénique et d'une table à toilette recouverte de marbre blanc, à

---

[12] N.T. — Cet établissement fut initialement appelé « Hôtel Caunière » (J. P. Castanier, Association Les Ménestrels, 2013.09.26; A. Dubois, 2014.01.13).

laquelle étaient suspendues de grandes serviettes blanches et sur laquelle l'occupant pouvait trouver une cuvette en faïence décorée et, remplis de la bonne eau du puits, un pot à eau de même nature et un broc. Néanmoins, une cabine W.C. avec broc à eau équipait le bâtiment. Chaque matin et aussi le cas échéant plusieurs fois par jour, on allait puiser l'eau à la pompe de la rue du Cardenal ainsi qu'à la pompe située au rez-de-chaussée, auprès des écuries.

Mais ce qui, surtout, demeure vivace dans ma mémoire, c'est la cheminée de la cuisine. Elle s'offrait au regard, face à la porte d'entrée et occupait tout un pan de mur. Alimenté en bois de chêne ou de châtaignier en toute saison, le feu tantôt dormait doucement, en tisons, sous la cendre, et tantôt éclatait en longues flammes les jours de foire où trois broches de un à deux mètres de long chacune tournaient ensemble pour rôtir volailles et pièces de viande. Une sorte de mouvement d'horlogerie enfermé dans une caisse en bois, située derrière l'angle de la cheminée, animait ces trois broches. Au-dessous, une immense lèchefrite recevait les graisses odorantes qui grésillaient. Et mon grand-père, assumant ces jours-là les fonctions de rôtisseur, entouré d'un immense tablier blanc, le visage cramoisi, arrosait sans cesse les volatiles, les détachait, les parait. Il était alors le vrai seigneur du lieu et régnait totalement dans cette ambiance quasi moyenâgeuse.

Le Jour de la Foire

Le Canton d'Issigeac comprenait vingt et une communes d'étendue et d'importance inégales, certaines distantes de plus de dix kilomètres du chef-lieu. Ce dernier drainait le jour de la foire mensuelle (en général à une date fixe au début de chaque mois) toutes les activités se rapportant à la terre, à son exploitation, à ses cultures. Acheteurs et vendeurs s'y pressaient en nombre, on réservait ce jour pour les contacts sociaux, les profits matériels, les retrouvailles familiales ou amicales, la perspective d'un bon repas à l'auberge.

Durant les jours qui précédaient la foire, les marchands de bestiaux revenant des marchés spécialisés de l'opulente plaine de la

Garonne débarquaient des wagons, à la gare d'Issigeac, leur contingent de bouvillons, génisses, veaux achetés à Marmande, La Réole, Sainte-Bazeille, Tonneins, pour les exposer et les revendre sur le champ de foire aux paysans, fermiers et métayers* du Périgord désireux de renouveler leurs attelages ou d'augmenter leur cheptel.

Ces jeunes et turbulents bovins devaient, du wagon où ils restaient parfois longtemps enfermés – les trains de marchandises n'étant pas rapides –, gagner en clopinant, un pied entravé par une corde câblée retenue à la base d'une corne, l'écurie de l'auberge de mon grand-père ou celle de l'Hôtel de Sébastopol, concurrent en matière d'hébergement et de restauration ([13]). Puis, déliés et plus librement attachés, ils étaient livrés aux soins du garçon d'écurie.

C'était un personnage pittoresque et jovial. Il s'appelait Ballon et il vivait en concubinage avec une femme simple d'esprit mais vaillante à l'ouvrage et qui avait été dénommée La Ballonne. Le couple faisait la joie des maquignons, en général joyeux lurons et bons vivants qui, pour des soins attentifs à leurs bêtes, n'étaient pas avares de bons « coups de vin » envers lui au point que mon grand-

---

[13] N.T. — 1. Hôtel de Sébastopol : ainsi nommé (probablement après 1856) avant d'être connu comme Café de la Terrasse et de devenir, après changement de propriétaire, l'Hôtel Counord (A. Dubois, 2014.01.15). 2. Siège de Sébastopol (1854-1855) : opération franco-anglo-ottomane contre l'Empire russe, achevée par la bataille de Malakoff, victoire française assurant la fin de la guerre de Crimée (1853-1856) et offrant à l'Empire ottoman la démilitarisation de la mer Noire et le droit de « protection » de ses chrétiens (notamment les Arméniens, les Serbes [de Bosnie, de Macédoine et du Monténégro], les Bulgares, les Grecs [de Thrace, d'Asie Mineure /les Pontiques/ et de Chypre], les Assyriens et les Coptes), et à l'Empire britannique le maintien de sa route des Indes; l'Empire français (pertes : 95 000 hommes, dont un général) n'aura qu'un accès provisoire à l'Égypte ottomane pour la construction du canal de Suez (1858-1869), mais parviendra ainsi à développer son expansion coloniale en Indochine et à Madagascar, et à avoir la main libre sur le Mexique. (Sébastopol sera réoccupée par les Français en 1918-1919 lors d'une tentative d'expédition antibolchevique.) Après cet échec, les Russes limiteront la question des chrétiens d'Orient aux intérêts orthodoxes (guerre russo-turque, 1877-1878) puis, après le morcellement des Balkans réalisé par les diplomaties anglo-germaniques (Congrès de Berlin, 1878), aux intérêts balkaniques (guerres balkaniques, 1912, 1913), se mettant ainsi en conflit avec l'expansionnisme oriental (*Drang nach Osten*) de l'Empire austro-hongrois, celui-ci étant fortifié de son alliance défensive, initialement secrète, avec l'Empire allemand (1879).

père était amené à tempérer la générosité intéressée, mais pernicieuse pour l'équilibre de Ballon, de ces bienfaiteurs.

L'Hôtel de Sébastopol

Toutefois, dans l'écurie, le couple besognait à merveille et je me plaisais, le matin de la foire, à regarder Ballon dételer les chevaux des jardinières*, les conduire au râtelier, étaler à coups de fourche le foin dans les mangeoires des bovins, l'avoine dans celle des chevaux, épandre et remuer la paille. Il était vêtu d'une longue blouse bleue, raide et solide, fortement chaussé de bottes ou de gros sabots de bois, et coiffé d'une casquette singulière. Pour moi, craintif et alors assez chétif paraît-il, redoutant les caprices et les coups de pied de tous ces bestiaux, Ballon était le dominateur de ces bêtes aux réactions imprévisibles. Il le savait et il m'avait en affection à sa manière. La Ballonne, elle, était dans le même temps, en dehors de l'aide qu'elle apportait, utilisée avec d'autres journalières pour plumer les poules, poulets et canards destinés à la broche.

C'est qu'en effet, en vue de ce jour, mon grand-père avait procédé à l'achat des provisions de bouche. Il avait attelé à la jardinière sa belle jument et acheté sur les marchés des cantons voisins, Castillonnès à neuf kilomètres et Villeréal à seize kilomètres, les poules, canards et poulets. Ces déplacements représentaient alors de véritables expéditions lointaines, auxquelles il m'était offert assez souvent de participer. La grosse jument, bien nourrie, pleine de vigueur, se pliait assez mal à son encadrement entre les brancards, et la mise en place de ses harnais et surtout du gros collier exigeait des jurons et des éclats de voix. Je redoutais cette force et reconnaissais à mon grand-père une étonnante capacité à freiner les ardeurs de sa bête.

Au trot allongé, durement assis sur la banquette de bois sans dossier sur la chaussée empierrée, enregistrant tous les cahots, on parvenait à la ville voisine. Alors avait lieu l'opération inverse; la jument était dételée, attachée à un arbre auprès du champ de foire, et nous partions « marchander » la volaille vivante. Poules et poulets, attachés par deux, les pattes nouées, étaient étalés, présentés aux acheteurs. Alors s'engageait le débat : évaluation du poids approximatif en soupesant les poulets à la main, puis pesée réelle à l'aide d'un peson à ressort, appareil rustique et auxiliaire, indispensable; vérification de la bonne couleur rouge de la crête s'il s'agissait d'un coq, fixation du prix après discussion parfois prolongée. Pour trente-cinq sous, la paire de poulets était acquise, pour cinquante sous, la paire de grosses poules était destinée au pot-au-feu ou à la sauce au vin. J'avais mission, au fur et à mesure des achats, d'emporter nos emplettes dans la jardinière et de les surveiller. À la fin de la matinée, le plancher de la jardinière tapissé de volailles, nous rentrions vite à Issigeac.

Les animaux étaient dénoués, enfermés dans des cages en bois à claires-voies pour quelques jours. L'avant-veille et la veille de la foire, un « troupeau » de femmes de journée procédait à la tuerie et au plumage. Abritées par des tabliers grossiers en toile de jute, Nancylle (la femme de confiance) et ses pareilles plantaient le couteau acéré dans le cou de la volaille à un endroit bien précis. Tandis que l'une des femmes tenait solidement les pattes et les ailes, l'autre recueillait le sang dans une assiette creuse*, préalablement remplie en partie de mie de pain sec mélangée avec de l'ail. Le sang, coagulé, ainsi mélangé, dénommé « sanguette* », était quelques heures plus tard cuit à la poêle et faisait les délices des journalières.

Puis, assises sur des chaises basses, les cheveux protégés, les femmes plumaient les bêtes encore chaudes, d'un mouvement preste et rapide. Bientôt s'élevait dans la grange où avait lieu cette opération, un tourbillon de fines plumes et de duvets qui étaient ensuite recueillis pour garnir, après séchage approprié, les gros édredons gonflants, ornements des lits à paillasse, ou bien les couettes, sorte de matelas primitifs qui venaient s'intercaler entre la paillasse et le véritable matelas de laine. C'était, ces jours-là, pour mes cousins et moi, occasion d'observation et d'interrogations diverses auprès de ces femmes habiles et jacassantes, allant leur train des mains et des langues dans le patois périgourdin.

Et puis, ces veilles et avant-veilles de la foire intervenait Marceline. Elle était la cuisinière chargée chaque mois de gouverner et régenter en matière gastronomique. Si mon grand-père se transformait en maître-rôtisseur, Marceline régnait aux fourneaux en dictateur. Selon le nombre, approximatif et variable d'une foire à l'autre, de convives présumés, Marceline déterminait et réglait la nature et la quantité des sauces à préparer. Quant à la qualité, nul n'aurait osé se risquer à donner des conseils. Pourvue d'une longue expérience, ayant longtemps servi dans de vieilles demeures périgourdines, la cuisine était pour elle un art et une passion. Sur les huit trous du fourneau fixe de la cuisine, alimentés au charbon de bois sur une braise lumineuse, cuisaient pendant de longues heures les bouillons gras, les tripes et le ventre de veau à la périgourdine, les rognons sauce madère, les ris de veau diversement accommodés, le foie de veau piqué de lard, la rouelle aux carottes, les croquettes de viande aux salsifis, les cervelles blanchies, la daube odorante – et j'en passe. Venue l'heure du déjeuner, le jour de la foire, Marceline ordonnait chaque plat à la demande des clients, les serveuses se succédant devant le fourneau.

Marceline et le restaurant de mes grand'mères avaient partie liée et ma tante Dubois, qui aimait beaucoup faire la cuisine, considérait Marceline comme l'oracle en la matière. J'aimais beaucoup Marceline, à la fois pour ses talents consacrés, et aussi parce que je rôdais autour des fourneaux, attiré par le fumet de toutes ces sauces odorantes et que Marceline, heureuse de mon comportement, m'avait pris en amitié. Elle régna longtemps aux fourneaux, et après mon mariage, alors que le restaurant était vendu, je lui rendais régulièrement visite chez elle. En témoignage d'affection, elle donna à ma femme un petit carnet de recettes.

Son mari, José Gravenat, était d'origine espagnole. Venu en France lors d'un conflit qui opposait les partisans de deux factions politiques à la couronne d'Espagne, il s'était fixé et marié à Issigeac. José était un journalier solide et sérieux. Au restaurant, chaque mois, il remplissait la fonction de caviste. Entouré d'un large tablier bleu, il animait le cellier. Dûment informé par mon grand-père des barriques à exploiter, il tirait à la clé (robinet de bois) les bouteilles de vin rouge et blanc, les plaçait dans un casier portatif et les montait à la cuisine. Aux moments de grande affluence des clients, il était très affairé et, mal réglé parfois, le vin giclait hors du goulot de la bouteille. Je voyais ses mains ainsi imprégnées de vin et cette odeur m'était insupportable. S'il m'arrivait parfois à sa demande de porter des bouteilles, j'éprouvais des haut-le-cœur lorsque des gouttes tombaient sur mes doigts. Et ce rejet persista longtemps, ma seule boisson étant l'eau naturelle.

Dans le même temps, mon grand-père, le teint cramoisi, suant et soufflant, revêtu de son tablier blanc, surveillait ses trois broches. Rôties à point, débrochées, découpées, les viandes garnissaient de grands plats blancs ovales, en grosse faïence, et, accompagnées des saucières odorantes, elles allaient s'offrir aux estomacs affamés des paysans et des maquignons attablés dans les salles.

Ces jours-là, jours de liesse et de bombance pour de tels clients, officiaient comme serveuses, avec ma grand'mère Muralie et ma mère, Hortense, la couturière-lingère attitrée de l'auberge, et

Emma, la fille d'un cabaretier d'origine espagnole, mais surtout journalier, dénommé Milan Manuel et qui avait donné à sa petite auberge l'enseigne *Au Pigeon Blanc.*

Emma était une robuste et souriante fille brune d'une vingtaine d'années, toujours accorte et vive, sachant répondre avec esprit aux maquignons trop empressés à vouloir la lutiner. Je faisais bon ménage avec Emma par ces jours de foire. Doté moi aussi d'un tablier blanc, je me transformais en garçon de salle et m'activais de mon mieux autour des tables. Car l'auberge recevait, ces jours-là, deux « fournées » de clients.

La première s'étalait de midi à deux heures. Elle était composée essentiellement de maquignons venus de loin pour acheter ou vendre des animaux. Ces personnages possédaient des portefeuilles bien garnis de billets de banque et des goussets de cuir contenant les louis* et les écus d'argent*, l'un et l'autre amarrés à leurs vêtements, aux poches de leurs blouses brunes, par de robustes chaînes. Ces maquignons entraient en action dès le début de la matinée et, en général, avaient traité leur marché à la mi-journée. Ils arrivaient alors au restaurant par groupe et affinités pour déjeuner. S'ouvrait alors pour eux le rituel de ce repas dispensé pour deux francs vingt-cinq ou deux francs cinquante et qui répondait à l'esprit de bien vivre de ces bons vivants : le bouillon gras, accompagné de l'antique coutume du chabrol*, étant absorbé, se succédaient alors au choix des intéressés, les tripes de veau à la périgourdine, deux ou trois sauces, produits de Marceline, et les rôtis, le tout arrosé de vin rouge de la propriété de mon grand-père, comme pour le fromage de Cantal. Et, pour clore ces agapes, apparaissaient les gaufres tubulaires appréciées d'autant mieux que coulait encore le vin blanc dans les verres. Un café fumant, avec la « rincette » (cognac ou eau-de-vie de prune), mettait un point final à la cérémonie, le tout dans une atmosphère haute de couleur, ponctuée de gros éclats de voix, de rires et de jurons.

La deuxième fournée était celle des paysans. Elle débutait à quinze heures à l'issue des tractations laborieuses entre ces gens de la terre qui étaient venus vendre ou acheter vaches ou bouvillons pour apparier au mieux leurs attelages. Sur le foirail, où étaient exposés les animaux, métayers et exploitants s'étaient longuement affrontés en un dialogue où chacun, fin et madré, voulait obtenir le maximum d'avantages.

Et sur ce terrain, aussi, avait lieu un « cérémonial » venu du lointain des âges. L'acheteur entreprenait une première ronde. Il discernait l'animal ou les deux animaux d'attelage susceptible de lui convenir et interrogeait prudemment le vendeur éventuel. S'engageait alors une discussion interminable en patois périgourdin :

— Alors, ils sont à vendre, vos animaux ?
— Peut-être ! Ça dépend !
— Et vous en voudriez combien ?
— (Tant de) pistoles* !
— Mais, pauvre homme, vous n'y pensez pas ! Et cette corne, mal plantée, et ces côtes saillantes…! (Etc.)
— Je m'en vais. Il y en a d'autres sur le champ de foire.

Et, un moment après, ayant en fait jeté son dévolu sur la bête convoitée, l'acheteur venait reprendre son marchandage.

Mais son manège n'avait pas échappé à celui qui allait se proposer aussitôt comme *accourdaïro*. Ainsi paraissait entre les deux hommes ce paysan madré, grand connaisseur de bestiaux, sorte d'arbitre-expert, sachant en fait qui étaient les antagonistes. Intervenant de la voix et du geste, tantôt flattant l'animal, tantôt le dépréciant pour favoriser un accord entre les deux parties, il rapprochait peu à peu vendeur et acheteur, celui-ci consentant à « mettre un peu plus », celui-là voulant bien accepter un peu moins, le tout dans une harangue étonnante, accompagnée d'une mimique appropriée, dans ce patois sonore et rocailleux, peuplé d'images et de jurons. Et puis, prenant la main de l'un et de l'autre, il les faisait « claquer » ensemble : l'accord était scellé.

C'était alors l'heure de prendre le chemin de l'auberge et d'aller boire *lou vinadgé*. La coutume exigeait en effet que « l'apparieur » et ses deux amis de rencontre célèbrent le marché conclu par une confortable *coulachouïe* (ou « collation »). Dans la salle, chaude et diversement odorante, où flottaient encore les fumées des clients du déjeuner, vers quinze ou seize heures, les trois hommes s'attablaient. Emma intervenait, apportant la rouelle de veau, cuite à point, à grand feu à la poêle, nappée d'un savoureux mélange de lard, d'ail et de persil finement hachés. Lui succédait la grosse tranche de fromage de Cantal, avec les gaufres, vins rouge et blanc associés emplissant les verres. Et durant une ou deux heures, on pouvait entendre, toujours en patois, des histoires de transactions antérieures où étaient évoquées la force et la qualité des attelages de tel ou tel métayer. Au soir venu, l'estomac bien lesté, l'aiguillon sur l'épaule, au pas lent de ses nouvelles bêtes, l'homme des champs regagnait Montaut, Boisse ou Monsaguel. Son *vinadgé* lui avait coûté entre dix et quinze sous.

Ces jours de foire étaient pour moi des jours étonnants et curieux. Bien des marchands de bestiaux m'étaient devenus familiers : Justin Bonnoure, de Faux-Labasse, à la voix rauque; Félix, de Bergerac, et tant d'autres encore, jouissant sur le champ de foire d'une autorité incontestée. J'aimais les écouter, la veille au soir, dînant ensemble, dans une petite salle de l'auberge, faisant leurs comptes au retour de Marmande ou de La Réole d'où ils ramenaient leurs « marchandises », demandant à ma grand'mère Muralie, qu'ils vénéraient, de leur donner des billets de banque contre des louis et des écus pour gonfler leur portefeuille, moins pesant que leur gousset de cuir. Bons vivants, ils faisaient bonne chère, étaient connus de loin, connaissaient eux-mêmes les « campagnes » de bien des cantons. Ils constituaient à la fois le lien commercial et fraternel auprès de ces paysans périgourdins dispersés et isolés dans leurs métairies, et pour qui la foire représentait la manifestation concrète de leurs activités, le baromètre économique local, le moyen périodique attendu de relations, de contacts, de retrouvailles avec un monde bruyant et coloré, sur le marché, devant l'éventaire du forain, dans la boutique du quincailler.

À l'auberge, tard dans la nuit, broches décrochées, fourneaux éteints, Marceline partie, mes grands-parents et ma mère comptaient la recette et tiraient des enseignements pour les foires à venir. Ma mère, régulièrement sujette ces soirs-là à d'affreuses migraines, absorbait dans la nuit nombre de cachets, son système digestif payant le tribut du bruit et du surmenage.

La Lessive

L'auberge possédait cinq chambres destinées aux clients de passage, trois d'entre-elles à deux lits, les deux autres à un lit. Les veilles et avant-veilles de foire, il convenait de déterminer, selon leur degré d'amitié ou d'affinité, quelles chambres pourraient être affectées, en commun, aux maquignons fidèles. Et ces jours-là, l'occupation était totale. Par contre, dans le cours ordinaire des jours, il était facile de réserver telle ou telle chambre, plus confortable, au voyageur de commerce, en fonction de l'importance de sa maison et de sa notoriété personnelle.

À la fin du jour, j'aidais ma mère ou la lingère attitrée, Hortense, à transporter dans les chambres un grand bac d'eau et une carafe d'eau fraîche. Les lits étaient tous des lits dits « de coin », les lits dits « de milieu » représentant alors un grand luxe. Mais ces lits, compris pour deux personnes, comportaient un équipement traditionnel dans lequel ou sous lequel on se trouvait véritablement enfoui, avec un matelas de vraie laine, une couette de plumes d'oies, un « matelas de dessus » capitonné, un édredon monumental de fin duvet. On « montait au lit », telle était la formule, parfaitement exacte, qui traduisait cette opération du coucher.

Les lits étaient « habillés », lors du passage de chaque client, de grands draps de toile de jute, de lin ou de coton de dimensions invraisemblables. Ces draps étaient l'orgueil de ma grand'mère Muralie. Il en fallait beaucoup d'une lessive à une autre, car après une nuitée, la paire de draps était simplement « passée à l'eau », c'est-à-dire seulement lavée à la fontaine et rangée dans la pile appropriée.

Tous les trois mois environ avait lieu la lessive, ou *lo bugado* (littéralement, la « buée »). Elle était, à sa manière, un événement du mois dans la vie domestique. Dans la journée arrivait Nancylle, femme de journée particulièrement experte en cette matière, qui allait seconder ma grand'mère et endosser la responsabilité de la blancheur du linge. Draps, nappes, serviettes, torchons étaient soigneusement empilés, rangés entre des couches de cendres, de lessive de soude. Auprès du cuvier était installé le support de fonte muni d'un foyer sur lequel allait chauffer et bouillir, pendant des heures et des heures, l'eau destinée à l'arrosage du linge. Nancylle conduisait les opérations, assistée d'une autre femme de journée.

Mise en route très tôt le mardi matin au petit jour, la chaudière alimentée par un feu de bois vivace fournissait assez vite l'eau du « coulage ». Fixée à l'extrémité d'un grand bâton solide, une sorte de cuvette de forme cylindrique servait à puiser l'eau de la chaudière. Nancylle la plongeait à intervalles réguliers dans cette dernière et en étalait le contenu dans le cuvier. Comme ce dernier était disposé lui-même sur une sorte d'échafaudage, Nancylle opérait du haut d'un tabouret. Et, au long des heures, le même mouvement se répétait. À la nuit tombée, Nancylle remplacée pendant un temps après le repas du soir, le feu était mis en veilleuse jusqu'au lendemain matin cinq heures.

Nancylle reparaissait alors, poursuivait le coulage dans le cuvier, ouvrant de temps à autre pour le recueillir dans un réservoir approprié, le robinet de cuivre, d'où sortait, à mesure que le temps s'écoulait, le liquide brun de la lessive où se formaient de grosses bulles. Une vapeur, à la senteur âcre et spécifique, emplissait la grange. Le moment venu, ma grand'mère et Nancylle soulevaient les pièces de linge du dessus du cuvier pour déterminer si la couleur du linge permettait alors de procéder à l'arrêt du coulage et de passer à la phase suivante : le lavage et le rinçage à grande eau claire au lavoir municipal alimenté par la fontaine dite « des Six Cannelles » (tuyaux), sur le Tour-de-Ville, derrière le jardin du maire, M. Chaval.

Une petite troupe de femmes de journée chargeait sur des brouettes et des charrettes à trous tout le linge qui devait être soumis au rinçage et au battoir. Penchées à genoux des heures durant sur la petite banquette de leur selle de bois, les femmes jetaient au loin, dans l'eau toujours renouvelée du lavoir, les pièces de linge, les trempaient longuement, les tordaient, les battaient au maillet de bois plat, les replongeaient, les égouttaient, les tordaient à nouveau et les déposaient auprès d'elles, ruisselantes, dans de vastes paniers d'osier surmontés d'une anse, paniers grossiers mais solidement tressés et dénommés *bouyricous*. Et c'était, tout autour du lavoir, le dialogue ininterrompu des laveuses, porteuses des petites nouvelles du village, associé au claquement sonore des maillets et au bruit cristallin de l'eau qui s'écoulait dans les tuyaux d'évacuation du lavoir.

Les *bouyricous* remplis, transportés sur les brouettes, se déroulait alors, soit l'après-midi soit le lendemain suivant l'humeur du temps et du climat, l'opération du séchage et de l'épandage. C'est ma grand'mère qui ordonnait cette opération. Sur la place de la Capelle ou sur la place de l'Église étaient tendues, entre les arbres, les grosses cordes câblées, en chanvre, destinées à recevoir les draps de lit. Sur des dizaines de mètres, ils pendaient, soigneusement rangés, sans un faux pli, leur écran blanc face au soleil. Sur les haies, sur les buissons, aux endroits les mieux exposés autour du village était placé le « menu linge », les serviettes et les torchons.

À la fin du jour, le ciel faisant l'objet d'une surveillance attentive, on partait « lever » le linge sec, soigneusement plié et rangé dans les charrettes à bras, puis déposé au restaurant sur de longues tables destinées à le recevoir avant d'être minutieusement trié, raccommodé s'il y avait lieu, plié selon des rites transmis d'âge en âge, et rangé et empilé dans les grandes armoires. Cette phase ultime de la lessive représentait l'une des activités préférées de ma grand'mère. Aidée par Hortense, et avec le concours de ma mère et de ma tante Madeleine, et le mien, à la fois curieux et bénévole, on prenait plaisir à la voir étirer les draps, les « calander* », les plier suivant les coutures et les lettres initiales rouges et parfois brodées, les étaler tout au long sur la grande table, les aligner avec amour en piles impeccables sur les plus hautes étagères.

Plus la lessive comportait de draps, de soixante à quatre-vingts souvent, plus elle était contente. Ce linge, orgueil domestique, était aussi, par le nombre et la qualité du lin ou du chanvre, un témoignage visible de la prospérité et de l'aisance des familles. Et le trousseau de la fille à marier devait comprendre une part de cette forme d'héritage constitué laborieusement, dignement.

La lessive séchée et rentrée, le repas qui marquait la fin de ce rituel se devait d'être joyeux et propre à satisfaire l'appétit des laveuses. Aussi comportait-il traditionnellement la daube de bœuf, mitonnée dans la cocotte de fonte noire ou dans une grosse casserole de terre cuite. Et si le soleil avait bien rempli son office et rendu les draps bien blancs, l'une des laveuses consentait volontiers à chanter quelque berceuse.

Les Vendanges

On pratiquait les cultures les plus diverses (maïs, betteraves pour la nourriture des animaux) dans la propriété de mes grands-parents qui était très morcelée : prairies, où l'on conduisait les vaches et la jument et qui donnaient une importante récolte de foin, mais surtout des vignes, réparties en des points souvent éloignés et qui sollicitaient le plus vivement l'intérêt de mon grand-père. Celui-ci avait appris le métier de tonnelier et passait pour un très bon vigneron. Bon an, mal an, la récolte de vin rouge oscillait de quatre à six barriques* destinées au restaurant et aux besoins domestiques. Les vins de la contrée étaient alors réputés et la commune de Monsaguel, proche des vignes de mon grand-père, fournissait un vin réputé bien au-delà du Bergeracois.

La saison des vendanges était attendue avec joie par mes cousins et moi-même.

La troupe des vendangeurs, disparate et colorée, avait été composée longtemps à l'avance : aux voisins et amis qui venaient prêter main forte, à charge de réciprocité, et aux journaliers accrédités se joignaient pour la circonstance tous les membres disponibles de la famille et nombre d'enfants. Au petit jour, dans la brume de fin septembre, deux vaches paisibles, bien arrimées sous leur joug, entraînaient au pas lent la lourde charrette supportant deux grands cuviers et autour desquels étaient disposés *leï bastos* (les « comportes »). Un très gros câble de corde noué au timon et assurant la fixation des cuviers sur le plateau de la charrette venait s'enrouler à l'arrière autour d'un cylindre de bois qui faisait office de treuil. Pendant huit à quinze jours, selon l'abondance des fruits, se faisait la cueillette.

Bru, le domestique agricole de mon grand-père, conduisait l'attelage le long des chemins de terre menant aux vignes. De la voix et de l'aiguillon, précédant les bêtes, il les guidait habilement pour éviter les déséquilibres de la charrette, opération délicate surtout au retour lorsque les cuviers, coiffés en « calotte » par les raisins, auraient pu, malgré le câble de retenue, pencher dangereusement et laisser se répandre une partie de la récolte. Au départ, la troupe s'en allait vers la vigne, riant et plaisantant; le soir, il était bon de grimper sur la charrette par grappes, à l'avant comme à l'arrière, et de se laisser porter, à travers les cahots, dans la senteur de la vendange fraîche.

Tout d'abord se présentaient les volontaires qui allaient se charger de porter *la basto*. Je revois, au bout du rang de vigne, cette rude « chaise à porteurs » conçue comme cette dernière, mais où la cabine de la dame de qualité était remplacée par une petite cuve cylindrique, et les fins brancards de la cabine par de lourds rondins polis. La comporte était déplacée entre les rangs de vigne de manière à recevoir le plus commodément possible le contenu des paniers. Vite remplie, les deux porteurs s'en saisissaient et, la supportant sur leurs épaules, ils allaient d'une démarche parfois titubante sous le poids. Puis, soulevée par des poignes bien entraînées, hissée sur le plateau de la charrette, la comporte basculait sur le rebord du cuvier. Et ce manège se répétait à longueur de journée, à la force des bras et des épaules peu à peu meurtries par le lourd fardeau. Ces porteurs étaient des sortes de sous-officiers dans la vigne, par leur force, leur expérience, plaisantant les uns, gourmandant les autres, selon la rapidité de la cueillette.

Les coupeurs, eux, devaient « conduire leur rang de vigne ». On conduisait le rang par deux, face à face, de chaque côté des ceps de vigne, au gré des amitiés et des affinités. Déjà en ce temps, la petite serpette, sorte de couteau fixe et recourbé, bien tranchant, était remplacée souvent par le moderne sécateur.

Jusqu'à dix heures du matin, nous menions bon train notre rang, nous, les enfants, et la partie s'engageait pour arriver premier. Le raisin, rafraîchi par la brume nocturne, était bon à croquer et nous comparions les cépages*. Mais venait vite la fatigue, les reins lourds sous la répétition des poses accroupies. Alors, on s'asseyait sous le pied de vigne, le sécateur devenait moins mordant, on traînait pour se relever jusqu'au moment où apparaissait, au bout de la vigne, l'équipe porteuse du repas de midi.

Une longue tradition s'attachait à sa composition, sommaire et frustre : la « saugrenade* » de haricots blancs parfumée au jus de tomate, des sardines crues, à la chair rouge, salées, vendues chez l'épicier dans de grandes caisses de bois circulaires et empilées étroitement l'une sur l'autre, du fromage de Cantal et, cueillis sur l'arbre même, les fruits des figuiers et des pêchers qui parsemaient de place en place les rangs de vigne. Une tourte de dix livres*, ronde et pansue, cuite la veille ou l'avant-veille, s'offrait aux larges couteaux de poche qui y découpaient les tranches épaisses.

Assise à l'ombre de la cabane rustique édifiée comme abri au coin de chaque vigne ou à l'ombre d'un figuier, la troupe affamée plongeait la grosse louche de fer dans le grand légumier émaillé pour emplir « l'assiette à calotte* », unique vaisselle de chacun avec la cuillère à soupe. Détachée habilement par le couteau de poche, la chair de la sardine venait faire bon ménage dans l'assiette avec les haricots. Et les plaisanteries fusaient au regard de l'avidité de tel d'entre nous, accompagnées des « grands coups à boire », car les verres épais de ces agapes champêtres se tournaient souvent vers les cruches de terre vernissée, propres à entretenir la fraîcheur du vin rouge bien foncé de la précédente récolte, ou l'eau puisée aux fontaines du village. Dûment réconfortés, les vendangeurs s'allongeaient à même le sol, sous l'ombre la plus dense pour une courte sieste.

Les après-midi étaient pénibles. Malgré les grands chapeaux de jonc, les rayons obliques jouaient à travers les feuillages et la sueur perlait sur les visages. Le rang était abandonné par les enfants cependant que les adultes calculaient s'il serait possible d'achever à la fin du jour la cueillette prévue.

Et tout au long de la journée, à mesure que s'emplissaient les cuves, le bouvier assurait le va-et-vient entre la vigne et les chais où l'attendait l'équipe des hommes chargés des grands cuviers où ils pressaient la vendange qui venait d'y être versée après une manutention parfois dangereuse.

Le foulage de la vendange était une opération pittoresque et fatigante qui nous réjouissait. Dans les grands cuviers de la cave-chai, deux hommes, le pantalon de toile bleue retroussé au-dessus du genou, avaient pour tâche de piétiner les raisins frais. Durant des heures, ils écrasaient les grappes; le jus rouge brun, peu à peu recouvert d'écume, s'étalait sur la vendange et s'écoulait par le bas du cuvier à travers une « bonde* » dans une petite cuve.

Puis venait « l'écoulage* », c'est-à-dire le remplissage des barriques de 225 litres chacune, longuement alignées sur les tins*, armatures robustes de bois de charpente, bien consolidées sur le sol de terre battue. Puisant avec leurs seaux de fer blanc dans la cuve, les hommes vidaient le liquide à travers un très gros entonnoir muni à son orifice supérieur d'une grille appropriée qui retenait les grains des raisins non foulés, lesquels allaient être à leur tour écrasés après rejet dans le cuvier. Et pendant plusieurs jours, la vendange était écoulée, les barriques remplies.

Dans cette atmosphère où régnaient les odeurs âcres et fortes de la fermentation, s'agitaient ainsi les fouleurs, souvent le torse nu, le bas des cuisses et les jambes recouverts de rouge comme une peinture aux tons violets et d'autant plus adhérente qu'elle s'accrochait aux poils des jambes. Et, pour retrouver la propreté de leur corps, les fouleurs, munis de seaux d'eau chaude, procédaient à leurs ablutions à demi nus dans une petite cuve. Tout cela était pour nous très réjouissant.

À l'issue de l'écoulage et du remplissage des barriques, les activités ultérieures incombaient à mon grand-père, aidé par Bru. Il convenait alors de « ouiller* » les barriques, c'est-à-dire de les remplir à ras bord pour éviter que le vin ne se pique, prenne un goût un peu aigre. Il fallait aussi empiler le marc, c'est-à-dire le résidu de la vendange, les squelettes des raisins pour les confier au distillateur, spécialiste itinérant de la fabrication des eaux-de-vie qui passerait un jour prochain. Et de son alambic de gros cuivre rouge sortirait, après une opération de distillation bien contrôlée, un alcool blanc, titrant entre 35 et 40 degrés, âpre et raide au goûter, qui vieillirait des années durant et servirait à parfumer la tasse de café ou les confitures, et à conserver dans de grands bocaux les prunes d'Agen préalablement cuites au four du boulanger.

C'était une heureuse époque que celle des vendanges. Chacun y était intéressé, tout le village y participait. Le vin des années fastes faisait l'objet d'une mise en bouteilles en temps opportun. Dans ces campagnes périgourdines et en ce temps-là, les méthodes de vinification et de conservation, le collage, l'emploi de sucre, étaient inconnus. Ce vin de terroir, d'un rouge violet, dense, riche en tannin, issu de cépages réputés et âgés, « déposait » au fond et sur le cylindre intérieur de la bouteille. On le passait à travers un filtre primitif constitué souvent d'un tampon de coton hydrophile afin de le trouver plus pur et plus « fin » dans le verre.

Et il me souvient d'un vin rouge de l'année 1885 que mon grand-père voulait à tout prix me faire goûter en cette année 1910, alors qu'il ne pouvait concevoir que l'un de ses petits-fils demeurât buveur d'eau.

Les Confitures

Lors de la foire du 2 septembre, les prunes étaient mûres. Sur tous les marchés de la région, Eymet, Lauzun, Castillonnès, Villeréal, Issigeac, affluaient les sacs de prunes dites « d'ente », ou plus souvent, prunes d'Agen. Elles avaient été préalablement passées au four du paysan – beaucoup en possédaient encore à cet usage – ou à celui du plus proche boulanger, et étaient offertes en vrac, par sac de 50 kg, pour les besoins des conserveurs et des confiseurs.

Des intermédiaires avertis, acheteurs pour le compte des conserveurs, munis de petites balances à fléau, prenaient dans les sacs ouverts une poignée de prunes. Selon leur grosseur et aussi leur aspect, nous dirions aujourd'hui selon leur calibrage, les prunes étaient rangées dans une catégorie déterminée : les plus belles et les plus grosses, trente à quarante au kilo, représentaient le surchoix, celles qui étaient petites constituant le « fretin ». Et pendant toute la matinée, après achats, les centaines de sacs apportés au marché faisaient l'objet de transports et manutentions diverses.

Mais à côté de ce marché de gros se tenait le marché de détail. Dans de vastes paniers d'osier à claire-voie ou de châtaignier, les paysannes offraient aux ménagères des fruits crus, bien mûrs, à la robe d'un rouge violet. Ils étaient destinés aux confitures et donnaient lieu comme il se doit aux marchandages traditionnels.

Ma grand'mère Muralie décidait des achats. Le lendemain, dans la grange, autour de Nancylle, la troupe des femmes de journée dénoyautait les prunes. D'un geste vif du tranchant du couteau, le noyau était rejeté dans un récipient approprié, tandis que les prunes, juteuses, lourdes, emplissaient peu à peu les bassines de cuivre, dûment récurées pour la circonstance. Auprès des bassines, pliés dans des emballages, des pains de sucre en forme de cône attendaient d'être débités à coups de marteau pour former avec les prunes une masse odorante mi-solide mi-liquide.

Le jour suivant, les foyers du fourneau de la cuisine de l'auberge, chauffés au charbon de bois, recevaient les lourdes bassines. Une longue et attentive cuisson commençait. Heure après heure, les fruits remués souvent avec une longue cuillère de bois, le parfum de la confiture s'accusait, s'épandait dans la cuisine jusqu'au moment où, la goutte-test formant perle sur l'assiette froide, le point de cuisson était atteint. Peu de temps avant, ma grand'mère avait incorporé quelques bâtons de vanille et, parfois pour varier, des rondelles de citron.

Venait alors la mise en pots. Sur les tables de l'une des salles avaient été alignés les très lourds pots de verre, souvent plus de cent ou cent cinquante, et le papier blanc spécial destiné à les recouvrir, découpé soigneusement en forme de disques. Ces derniers étaient plongés dans une soucoupe remplie d'eau-de-vie de prune, ancienne de préférence. Ils s'en imprégnaient et allaient à la fois protéger et parfumer la confiture. Et puis, maniant des ciseaux pour découper le gros papier jaune-paille acheté chez l'épicier, ma grand'mère confectionnait ainsi une couverture retenue par une mince ficelle.

Sur chacune d'elles, elle écrivait le lendemain, d'une écriture tremblante « Confiture de prunes : robe sergent, 1910 ».

Pour nous, les grandes bassines encore chaudes offraient l'occasion d'un « extra » alimentaire recherché. Découpant dans la tourte de dix livres des tranches minces mais nombreuses, nous avions le droit d'essuyer le fond et le pourtour des bassines où s'était, par endroits, caramélisée la confiture.

Les Cochons, les Dindons et la Table du Paysan

Il ne convient pas d'omettre dans le tableau de mon village périgourdin la place réservée aux deux animaux, grands pourvoyeurs de nourriture, le cochon et le dindon.

Bien pauvre était alors le ménage qui n'élevait pas un cochon. Auprès de la maison, souvent dans une encoignure, flanquée d'une étable basse, se cachait la basse-cour. Tantôt fangeuse, tantôt pavée (selon les moyens matériels dont on disposait), elle était le royaume du cochon.

Acheté bon marché comme porcelet sur le champ de foire, l'animal « habillé de soies » allait être soumis durant des mois à un régime alimentaire intensif. Dans l'auge de fonte, de pierre ou de bois massif allongé le long du mur, il venait deux fois par jour, trottinant sur ses courtes pattes et grognant de plaisir, absorber goulûment la pâtée odorante, les tranches de betterave crue ou les fruits avariés.

La soignante, maîtresse du logis, servante ou femme de journée, se plaisait à le regarder fouiller de son groin et dévorer sa pitance. « O bien baqua » disait-elle (14), sorte d'onomatopée traduisant le bruit du mufle dans la pâtée, exprimant ainsi toute la satisfaction ressentie devant l'engraissement progressif de la bête. Repue, cette dernière gagnait son lit de paille, dans l'étable tiède, s'y couchait, ne tardant pas à révéler sa joie digestive par de sonores ronflements. Le cochon était un hôte familier. C'était un bienfaiteur : il convenait de le traiter comme tel.

---

14 « Il a bien baqué. »

Ma grand'mère Muralie en élevait en général trois chaque année pour répondre aux besoins de l'auberge. Pour eux, elle faisait battre des fèves séchées au préalable, les donnait à moudre pour obtenir une riche farine vert-jaune; pour eux, elle cuisait et mijotait dans la grande chaudière de fonte, mélangées aux eaux grasses, les épluchures de légumes, les pommes de terre, les larges feuilles de betteraves, les reliefs de repas; pour eux, elle taillait en larges rondelles les lourdes betteraves rouges ou jaunes, sucrées et appétissantes pour la bête. À cette servitude quotidienne, elle apportait savoir-faire, bonne humeur, et le pas familier de ma grand'mère, poussant le portail de bois de la basse-cour, invitait les cochons aux grognements joyeux. « *Qué quoy quéhou à roundina ? An toutdzour talon !* » disait-elle toujours en patois [15].

L'hiver venu était célébrée la « fête du cochon* ».

Par une matinée de froidure, entre décembre et mars, la bête était immolée. Le tueur, souvent c'était Pierre, l'un des bouchers-charcutiers du village. Porteur de son arsenal de couteaux et de racloirs, il avait été précédé dans cette cérémonie de mise à mort par les hommes de la famille et les proches voisins. Les femmes ayant fait chauffer l'eau dans la grande chaudière de fonte, le cochon, dûment entravé au sortir de la basse-cour, puis renversé par des poignes vigoureuses sur l'épaisse banquette de bois, le tueur, d'un geste sûr et rapide, plongeait son coutelas derrière l'oreille. Soigneusement recueilli dans un grand baquet de bois, le sang bouillonnait en s'écoulant. Les grognements aigus devenaient plaintifs. Vidé de son sang, l'animal gisait sur la banquette.

Armés de racloirs, arrosant le corps d'eau brûlante, les hommes dépouillaient la bête de ses longs poils piquants, découvrant une peau blanche et épaisse sous laquelle allait se révéler la richesse alimentaire de l'animal. Raclé, lavé, parfaitement net, pouvait alors se dérouler le deuxième acte de la tuerie : le dépeçage.

Dans la grange, ouverte à tous les vents et où venait d'avoir lieu la saignée, avait été arrimée à une grosse poutre de la charpente une sorte de croix de bois formée de longues barres rondes bien

---

[15] « Qu'ont-ils ainsi à grogner ? Ils ont toujours faim ! »

lisses. Un système de treuil animait l'ensemble, permettant la descente de cette croix au niveau de la table où reposait la bête égorgée. Attaché solidement par des câbles aux deux montants de la croix, l'animal pouvait être soulevé, les deux pieds arrière ainsi bien arrimés à la hauteur convenable pour l'éventration.

Bien suspendu à la verticale, soutenu par les auxiliaires de l'égorgeur pour éviter un balancement intempestif, le cochon était alors ouvert de haut en bas, la lame tranchant dans toute son épaisseur la large couche de graisse. Munies de baquets et de récipients appropriés, les femmes entraient à leur tour en action, recevant, après un rapide et savant découpage, les boyaux, les viscères, cœur et foie à destinations bien précises. Le travail de nettoyage et de préparation des boyaux, notamment destinés au réceptacle des boudins et des saucisses, impliquait en effet des soins attentifs selon un rituel déterminé. Et comme dans la conduite de la lessive, on retrouvait Nancylle, laveuse de boyaux. Après un premier traitement de « vidage » des boyaux et de nettoyage à l'eau chaude, les femmes partaient au lavoir des Six Cannelles pour gratter à la brosse douce et rincer abondamment à l'eau claire courante les mètres de boyaux qui allaient s'empiler sur un torchon bien blanc, dans un grand panier d'osier, *lou bouyricou*. Les débris et les raclures flottaient à la surface de l'eau, blancs et visqueux, rapidement entraînés par le courant.

Le soir venu, les participants se réunissaient ou emportaient chez eux, comme « premier présent » du cochon, la soupe cuite et confectionnée avec les « chutes » du découpage, soupe grasse à souhait, le bouillon brûlant gonflant les larges tranches de pain taillées dans la tourte de dix ou de vingt livres.

La « Timboura » préludait aux soigneuses préparations culinaires des jours suivants durant lesquels, dans la cuisine odorante, allaient être suspendus autour d'un grand bâton ou de plusieurs, sous les poutres ou les plafonds noircis, boudins, saucisses, andouilles, saucissons et les boîtes de fer blanc bien alignées, prêtes à recevoir l'enchaud*, les toupines* pansues devant recevoir la graisse ou les quartiers de viande à « l'eau-sel ». Et il eut été inconvenant dans cette « fête du cochon », bien française en toute province, de ne pas apporter au curé et à l'instituteur un rôti frais ou un enchaud agrémenté d'un morceau de boudin.

Les dindons (*leï piotos*) et la cuisine s'y rapportant étaient un autre motif de réjouissance.

Achetées toutes duveteuses ou le plus souvent nées à la métairie, les dindes, ces grosses poules noires au plumage lustré, la tête agrémentée d'une rigide crête rouge vif, avaient couru dans les chaumes au lendemain des moissons et durant tout l'automne, vagabondes voraces en troupeaux indociles. Le garçonnet ou la fillette de la ferme en avait eu la charge chaque jour. Muni d'une longue baguette flexible, modulant des appels ou des gloussements imités, il devait ramener chaque soir, après un périple varié, l'ensemble du troupeau.

Dans le courant du mois de décembre, le jour de la foire mensuelle, la place de l'Église était recouverte par une marée de têtes noires et rouges. Les pattes bien nouées au raphia, posées à même le sol, les dindes étaient présentées en lot aux villageoises. Autour d'un prix de base – bien connu des deux parties – s'engageait un marchandage parfois prolongé, qui s'achevait par l'intervention du peson à ressort pour bien déterminer le poids du volatile. Selon les achats effectués, ce dernier, rejoignant ses congénères, était transporté sur le champ dans un vaste *bouyricou* ou dans un *charretou** au logis du sacrifice.

Les jours suivants se déroulait le rite gastronomique, car la dinde, si elle figure comme plat de résistance les soirs de réveillon de fin d'année sur les tables bourgeoises, était à la campagne l'objet de traditionnelles et affriolantes recettes. La sanguette, dûment recueillie dans une blanche assiette à soupe préalablement tapissée d'ail et de mie de pain rassis bien écrasé, la bête, soigneusement plumée et bien préparée, allait reposer vingt-quatre heures dans un torchon pour être l'objet le lendemain d'un savant dépeçage. Les cuisses, levées au couteau effilé, revêtues par saupoudrage du mélange sel et poivre dosé avec précision, prenaient place dans des boîtes cylindriques. Placées et immergées dans une chaudière de fonte ou dans un grand récipient de fer battu, elles subissaient l'épreuve double de la cuisson interne et de la stérilisation.

À Issigeac, dans ce village de mon enfance, mon oncle Arthur, le ferblantier-quincailler, connaissait ces jours-là une activité incessante. De Boisse, de Bardou, de toutes les communes environnantes, sans omettre bien sûr le chef-lieu de canton, arrivaient les paysannes, apportant à pleins paniers les boîtes à souder. Les fers au feu dans la braise de la forge, le vaste soufflet de cuir animé par un souffleur bénévole, mon oncle saisissant la poignée de bois du fer rougi à point, étalait en circonférence l'étain liquéfié dont la barre rectangulaire s'amenuisait peu à peu. Souvent, pour la bonne exécution du travail, le fer rougi était mis au contact d'un bloc de soufre. Il convenait en effet de réussir une soudure parfaitement régulière pour éviter les trous d'air et livrer un travail garanti.

Pour ce faire, ma tante avait la charge « d'essayer » les boîtes de conserves, c'est-à-dire, aussitôt que l'eau de la chaudière était parvenue à ébullition, de vérifier la stérilité de la boîte. Armée de grosses pinces à feu, elle plongeait chaque boîte dans l'eau et s'assurait de son étanchéité. Si une bulle d'air, même très légère, était décelée à la surface de l'eau, la boîte était ressoudée et de nouveau contrôlée. Alors, la paysanne revenue en fin de journée pouvait, en confiance, procéder chez elle à la cuisson interne.

À côté des conserves de cuisses se situait une autre préparation plus recherchée : la confection de la « galantine ». Sur une aile bien blanche, parée à cet effet, venait s'étaler de la chair de porc broyée et, selon les moyens matériels, parsemée de fines hachures de truffe. L'ensemble était roulé, assaisonné, déposé dans des boîtes demi-cylindriques ou rectangulaires et recevait les mêmes soins décrits ci-dessus. Ces galantines étaient l'orgueil des « fines cuisinières » qui les offraient à leur table les jours fastes ou lors des événements marquants de la vie familiale.

Ainsi, l'artisan ferblantier apparaissait-il, au premier chef, comme l'un des grands responsables de cette cuisine de choix.

*

52

On ne peut retracer un tableau véridique de la France si l'on ne rappelle pas de prime abord quelques données fondamentales.

Nos provinces étaient essentiellement rurales. Soixante-quinze pour cent de la population appartenait au monde paysan, terme pris au sens noble ([16]). Autour du chef-lieu de canton (centre administratif et judiciaire : percepteur, gendarmes, juge de paix) se dispersaient dans un rayon étendu de nombreuses communes-paroisses serrées autour de leur église. La communication verbale ou spirituelle reposait sur le patois. Le prêtre, pauvre et respecté, souvent fils de la province, recourait lui-même à ce dialecte occitan, du haut de la chaire de bois, pour mieux assurer la force persuasive d'une homélie volontairement rendue simple et compréhensible pour tous. Depuis peu de temps seulement avait paru l'instituteur, *lou rétzou*, le « marchand d'esprit », qui avait reçu mission de faire accéder les petits Périgourdins à une pratique systématique de la langue française.

Ces hommes et ces femmes de la terre (Péguy disait « de cette terre charnelle » [[17]]) peinaient durement, longuement, patiemment sur leurs champs nourriciers. Rompus à tous travaux manuels intenses, leur nourriture appelait à la fois l'abondance et le réconfort physique. Elle occupait dans leur existence une place toute première.

Dans cet isolement d'ordre géographique, les liaisons avec le monde extérieur étant assurées par la marche à pied ou l'attelage du cheval (ou de l'âne), l'alimentation faisait nécessairement appel, en toute priorité, aux ressources locales, à une exploitation familiale directe de ces champs ancestraux, gagnés à la sueur du front, transmis du plus lointain des âges, parfois après des jacqueries ou des révoltes, mais symbolisant le « bien », la possession. Et lorsque Marguerite se mariait, les voisins disaient : « Pierre prend un bon parti, les parents ont du "bien". »

---

[16] N.T. — En 1911, la population rurale représentait 56 p. 100 de la population totale; à peine vingt ans plus tard, elle serait minoritaire (Institut national d'études démographiques, *Le Vieillissement de la campagne française*, Travaux et Documents n° 88. Paris, PUF, 1980, p. 204 [fr.wikipedia.org/wiki/Exode_rural, 2013.07.28]).

[17] N.T. — *Ève* (1913).

Le Jacquou de 1910 ignorait la diététique, les calories, les vitamines (18). Robuste, voire brutal physiquement, il tirait sa subsistance d'un environnement immédiat, de son domaine, de son potager, de sa basse-cour, demandant seulement à l'extérieur proche (au plus loin, au chef-lieu de canton) les compléments indispensables.

À la base, deux éléments majeurs et combien symboliques : le pain et le vin.

Chaque année, après le battage, les sacs de blé, empilés sur la longue charrette traînée par la placide paire de vaches, étaient emportés chez le boulanger, soit de la commune soit le plus proche. L'un après l'autre, empoignés et chargés sur les épaules par le garçon boulanger, les sacs passaient sur la bascule romaine pour y être pesés. Contre le poids de blé enregistré, le boulanger délivrait à son client des bons cartonnés imprimés au nom de la boulangerie. Chacun d'eux indiquait la quantité de pain à laquelle ils donnaient droit. Il y avait ainsi des bons de couleurs variables selon qu'il s'agissait de tourtes de vingt livres ou de dix livres, ou de miches de cinq livres considérées déjà comme du pain de luxe.

Le troc réalisé, la ferme recevait, une ou deux fois par semaine, la visite de la boulangère effectuant sa tournée. En cas d'absence, selon les habitudes et les besoins habituels de la maisonnée, la tourte, parfois encore demi-tiède, était déposée derrière un contrevent. Mais c'était le pain rassis, celui de la tourte précédemment livrée, qui allait, jusqu'à totale consommation, être taillé en larges tranches minces et égales. Celles-ci, gonflées par le bouillon de légumes où avait mijoté quelque temps le hachis de saindoux vieilli, de persil et d'ail, la soupière fumante offrait aux affamés une sorte de bouillie-panade odorante dans laquelle la grande cuillère à servir demeurait toute droite. « Aller manger la soupe » exprimait, après satisfaction de la besogne achevée, le

---

18 N.T. — *Jacquou le Croquant*, roman d'Eugène Le Roy, inspiré des jacqueries périgourdines du début du XIXe siècle (1899, feuilleton télévisé 1969, film 2007; nom aussi d'un groupe de résistance des Francs-Tireurs et Partisans, premier maquis offensif en Dordogne [nov. 1942].)

plaisir domestique par excellence : la halte, détente à la maison au fumet de la soupe « bien trempée ».

Le vin devenait le complément de la soupe. Servi dans l'assiette encore tiède où avait été laissé à dessein un peu de bouillon, il était, par une large rasade, associé à ce dernier pour devenir le « chabrol », liquide mixte aux vertus réconfortantes qui emplissait de joie le gosier du buveur et marquait sa trace dans la moustache broussailleuse. Et l'exclamation familière, *anem fa chabrol* ([19]), traduisait plus encore peut-être ce contentement physique après les dures épreuves de la matinée.

Ce vin, comme le blé, était celui de la ferme. La vigne, relativement jeune, replantée après le phylloxéra* (fléau ruineux à la fin du siècle), était l'objet de soins vigilants. Sa culture, exigeante par la qualité des cépages et les nombreuses « façons » (travaux divers) qu'elle impliquait, était suivie attentivement. L'orgueil d'un bon vin, fortement coloré et « charnu », répandait aux alentours la réputation de son propriétaire. Et il convenait de récolter chaque année sa « provision », au moins pour que figure à chaque repas sur la grande table de bois, une dame-jeanne, c'est-à-dire la grosse bouteille de verre d'une contenance de deux litres et demi. Le surplus de la récolte, si cette dernière avait été abondante, était vendu au courtier en vin de Bergerac.

Mais le domaine assurait de surcroît la très grande part des nourritures quotidiennes : si le ou les cochons, les dindes, les oies parfois constituaient les réserves de viande sous les formes et préparations les plus diverses, le potager fournissait les légumes, la basse-cour, les œufs, poules, poulets et pintades, et les arbres fruitiers, espacés dans les rangs de vigne ou le champ de blé, offraient prunes, pêches et pommes.

Les prunes surtout, fruits types de la région, étaient traitées soigneusement. Ramassées en temps opportun, elles se transformaient en confitures dont les pots ornaient les étagères de la grande armoire occupant un pan de mur dans la cuisine. Étalées sur des claies puis séchées dans un four, elles garnissaient les longs et épais bocaux de verre, s'amollissant lentement dans un sirop

---

[19] « Allons faire chabrol ! »

onctueux où l'eau-de-vie de prune tenait une large place. Car dans ce circuit de production-consommation en « vase clos », rien n'était oublié ni laissé à l'improvisation. Et le distillateur ambulant qui sillonnait les campagnes, installant pour quelques jours, de village en village, son alambic en cuivre rouge, traitait en même temps le marc de la vendange, pour en extraire une eau-de-vie âcre et rude, et la prune d'ente aux reflets violets qui engendrait une liqueur parfumée. La prune à l'eau-de-vie, offerte et servie à l'hôte de passage ou à la famille amie, témoignait de la considération et de la sympathie portées à l'un et à l'autre.

Le boucher du canton était, en général, une vieille connaissance. Le samedi, il faisait sa tournée : autour du fourgon, la fermière choisissait le plat de côtes de bœuf, le jarret de veau pour accompagner la poule au pot du dimanche, le rôti, si le repas du lendemain comptait des invités.

La viande de boucherie figurait comme un aliment de choix. Elle était achetée au même titre que les denrées vendues par l'épicier qui effectuait lui aussi sa tournée hebdomadaire ou bimensuelle. Souvent, si la famille était pauvre en écus d'argent, en louis ou en billets, elle se faisait ouvrir un compte qu'elle créditait à la première rentrée de fonds : la vente d'un veau, d'un tonneau* de vin, de sacs de prunes. À intervalles réguliers, poussant sa profonde caisse montée sur trois roues, apparaissait le « planteur de Caïffa » ([20]), coiffé d'une casquette à visière et à lettres dorées imitées de celles d'un agent des chemins de fer. Il pratiquait le porte-à-porte, de ferme à ferme, pénétrant dans les hameaux les plus reculés. Marcheur infatigable, il proposait les épices, le poivre, le café, toute chose odorante un peu mystérieuses du Proche-Orient, consentant des rabais, concurrençant victorieusement l'épicier du canton, mais n'accordant aucun crédit. Avec lui, c'était un peu de cet inconnu lointain, aux senteurs de cannelle et d'aromates, aux odeurs de café grillé, qui était révélé aux petits-fils de Jacquou le Croquant.

Lors des « fêtes carillonnées », le jour de la frairie, ou mieux encore, des événements familiaux, était préparé et servi un repas-

[20] N.T. — Au Planteur de Caïffa : société de torréfaction du café, puis du colportage d'épices et de mercerie (siège social : Paris; 1890-1960 [?]).

festin où chacun était ainsi honoré, mais qu'il se devait d'honorer en retour par un comportement approprié à la succession des divers plats. Le couronnement pouvait être, suivant les saisons, l'énorme tarte aux pommes, cuite sur un trépied dans la vaste tourtière de cuivre à l'intérieur d'étain, aux bords relevés, là où la pâte se faisait croustillante, ou bien le grand saladier de crème anglaise dans laquelle nageaient des « îles flottantes » de blancs d'œufs battus en neige. Les gaufres issues du gaufrier de fonte aux deux bras, manié avec virtuosité par la maîtresse de maison, accompagnaient obligatoirement ce dessert.

« [Q]uand [les maladies] rompent leur travail ordinaire[,] disait déjà Montaigne, ils ne s'allictent que pour mourir. » (²¹) À l'image de son ancêtre, le paysan de chez nous retournait son champ jusqu'à la limite de ses forces. Mais, pour ce faire, il savait trouver à *l'oustal* (à sa ferme), assis massivement sur son banc de bois devant la lourde table, la flamme crépitant dans la haute cheminée, la soupe épaisse exhalant l'odeur du hachis, le chabrol, les nourritures fortes et saines. Il repartait à son rythme, le temps ne se mesurait pas.

L'angélus le ramenait le soir. Il retrouvait *al cantou* (au coin de l'âtre) son père ou sa mère. Les dialogues n'étaient ni artificiels ni sophistiqués. Les thèmes invariables étaient l'état du ciel, les méfaits de la gelée, les espérances de récolte, le troupeau, les travaux à venir. Au-delà de l'étroit cercle de lumière de la lampe à pétrole, dans la pénombre, dansaient sur les bassines de cuivre pendues aux murs, les reflets des bûches enflammées.

Les Notables

Enfermé dans son Tour-de-Ville, chef-lieu de vingt et une communes, Issigeac avait bénéficié pendant des siècles des franchises accordées aux communes.

Dans son enceinte close s'était formée au cours des âges une population terrienne, soumise aux mêmes usages, d'où avaient émergé peu à peu, par leurs études, leur profession, leur savoir, leurs biens, leur rôle social, leur autorité, ce qui fut appelé

---

²¹ N.T. — Montaigne, *Essais*, III, ch. XII, De la physionomie, 1580.

longtemps, et au moins jusque durant le quart de ce siècle, les « notables ». Et c'est par la manifestation de leurs compétences que la prise en charge des affaires communales et leur animation pouvaient leur être confiées. Ils étaient l'armature même de chaque canton et, parfois, de quelques grosses communes. La plupart d'entre eux tiraient leur influence de leurs contacts dans leurs métiers avec toutes les couches de la population rurale, et cette influence s'affirmait d'autant plus que la qualité professionnelle liée à l'utilité sociale était mieux reconnue.

M. Vivien était le médecin : de courte taille, replet, le visage rond aux yeux fureteurs, célibataire endurci, il apparaissait comme le guérisseur de tout le canton. Son savoir, appuyé sur une expérience déjà longue, car il était déjà âgé d'une cinquantaine d'années à l'époque, trouvait à s'appliquer de manière pragmatique aux cas exigeant véritablement sa présence, car « les gens de la terre [étaient] durs au mal », selon leur expression même, et *lou médici* franchissait le seuil des fermes seulement dans des circonstances sérieuses pour prescrire des soins en général énergiques. L'arsenal actuel des spécialités pharmaceutiques était alors réduit et le recours à des médications éprouvées demeurait la règle : aux cataplasmes et aux ventouses pour les bronches, aux lavements et aux purgations pour l'appareil digestif, aux saignées pour les hyper-sanguins, au bistouri pour les phlegmons ou les panaris.

Partant d'Issigeac au petit matin dans un cabriolet aux roues caoutchoutées, recouvert d'une bâche pliante imperméable, le fidèle cocher Léon Brassier (par ailleurs chantre et sacristain) avait la charge de l'attelage animé par un aimable cheval. Sur toutes les routes, de Boisse à Bouniagues, de Bardou à Eyrenville, de Monsaguel à Monmarvès, dans toutes les communes, le cabriolet des deux hommes sillonnait les chemins, emmenant parfois en tournée le petit-fils du pharmacien et maire, M. Chaval (parent par alliance du docteur Vivien). Les clients venaient ensuite faire exécuter leurs ordonnances à l'officine du pharmacien, à l'angle de la place de la Capelle, sur le Tour-de-Ville ([22]). Mais le soir venu, le docteur, très bon vivant et joyeux compagnon, se remettait de ses

[22] Pharmacie et maison d'habitation sont aujourd'hui propriété du notaire.

fatigues devant une bonne table et achevait volontiers sa soirée au Café de la Terrasse, en compagnie de fidèles partenaires dans de longues parties de cartes.

Originaire d'Issigeac (ou du Lot-et-Garonne), M. Chaval détenait un diplôme de « Pharmacien de Ire classe » ([23]), sans doute acquis auprès de la faculté de Bordeaux ([24]). Installé à Issigeac comme seul pharmacien de la commune, et même du canton, sa pharmacie était réputée et prospérait. Il était rapidement devenu conseiller municipal et ses concitoyens en avaient fait ensuite, légalement et à répétition, par la vertu du suffrage universel, le maire de la commune ([25]). Cette double position lui assurait le privilège de connaître le corps qu'il soignait et l'esprit de ses administrés par les confidences et les attitudes mentales que ces derniers pouvaient présenter. Entre-temps, il épousa une jeune fille de la vieille bourgeoisie terrienne de Campsegret et devint de ce fait propriétaire de plusieurs domaines. Camarade de classe de ma mère et de ma tante, la fille unique née de ce mariage fut élevée selon les principes de l'époque au couvent d'Issigeac dont les sœurs assumaient les fonctions d'institutrices et d'infirmières, puis comme pensionnaire au couvent de la Miséricorde à Bergerac, établissement réputé qui conduisait ses élèves jusqu'au diplôme du Brevet élémentaire et leur ouvrait la porte à la fonction enseignante.

Dans l'exercice de sa profession, M. Chaval apportait avec lenteur le souci de ses préparations laborieuses, des sirops aux cachets, des purgatifs aux fortifiants. Grand, affable et poète

---

[23] Le titre de Pharmacien de Ire classe était réservé aux étudiants possédant le baccalauréat, les pharmaciens de IIe classe étant recrutés parmi les non-titulaires du baccalauréat.

[24] N.T. — Les passages relatifs à M. Chaval ont été remaniés en fonction d'une lettre de l'auteur datée du 15 mai 1987, et comportant trois pièces jointes dactylographiées : 1. « NOTES complémentaires destinées à Jean LAMBERT (à intégrer dans le cahier chapitre " Les Notables " » (4 p.); 2. « Edgar QUINET : Historien et philosophe français : (1803-1875) » (2,5 p. pour 4 paragr. d'intr. et 28 phr. [et 4 l. illisibles] extraites du *Livre de l'exilé*); 3. « Rectificatifs » (deux dates, une contenance).

[25] N.T. — 1. Le suffrage dit « universel » fut réservé aux hommes jusqu'en 1945, quand il fut étendu aux femmes. 2. Les maires sont élus au suffrage indirect depuis 1882. M. Chaval fut maire d'Issigeac de 1901 à 1925.

latiniste à ses heures, un peu myope derrière des lunettes à monture d'acier, coiffé d'une sorte de calotte, parfois en blouse, parfois officiant en manchettes de lustrine, il régnait sur une armée de bocaux, de vases et de flacons où s'inscrivaient les termes latins des ingrédients et les produits appelés à entrer dans la composition des remèdes. Mme Chaval, à l'instar de son mari, apparaissait parfois dans l'officine pour délivrer des pastilles ou des pilules sans danger; hautaine, un peu précieuse, les cheveux gris, un corsage de ton neutre, elle figurait la dame bien nantie, coopérant à la gestion des fermes reçues par héritage ou acquises sagement.

Dans sa fonction de premier magistrat de la commune, M. Chaval, vêtu lors des célébrations de mariage d'une redingote grise autour de laquelle venait s'enrouler l'écharpe tricolore, apparaissait très digne et vraiment détenteur du pouvoir local. Il avait fait ses études secondaires au collège classique de Villeneuve-sur-Lot jusqu'au baccalauréat et y avait eu comme condisciple Georges Leygues qui devait se distinguer comme ministre de la Marine; les deux hommes, poètes amateurs, s'étaient liés d'une amitié qui persista leur vie durant. De sa formation humaniste, M. Chaval avait retiré une agréable facilité de composition et d'improvisation qu'il savait manifester dans les moments opportuns de sa vie publique. Ce niveau d'instruction et d'éducation, associé à un respect des valeurs traditionnelles de son milieu, l'ordre, l'économie, le travail, lui avait très vite assuré la direction de ce gros canton rural et l'avait conduit à une gestion prudente et sourcilleuse des deniers publics. C'est ainsi qu'à la veille de la guerre de 1914, le budget annuel de la commune se traduisait par un excédent de recettes, qui allait gonfler le livret de caisse d'épargne ouvert aux P.T.T. au compte de ladite commune, en particulier par des placements en louis d'or. En effet, vers cette époque, les Français étaient invités, par les jeux de la politique européenne de bascule, à investir dans l'immense Russie des tsars, notre alliée colossale à l'Est, et offraient des crédits par millions de francs-or pour le réseau ferré, le transsibérien, l'exploitation des mines, l'ouverture d'usines. Un tel comportement répondait à l'esprit du temps et présentait un symbole de bonne gestion aux habitants. Mon grand-père maternel,

60

tonnelier et vigneron, était devenu conseiller municipal auprès de M. Chaval; celui-ci appréciait fort le sérieux et les qualités de travailleur de mon grand-père. Il lui portait beaucoup d'estime et d'amitié. Par la suite, et lors de la guerre de 14-18, M. Chaval témoigna de sentiments d'humanité discrète et d'un patriotisme éprouvé et constant, ce qui lui valait le respect unanime.

Et c'était aussi le temps où le pharmacien-maire, républicain modéré mais d'esprit libéral, patriote, laborieux, ouvert aux lentes et sages mutations sociales, maria sa fille, intelligente et distinguée, éprise de littérature, à un bel officier, lieutenant de l'armée française, en garnison au 108ᵉ Régiment d'Infanterie à Bergerac (²⁶). Cette forme d'ascension sociale due à l'alliance de deux éléments représentatifs de cette époque – la jeune bourgeoise apportant obligatoirement à son mari, officier, une dot d'au moins vingt-cinq mille francs-or pour garantir le rang social de celui-ci – reflétait le respect à une tradition de sagesse et de stabilité dont l'esprit peut être retrouvé dans les romans à succès de Marcel Prévost.

Il ne m'a pas été donné de connaître le lieutenant puis capitaine Lambert, sinon au travers de quelques circonstances. Comme tout officier de son temps, il était d'un physique vigoureux, nécessaire à l'exercice du métier de soldat. Il apparaissait le dimanche après-midi sur les allées du jardin public de Bergerac. Chaque dimanche après-midi, la musique du régiment y donnait un concert sous la direction du capitaine Watelle, chef de musique, dans le kiosque à musique de ce jardin. Pour goûter ce concert se pressait sur les allées une foule endimanchée. Parmi cette foule se distinguaient les officiers du 108ᵉ Régiment, en tenue de gala : pantalon rouge avec large liseré noir, dolman noir aux épaulettes, boutons dorés, manches ornées de galons dorés correspondant au grade, képi noir bordé de galons dorés selon le grade et, sur le devant du képi, l'indication du numéro du régiment, 108. L'ensemble de cette foule respirait un sentiment de bonne tenue et de respectabilité générale. De son union à Mˡˡᵉ Chaval naquit Georges, mon camarade d'enfance. Celui-ci ne fréquenta pas l'école primaire du village, sinon dans les toutes premières années pour

---

²⁶ Chaque ville d'importance moyenne possédait alors une garnison.

être initié à la lecture et à l'écriture; il reçut sa formation au lycée de Périgueux, me semble-t-il, et devint bachelier.

Dans ce passé, la stabilité de la sécurité dominait dans les actions et les esprits. Nous avions alors, jeunes et vieux, comme un sentiment d'éternité terrestre devant nous.

La Grande Guerre vint détruire tout ce monde; c'est 1914 qui ouvrit en vérité le XXe siècle avec le cortège de toutes ses mutations. Le capitaine Lambert fut tué en septembre 1915 [27]. Ce deuil fut fortement ressenti par son épouse et M. et Mme Chaval.

Assez souvent durant ses vacances, Georges Lambert aimait séjourner à Roumanou, l'une de ces propriétés de M. Chaval, située dans la commune pittoresque de Boisse, dominée par deux moulins à vent se dressant à 185 m d'altitude. Il était très attaché à ces lieux, témoins de ses joies d'enfant et d'adolescent. Mais aussi, nous nous retrouvions à Issigeac durant les grandes vacances dans une joyeuse bande avec la fille ainée de M. Mercat, agent général d'assurances pour le canton, ses deux frères et parfois d'autres adolescents. Le croquet était le jeu favori à cette époque, mais Henri Mercat possédant un vélo – chose rare et chère à l'achat –, celui-ci passait successivement entre nos mains et nous apprenions l'équilibre et inclinions très fort vers ce nouveau sport.

Par leurs fonctions, leur instruction ou leur fortune, quelques autres personnalités se situaient aussi sur le devant de la scène.

M. Chèvre, le notaire, dont les panonceaux indicatifs de son état se détachaient en noir sur fond cuivre, sur la façade d'une vieille maison cachée au bas d'une venelle, avait succédé à M. Calmette, tabellion dont il avait épousé l'une des filles. Petit, rougeaud, le visage encadré d'une barbe bien coupée, bienveillant,

---

[27] N.T. — Chevalier L.H. et C.G. deux mois plus tôt, en phase d'être promu commandant, le c^{ne} Lambert avait été fauché en émergeant de sa tranchée le 26 septembre 1915 à 17 heures 30 pour mener une dernière fois ses hommes à l'assaut, à Neuville-Saint-Vaast (dans le Pas-de-Calais, entre Arras et Vimy). Un de ses sous-officiers rapporta à la forge des parents, à Saint-Capraise-de-Lalinde (Dordogne), en présence de son jeune fils, Georges, ses effets personnels, dont une petite photo qui avait trois trous de balles. Georges, initialement confié à une nourrice puis à ses grands-parents paternels, alla se jeter en pleurant sur le lit de sa chambre : « Ils l'ont tué ! Ils l'ont tué ! » Adulte, il irait souvent interroger les cimetières militaires, en vain.

rompu aux pratiques juridiques paysannes, M. Chèvre possédait dans le canton le quasi-monopole des transactions et était le conseiller écouté et le rédacteur obligé des actes qui déterminaient et révélaient l'ascension ou le déclin des familles, leurs différends (fermages, métayages, ventes, achats de propriétés et domaines, cession de terres cultivables ou de prés, contrats de mariage, testaments…). Au contact quotidien des hommes de la terre et du village, il avait acquis et possédait un vaste répertoire d'ordre matériel et moral. Les « minutes » soigneusement calligraphiées des contrats divers qu'il avait rédigés traduisaient, dans leurs formules juridiques, le comportement et les réactions des deux parties comme elles exprimaient l'état de leurs biens ou de leur patrimoine. M. Chèvre apparaissait en fait comme un véritable régisseur.

Ces trois hommes, le médecin, le pharmacien et le notaire étaient en vérité constamment associés, dans les limites de leur canton, au devenir des hommes et des familles sous tous les aspects; aussi présentaient-ils un relief particulier.

Dans un autre domaine se rencontraient d'autres personnages aux activités très différentes mais qui, par leur profession et les contacts qu'elles favorisaient, bénéficiaient de la considération publique. Il y avait le « régent », c'est-à-dire l'instituteur, M. Salanier, qui conduisait laborieusement au Certificat d'études primaires les enfants scolarisés par la Troisième République et avait la tâche d'éclairer les esprits et d'unifier le pays en bannissant le patois (l'occitan d'aujourd'hui) pour le remplacer par le français. Et ce n'était pas une petite satisfaction, au coin du feu, lorsque l'écolier de dix-douze ans récitait devant son aïeul une fable de La Fontaine ou quelques vers de Victor Hugo. La France croyait alors aux « lumières » et le « régent » en était au village le principal dispensateur. C'est lui qui me prit en charge durant cette année 1909-1910. Fils de paysans périgourdins, simplement muni du Brevet élémentaire, il était sorti du rang et exerçait avec force, sinon toujours avec discernement, son apostolat. En serviteur fidèle d'une république qui voulait affranchir et élever les enfants du peuple, il témoignait des théories socialisantes des plus progressistes pour l'époque, faisant volontiers savoir qu'il avait lu et étudié *Le Capital* de Karl Marx, créant ainsi autour de sa personne, au milieu d'une population qui ne se payait pas de mots mais s'affrontait chaque jour aux dures réalités de la vie matérielle, à la fois un sentiment de respect pour son savoir et sa tâche en classe, et d'autre part, de crainte au regard d'idéologies et d'utopies singulières et dangereuses.

À l'opposé, on rencontrait l'agent général, pour tout le canton, d'une compagnie d'assurances renommée, Le Nord. M. Mercat, de souche mi-bourgeoise mi-paysanne, nanti de biens fonciers par son mariage, offrait à une clientèle soucieuse de sécurité, des contrats contre l'incendie, la grêle, le vol. Disposant en fait d'un véritable monopole, il retirait de cette représentation des revenus élevés et menait train de vie enviable. Il faisait instruire ses enfants par une institutrice salariée, participait à de nombreuses parties de chasse, entretenait à l'extérieur des relations diverses. M. Mercat incarnait, lui, l'attachement au passé par une préférence monarchique nettement accusée, une soumission totale au catholicisme, ennemi de la République. Aussi bien se dressait-il contre le « régent », l'ennemi à ses yeux. Mme Mercat, pieuse et bonne, entretenait les meilleures relations avec mes grand'mères et m'accueillait avec affection.

Et, sur un tout autre terrain, on rencontrait M. Nicoulaud, marchand-drapier de son état. Comme tel, il perpétuait les vertus et les travers de sa caste. Accueillant, habile vendeur, flatteur au besoin, il débitait dans sa vaste boutique, à côté du porche de l'église, tissus et pièces de drap dans lesquels allaient s'exercer le tailleur ou la couturière du village, pour faire paraître dignes leurs clients à l'occasion d'un baptême, d'un mariage ou d'une quelconque festivité. M. Nicoulaud, dans son métier, pouvait aussi à sa manière connaître bien ses clients et porter sur eux des jugements motivés, mais qu'il gardait discrets. Mes grand'mères avaient pour lui une grande considération. Les liens de vendeurs à chalands s'étaient maintenus sur plusieurs générations et, lorsque parfois j'accompagnais ma grand'mère Muralie chez M. Nicoulaud pour quelque achat, j'entendais avec plaisir le maître-drapier, riche, possédant une vieille demeure à colombages, faire l'éloge amical de ma famille, évoquant pudiquement au passage les deuils qui avaient pu rendre proche celle-ci de la sienne. En effet, M. Nicoulaud avait perdu une jeune fille, morte très vite après vingt ans. Et les médisants accablaient cet homme dont on disait qu'il jouait gros jeu aux cartes et se laissait aller à boire, peut-être pour tromper sa peine.

À l'arrière de ces personnalités dont le rôle et l'action étaient incontestées, travaillait et vivait tout le peuple des artisans, agriculteurs, boutiquiers qui constituaient la trame du village et pour lesquels, tour à tour, je pourrais longuement retracer l'existence anonyme et laborieuse, comme des frères Gaillard et de Barrière, les boulangers aux tourtes rondes et pansues, de cinq à vingt livres.

Il y avait également Bel, le charpentier, moqueur et rieur, au pantalon de velours d'où dépassait un mètre de bois, jaugeant d'un coup d'œil l'œuvre à accomplir. Puis, il me souvient de Lial, réparateur en machines agricoles, obstiné et dur à la besogne, de la vieille madame Gay, l'épicière, de ses pareilles, les demoiselles Guiraud, de mon arrière-grand-oncle Vincent, horloger, qui « descendait » chaque jour de sa propriété à sa boutique, place de l'Église, conduisant son antique omnibus transformé pour les besoins de son métier en petit entrepôt de pendules. Je me rappelle mon oncle Dubois, ferblantier, couvreur, zingueur, sans pareil pour raconter de bonnes histoires en patois, ayant beaucoup appris comme compagnon, intransigeant sur tout travail, animant dans son atelier le gros soufflet de forge pour chauffer les fers à souder.

Et tout ce petit peuple de journaliers, femmes de service, devenait au fil des années, dans les familles où ils servaient, presque des parents à part entière.

Oui, vraiment, le village était comme un « petit monde en soi » où chaque événement retentissait dans toute la collectivité et où les échanges humains pouvaient être mieux perçus et ressentis du fait des limites étroites à l'intérieur desquelles ils se produisaient ([28]).

---

[28] « [Chaque commune rurale] était comme un petit monde en soi, vivant sur sa subsistance. » (Vidal.)

Et puis un lien spécifique contribuait, même pour ceux qui se voulaient détachés de toute influence spirituelle, à unir ces hommes; c'était l'Église.

L'Église Collégiale Saint-Félicien

Sur les vestiges d'une église romane du XIIe siècle, la famille des Gontaut-Biron, bienfaitrice de la commune, fit édifier une église collégiale à trois nefs comportant un clocher octogonal, l'ensemble à la fois haut, long, massif, constituant un lieu de culte remarquable pour l'importance de la localité ([29]).

Curé-doyen du canton, l'abbé Conchou exerçait son apostolat et assurait toutes les manifestations et cérémonies du culte et de la liturgie selon un cadre rigoureux. D'esprit autoritaire, nourri des disciplines et de l'esprit des séminaires de ce temps-là, il remplissait sa mission de pasteur d'une part et de curé-doyen du canton d'autre part, dans une atmosphère de respect et de grande déférence à l'égard de sa personne. Par ses soins et selon ses directives, la collégiale Saint-Félicien d'Issigeac voyait se dérouler toutes les cérémonies en fonction d'une pompe et d'une liturgie dûment étudiées au préalable.

Le dimanche, la grand'messe, annoncée par une volée de plusieurs cloches ou, lors des fêtes, par le carillon des six cloches, se déroulait avec faste. Léon Brassier, le sacristain, doté d'une superbe voix de ténor amateur, se transformait en garde suisse. Revêtu de cet uniforme, coiffé du bicorne, la hallebarde dans la main droite, il précédait l'officiant et la troupe nombreuse des enfants de cœur à travers l'église durant le chant de l'*Asperges me*. Durant la messe, immobile dans l'allée centrale, il frappait les carreaux de trois coups portés par la hampe de sa hallebarde au moment de l'élévation et précédait les fidèles jusqu'au portail de sortie à la fin de la messe.

---

[29] N.T. — Alors que pour les Sumériens et les anciens Égyptiens le chiffre huit représentait la vie et l'unité, pour saint Ambroise (160-249), il était le symbole de la vie éternelle, l'au-delà des sept jours de la semaine; la chapelle du Rocher de Jérusalem était construite sur un plan octogonal (vers 681) et nombre d'églises du Moyen-Âge établies selon ce plan avaient une étroite dépendance sépulcrale.

Les chants de la messe étaient soutenus en latin par le chœur des jeunes filles de la paroisse, volontaires pour apporter leur concours à Angèle Vincent, la nièce de mon arrière-grand'mère, excellente musicienne et d'esprit mystique, qui se trouvait toujours présente au clavier de l'harmonium. Chaque enfant de chœur accomplissait une tâche bien précise et le regard courroucé du curé Conchou, qui avait l'œil partout, conduisait chacun à l'obéissance des rites.

Lors de la célébration des vêpres, ou à l'occasion des cérémonies de funérailles, nous aimions écouter les versets des psaumes sur les deux tonalités du prêtre et de Léon Brassier dont la voix trouvait l'accent nostalgique ou douloureux propre au caractère de la cérémonie. Nous éprouvions pour ce sacristain au visage imberbe, au corps droit, au regard franc, à la voix chaude, une certaine admiration familière. L'une de nos grandes joies était de monter dans la tour du clocher (quatre-vingt-douze marches de pierre en spirale) pour mettre en branle les six cloches les veilles de fêtes dites « carillonnées ». Et c'est Léon qui dirigeait et limitait notre ardeur de sonneurs lorsque, suspendus aux câbles des cloches, nous recherchions les acrobaties les plus singulières pour animer le carillon, nous assourdissant à plaisir.

Durant la semaine, souvent l'après-midi, le curé Conchou, coiffé du réglementaire chapeau noir à bords relevés, vêtu de la longue soutane au rabat noir orné de petites perles blanches, le liseré violet de curé-doyen agrémentant une large ceinture noire, rendait visite à ses paroissiens, s'enquérant des santés, des naissances, des soucis de chacun, réservant un plus long dialogue avec les malades, orientant les uns, conseillant les autres, rappelant la parole évangélique, possédant de la sorte une connaissance étendue de sa paroisse au plan humain, professionnel et social.

Pour nous, enfants de chœur, c'est durant la nuit de Noël que nous ressentions plus vivement la célébration de la messe, dans l'éclat des cierges et des chants de la naissance. Après la messe et encore revêtus de notre petite soutane rouge et du surplis blanc, c'est dans la sacristie que le curé Conchou nous distribuait, avec des paroles appropriées, une pièce d'argent de cinquante centimes et trois oranges ou mandarines enveloppées dans du papier argenté. C'était notre cadeau de nouvel an et la récompense de notre « façon de servir » durant les offices de l'année écoulée.

Le curé Conchou régna longtemps sur Issigeac dans le domaine religieux. La guerre de 14-18 assombrit sa vieillesse. Il perdit son unique neveu, aspirant d'infanterie tué à Verdun, et se retira plus tard vers Monpazier, dans son village natal. Il avait très mal accepté l'orientation de mes études et mal compris les nécessités d'une adolescence soucieuse de gagner sa vie au plus vite et recherchant de ce fait une issue appropriée à mes possibilités. L'église et l'école publique étaient ennemies alors et je compris qu'il déplorait mon entrée à l'École normale.

Avec le recul du temps, on peut aisément situer de telles attitudes qui nous paraissent aujourd'hui anachroniques et intolérantes, au regard des événements tragiques qui ont mieux éclairé les hommes les uns vis-à-vis des autres et grandement effacé, dans notre pays, les oppositions spirituelles.

La Gare et son Équipe

Pour désenclaver les zones rurales, faciliter les communications et favoriser les échanges commerciaux et humains, c'est-à-dire faire pénétrer les produits des autres régions et ouvrir la population paysanne sur la ville voisine, le Second Empire et la Troisième République se mirent à même de tracer un réseau de voies ferrées.

Le chemin de fer de Bergerac à Marmande, long de soixante-quinze kilomètres, reliait la vallée de la Dordogne à la plaine de la Garonne en coupant la vallée du Dropt. Il desservait trois importants chefs-lieux de canton, Issigeac, Eymet et Miramont-de-Guyenne, qui devenaient ainsi des lieux d'arrivage et d'approvisionnement pour les communes environnantes. La ligne ouvrait maintes perspectives et la possession d'une station de chemin de fer allait contribuer au développement et à la prospérité du canton. On comptait quatre trains dans chaque sens.

Le train de 1910 était infiniment pittoresque : la locomotive à vapeur aux dômes de cuivre bien astiqués, à la cheminée bien noire, munie d'un auvent où s'affairaient devant les cadrans, sur une étroite plate-forme, le mécanicien et le chauffeur, était vorace quant au charbon et grande buveuse d'eau.

Durant tout le trajet, le chauffeur enfournait à grandes pelletées les blocs d'anthracite sous la chaudière dont la gueule s'ouvrait à ses pieds tandis que le mécanicien actionnait le régulateur de pression, surveillait la voie, sifflait aux passages à niveau, aux grandes courbes, en arrivant dans les gares. Pendant l'arrêt, à certaines d'entre elles munies d'un château d'eau, le chauffeur, dégageant le couvercle du réservoir d'eau placé sur le tender, avançait sur ce dernier la manche à eau de la pompe placée sur le quai et faisait le plein du réservoir. Cette manœuvre nous intéressait beaucoup et nous remplissait d'admiration. Et puis le train repartait dans un sillage de vapeur et un crissement des roues délivrées des freins, emportant des voyageurs qui se pressaient aux portières, négligeant les escarbilles de charbon qui pénétraient dans les yeux. Car ces voyageurs étaient ravis de leur voyage, même de courte durée.

Dans les compartiments de IIIe classe, aux banquettes et aux demi-cloisons de bois, se rencontrait une foule bavarde, communicative. Bien des gens se connaissaient et, par-dessus la cloison, les bons propos et les interpellations fusaient. Les portes d'accès aux compartiments (chacun d'eux avait sa porte) surplombaient des marchepieds de toute la longueur du wagon, lequel était haut sur roues, ce qui exigeait des efforts importants ou comiques pour les franchir. Point de W.C. À la nuit tombante ou au petit jour s'allumaient, par les soins d'un manœuvre de la voie ferrée au départ de la gare initiale, des lampes à huile qui brillaient dans des vasques de verre accrochées au plafond du wagon. C'était à peine une veilleuse. L'hiver, toujours au départ de la gare initiale, les mêmes manœuvres glissaient sur le plancher de chaque compartiment de longues « bouillotes », tubes plats et renflés dans leur partie supérieure, remplis d'eau chaude pour éviter l'engourdissement des pieds. Malheur si une fuite d'eau se déclarait en cours de route !

Les wagons de IIe classe et surtout de Ire classe paraissaient auprès de ceux de IIIe classe comme dotés d'un confort raffiné : sièges et cloisons rembourrés, tapis sur le plancher, ils conservaient lampes à huile et bouillottes. Leur clientèle se composait de quelques privilégiés : fonctionnaires importants de la société des chemins de fer voyageant en Ire classe gratis, et bons bourgeois bien nantis, type notaire ou agent d'assurance, en IIe classe.

Le train introduisait dans ces campagnes, au début du siècle, la vie et l'ouverture sur le monde extérieur. Il rythmait en quelque sorte par ses coups de sifflet, son roulement bruyant, le temps quotidien, et son stationnement à la gare demeurait un objet de curiosité. Le dimanche après-midi, à la belle saison, les vêpres célébrées, garçons et filles, en bandes joyeuses, allaient voir passer le train de quatre heures. Car ce convoi traînait avec lui, à nos yeux émerveillés, les images de tous les paysages traversés. Il assurait aux gares terminales de Bergerac et de Marmande la liaison avec d'autres « grands trains », rapides et express, qui reliaient les grandes cités : Bordeaux, Toulouse, Marseille, et notre imagination était emportée bien loin vers cet inconnu qui, un jour, deviendrait accessible.

La gare d'Issigeac était administrée par trois agents : un chef de station, c'était alors M. Dupré, un facteur enregistrant et un homme d'équipe.

Le chef de station était vêtu d'un pantalon de drap bleu, d'une redingote à boutons dorés avec l'insigne doré « P.O. » aux revers, et coiffé d'une casquette à visière de cuir portant deux étoiles dorées. Dans son bureau, il manœuvrait le télégraphe Bréguet*, disque de cuivre sur lequel étaient inscrits les signes-lettres de l'alphabet; dans les encoches correspondant à chaque lettre venait se placer le bras mobile circulaire assurant le contact électrique. Ainsi, le long de la ligne, d'une gare à l'autre, s'échangeaient les messages entre chefs de station. Sur une grande table se rencontraient registres et imprimés qui traduisaient les diverses activités matérielles de la station. Au départ du train, le chef de station, son petit drapeau rouge roulé, donnait le signal en agitant ce dernier. Mais si quelque manœuvre imprévue devait être exécutée, le drapeau déployé ou fermé commandait les divers mouvements. Et d'une grosse cloche enfermée dans un capuchon de métal soutenu par un pilier de fonte, partait la sonnerie animée par le chef de station. Elle avisait la gare suivante, distante de quatre à cinq kilomètres, de l'arrivée du train. Le chef de gare de ce temps apparaissait ainsi comme l'animateur de ce grand jouet qu'était pour nous le train, mais c'était aussi l'un des notables du village. Artisans et commerçants recevant ou expédiant des colis recouraient à ses conseils. Les voyageurs recevaient de ses mains, derrière un guichet grillagé, les billets cartonnés.

Le facteur et l'homme d'équipe assuraient les besognes matérielles : délivrance des colis ou leur expédition, enregistrement et embarquement des vélos et des malles et valises dans le fourgon à bagages, traction des wagons de marchandises, déchargement de ces derniers. Leurs rapports avec les usagers étaient empreints de familiarité. Ils appartenaient à la population du village.

Chaque mois, au moment du congé régulier de quatre jours dont bénéficiaient le chef de gare et le facteur, le service était assuré par des agents intérimaires qui prenaient pension à l'auberge de mes grands-parents, mais couchaient dans la gare dont ils assumaient la sécurité nocturne. Le lit de fer pliant, qui les suivait dans leurs déplacements, était enfermé dans une housse de cuir, et ces « contrôleurs intérimaires » apportaient avec eux un reflet du monde extérieur. Comme leur retour était périodique, les mêmes agents revenaient toujours et ils m'avaient pris en amitié. Je les accompagnais souvent à la gare, me familiarisant avec eux, avec les activités ferroviaires.

À l'Auberge du Lion d'or de mes grands-parents se rencontraient alors des clients très divers. Le cheminot intérimaire s'y retrouvait avec le voyageur de commerce de passage, avec un couple de marchands de draps descendu de l'Auvergne, prospectant tout le canton durant des semaines, parcourant les routes dans un fourgon à quatre roues entraîné par deux magnifiques chevaux, avec Dafos, le rémouleur ambulant, figure ancienne et ravinée bien connue des ménagères, toulousain d'origine, doté d'une voix de ténor qu'il aimait prodiguer après un bon repas.

Tout cela était vivant, joyeux, « bon enfant », et l'on ressentait entre ces familles de la maison et mes grand'mères Muralie et Vincente comme une sorte de complicité souriante à travers une chaleur humaine indiscutable.

Cette année scolaire qui me vit enfant de chœur, sensible à la liturgie, aux cérémonies, au carillon des cloches, écolier sérieux mais ne rencontrant pas l'esprit d'émulation, petit paysan par de multiples occupations terriennes (je n'aimais pas aller garder les vaches avec mon cousin André), s'écoula très vite dans la révélation confuse d'un monde qui se transformait par l'événement du chemin de fer, la lumière électrique. Ce passage d'un monde « lent » à un monde « animé » se matérialisait chaque jour lorsque le « courrier » de Villeréal assurait, avec un cabriolet traîné par un cheval, le service postal et le transport des voyageurs allant prendre le train. Ce véhicule traversait deux fois par jour le village dans un grand bruit de fouet et de sabots ferrés.

*

Dans le courant des grandes vacances de 1910, il fallut prendre une décision à mon égard. J'aimais l'étude, mais l'école d'Issigeac ne pouvait m'apporter davantage. Ma condition physique n'invitait guère à m'orienter vers les travaux des champs, bien que mon grand-père possédât pas mal de biens terriens. Je n'étais pas attiré par l'exercice d'une profession manuelle et aucun artisan du village ne formait d'apprentis.

Il fut donc décidé que je repartirais à Eymet comme pensionnaire au cours complémentaire, dans la classe pouvant me conduire au Brevet élémentaire et à un examen ouvrant sur une carrière d'instituteur, de postier ou d'agent des contributions, car ce cours complémentaire avait la réputation de fournir la Troisième République en fonctionnaires instruits et laborieux. On ignorait alors l'orientation professionnelle, les tests et l'état du marché du travail.

* * *

II

Derrière les Murs du Savoir
—
mes années d'internat

Au début d'octobre 1910, pourvu d'un trousseau de pensionnaire portant le numéro soixante et quelque ou 72, je rentrai dans l'école d'Eymet que j'avais quittée quatorze mois auparavant, au lendemain de mon certificat d'études.

Les pensionnaires – nous devions être de trente à quarante – relevaient essentiellement de la mère de M. Gruvel, âgée et très laborieuse, et des femmes de service qui l'aidaient pour la cuisine et l'entretien. Nous étions mal nourris et l'hygiène alimentaire et corporelle était des plus sommaires. Chaque pensionnaire fournissait son trousseau. Dans un dortoir où les lits étaient presque côte à côte, les édredons gonflés laissaient deviner la froidure. Le chauffage était inconnu et les soirs d'hiver nous faisions remplir nos bouillottes à la cuisine. Mais l'eau chaude étant inconnue pour la toilette, les uns voyaient leurs doigts bleuis et boursouflés par les engelures, les autres, dont j'étais, avaient les mains et les lèvres coupées de gerçures* que nous nous efforcions de « colmater » à grand renfort de beurre de cacao.

Le pensionnat d'Eymet

Une Pédagogie de la Tête Pleine

Placé pour deux ans au Cours complémentaire d'Eymet, j'étais sous l'autorité de M. Gruvel, le directeur, dont le labeur, la valeur pédagogique, la fermeté appelaient dans sa classe une clientèle d'enfants de douze à dix-huit ans, venus de secteurs éloignés, comme pensionnaires pour la plupart, confiés par leurs familles à un maître réputé qui assumait à lui seul, à divers niveaux, les tâches de dispenser les connaissances de caractère encyclopédique correspondant au programme et à la lettre de ce dernier, et devant permettre de franchir les barrages du Brevet et des concours.

M. Gruvel était très brun; sous des sourcils épais, ses yeux se faisaient sévères. Exigeant et infatigable, nous le redoutions, mais il savait tempérer une autorité sans défaillance par des propos d'encouragement. Il donnait aux familles des informations sans complaisance sur le comportement de leurs fils.

La journée de travail était longue, de l'étude et de la résolution de la théorie arithmétique aux problèmes quotidiens, en passant par la dictée, les questions de grammaire, les leçons d'instruction civique, d'histoire, de géographie, les notions de physique, l'apprentissage des récitations de bons auteurs. Les devoirs écrits, tous corrigés, la tête sur les livres pour savoir et réciter, dans le cadre strict mais bien précis des programmes tracés, nous devenions, jour après jour, de jeunes Français respectueux de leur langue maternelle, peu à peu accessibles au calcul et à l'arithmétique, curieux du passé historique, à l'aise sur les côtes, les fleuves, les canaux, les voies ferrées, ouverts au visage des provinces par la lecture du *Tour de la France par deux enfants*, situant d'un réflexe sûr, lors de l'exercice à la carte muette, tous les chefs-lieux de département.

Dans cette classe, il y avait deux divisions : ceux qui allaient en fin d'année scolaire, au bout de deux ou trois ans de scolarité, affronter le redoutable Brevet élémentaire et un concours d'ordre administratif, et les plus jeunes, dont j'étais, qui abordaient le cycle de préparation audit brevet. Un objectif : apprendre et travailler. Devoirs, leçons, écrits, corrigés, récitations se succédaient sans trêve – une pédagogie de la tête pleine.

Au milieu de la classe, un gros poêle de fonte, allumé le matin et entretenu par nos soins, consommait, l'hiver, les bûches refendues et entreposées dans un coin du préau. Je revois à son banc, au coin de ce poêle, mon camarade Cazalis, protestant, le fils du maire. Il se coiffait d'un élégant béret rouge qui détonnait sur son sarreau noir, bien repassé et agrémenté d'une jolie ceinture de cuir. Sur les bancs de devant siégeaient les « grands ». Il était bon qu'ils soient le plus près possible de l'estrade de M. Gruvel pour passer souvent au tableau, procéder aux démonstrations mathématiques ou à la correction des exercices de grammaire. Souvent, certains d'entre eux remplissaient auprès de nous, les jeunes, les fonctions de moniteurs. Il y avait aussi Dugond, le fils du brigadier de gendarmerie, Durieux, le fils du chef de gare, Bourdonneau, dont la mère était fruitière sous les couverts.

Pendant les récréations, l'éducation physique étant inconnue en dehors de quelques séances de gymnastique collective et encore irrégulièrement sous le préau, nos jeux allaient bon train et nous savions apprécier la rapidité à la course et la résistance de chacun de nous : on jouait aux barres, à la balle cavalière, à l'ours, au chat perché, au drapeau (un piquet qu'il fallait ravir au camp opposé), et on faisait vite, cette détente physique étant pour nous un besoin.

Le Dimanche

Le dimanche rompait le rythme. Certains pouvaient partir dans leurs familles, la majorité demeurait à l'école. Le matin, sur accord des familles, M. et Mme Gruvel accompagnaient les catholiques à la messe et les protestants au temple. L'école privée – on l'appelait « l'école libre » – disposait dans la nef de places près du chœur; l'école publique s'asseyait au fond de la nef, et par là s'exprimait cette forme de « clivage » social et politique qui traduisait alors l'opposition entre l'Église et la République.

Au sortir de la messe, j'étais autorisé à passer la journée chez mon tuteur, Joseph Crestia, le cousin germain de mon père, artisan tanneur comme lui. Célibataire, il vivait avec sa sœur, Céline, dolente et pieuse, également célibataire, l'un et l'autre fils et fille d'un frère de ma grand'mère paternelle née Crestia. Je trouvais auprès d'eux une affection sincère, car Joseph, camarade d'enfance de mon père, avait éprouvé une grande peine à la mort de celui-ci. Devant la cheminée où flambait un grand feu de bois trônait le tournebroche dont le mouvement de rotation présentait lentement aux flammes les flancs d'un gros poulet dodu à souhait. Le jus s'écoulait dans une grande lèchefrite d'où on le puisait régulièrement pour arroser le volatile. Et à côté, sur un trépied au-dessus des braises, rissolaient dans une poêle des rectangles de pommes de terre frites. À table, nous parlions de mon travail, surtout de ma grand'mère, de ma famille. Mon tuteur et sa sœur étaient gens réservés, courtois, plutôt timides, très estimés à Eymet.

Après le déjeuner, je retrouvais sous les couverts quelques camarades externes, et la fin de l'après-midi me voyait regagner, mélancolique, l'internat.

Certains dimanches, l'après-midi, j'allais avec des camarades au terrain de football. L'association sportive eymetoise, de création récente, y disputait des matchs amicaux de compétition contre les équipes de la région. Tous amateurs et enfants du pays, les joueurs recevaient les encouragements sonores des spectateurs qui prodiguaient à l'envie les éclats de voix à l'astucieux Émile Sinsou, mécanicien en machines agricoles.

Les Grandes Vacances 1912

Les semaines succédaient aux semaines, coupées par les vacances régulières à Noël et à Pâques, et aux grandes vacances que j'allais passer à Issigeac où je me rendais utile de mon mieux auprès de ma grand'mère ou de mon grand-père, à l'auberge ou dans les champs.

Ainsi arriva la fin de l'année scolaire 1912. Les aiguillages qui s'offraient à moi, après deux années de transition, par le canal traditionnel du cours complémentaire, postier, instituteur, rat de cave, ne m'intéressaient pas. J'aurais préféré une formation plus ouverte dans le domaine appelé aujourd'hui le « tertiaire », qui semblait offrir davantage de perspectives diverses. Mon travail scolaire estimé convenable, il fut décidé que j'entrerais comme pensionnaire à l'École pratique de commerce et d'industrie de Marmande, dans la section commerciale, pour y obtenir le Certificat d'études pratiques commerciales et envisager alors une orientation appropriée.

C'est durant ces grandes vacances de 1912 que j'assistai à Castillonnès à la révélation de ce que les journalistes de l'époque appelaient « le plus lourd que l'air » : l'aéroplane. Au mois d'août de cette année-là fut annoncé, à grand renfort d'affiches et d'information, un meeting aérien au cours duquel deux aviateurs déjà célèbres allaient démontrer leur virtuosité et toutes les possibilités de cette extraordinaire découverte scientifique. Car deux thèses s'opposaient alors : devait-on faire confiance davantage au « monoplan », avec deux ailes seulement, ou au « biplan », avec deux étages entoilés superposés ?

Dans les prés parsemés de taupinières étaient rangés deux appareils étranges … et primitifs. À l'avant, une grande hélice mue par un moteur étourdissant, au bruit comparable à celui de plusieurs motos; au centre, encastrée entre les ailes, une sorte de nacelle-panier, le poste du pilote d'où il actionnait les divers leviers et d'où il contrôlait divers indicateurs : hauteur, vitesse; des ailes de grosse toile grise sur un lacis de fils de fer et de bambous; et à l'arrière, un empennage, sorte de gouvernail animé par le pilote : tels se présentaient ces aéroplanes. Brindejonc des Moulinais, long et svelte, d'allure aristocratique, pilotait un monoplan; Molla, plus trapu et massif, pilotait un biplan.

Le moteur vrombissant ayant pris sa cadence, un mécanicien assistant du pilote soulevait la « queue » de l'appareil, le poussait, l'hélice faisait coucher les herbes, l'appareil roulait peu à peu, se soulevait, gagnait quelques cent à deux cents mètres de hauteur, décrivait un assez long circuit au-dessus des prés et revenait se poser en tressautant. De la carlingue, le pilote, vêtu d'une combinaison bleue, coiffé du casque actuel de motocycliste, descendait triomphant, vite entouré par des admirateurs familiers. Ainsi naissait l'avion devant ces paysans périgourdins venus de plusieurs lieues, en carriole ou dans la robuste jardinière traînée par la grosse jument.

Venu à Castillonnès avec mon grand-père Martin, je me mettais à songer au devenir de ce nouvel engin qui n'allait pas tarder à prendre place auprès des cuirassés, des canons lourds, des mitrailleuses et des tanks puisqu'aussi bien en 1916, Brindejonc des Moulinais, qui tirait alors à la mitrailleuse du haut de deux mille mètres, était descendu en combat aérien au-dessus de Verdun.

L'École Pratique de Marmande

L'École pratique de commerce et d'industrie de Marmande était annexée au collège communal. Les deux établissements avaient le caractère municipal. Ils offraient un internat, géré par le principal du collège. Le directeur de l'École pratique remplissait des fonctions administratives et pédagogiques. Mais le collège relevait (en dehors de la tutelle municipale financière) du ministère de l'Instruction publique, alors que l'École pratique dépendait du ministère du Commerce et de l'Industrie. Cette disparité se concrétisait dans l'origine et les titres des professeurs, le recrutement des clientèles, la nature et l'objet des programmes, le rythme de travail.

En 1912, les collèges de province apparaissaient comme des universités en raccourci, des foyers de culture classique, les mainteneurs d'une civilisation inspirée, à travers les siècles, par le monde grec, des lieux où l'esprit affirmait sa prééminence. Les collèges accueillaient essentiellement les enfants d'une bourgeoisie opulente, souvent mi-rurale mi-villageoise. Parmi eux, un petit nombre d'enfants issus de milieux populaires, distingués par une vive intelligence couronnée par voie de concours, étaient admis à prendre place.

L'École pratique, ainsi que ce vocable le suggère, se donnait pour mission l'apprentissage d'un métier manuel ou la préparation aux carrières ouvrant l'accès aux emplois modestes dans le commerce ou les administrations privées.

Leur aire de recrutement étant géographiquement limitée et le système des bourses inconnu, ces écoles étaient peuplées surtout d'externes ou de demi-pensionnaires. L'école de Marmande possédait une section dite « industrielle », de beaucoup la plus nombreuse en effectifs, qui comportait des ateliers de travaux pratiques pour les métiers du bois et des métaux, en mécanique surtout. Il y avait une section de préparation aux écoles nationales d'ingénieurs des Arts et Métiers pour laquelle étaient sélectionnés en fin d'études les meilleurs éléments de la section industrielle. La dernière section, commerciale, était numériquement faible, l'orientation vers cette forme de scolarité étant alors pratiquement ignorée.

J'entrai donc dans cette section début octobre 1912, directement en deuxième année d'études, les deux ans passés antérieurement au Cours complémentaire d'Eymet me permettant ce rattrapage. La classe comptait sept élèves d'origines disparates : un fils de banquier, deux fils de commerçants, un rural de bonne famille, un camarade disgracié par la nature (fortement bossu, fils d'une garde-barrière), et deux autres dont moi-même, tous envisageant, après obtention du Certificat d'études pratiques commerciales acquis à l'issue d'une scolarité de trois ans, de rechercher un emploi approprié dans une banque ou une compagnie de chemins de fer. Il serait possible, si les circonstances s'y prêtaient, de poursuivre une formation d'un niveau plus élevé en m'aiguillant vers l'École supérieure de commerce de Bordeaux qui recrutait, pour deux ans d'études, les possesseurs du Certificat d'études pratiques commerciales pourvus d'un bon dossier scolaire. La ruée vers les fonctions de ce qui est dénommé aujourd'hui « le tertiaire » ne pouvait être envisagée alors dans une économie nationale de caractère rural.

Pour de nombreux cours, nous étions jumelés avec nos camarades de la classe de troisième année d'études, dite aussi « classe de terminale », principalement pour les travaux de dactylographie et les travaux pratiques exécutés au bureau commercial, local affecté comme champ d'application à l'apprentissage concret des méthodes comptables, de la correspondance commerciale, de la tenue de livres comptables, des aspects administratifs des diverses formes de négoce. Dans ces classes et travaux qui nécessitaient de sept à quinze élèves, les enseignements pouvaient revêtir un caractère individuel. Celui-ci se marquait surtout au bureau commercial par l'activité et le savoir-faire du professeur, M. Cellier, mais était beaucoup moins affirmé dans d'autres disciplines en raison même de l'inégalité qualitative rencontrée chez les professeurs.

M. Galmot, notre professeur de français, nous apparaissait séduisant, rêveur et romantique, mais plein de finesse et de distinction. Dans une école vouée à la formation professionnelle, on le sentait plutôt égaré et insolite. Très grand, le visage maigre et allongé, le nez busqué, des yeux très enfoncés dans leurs orbites, toujours glabre, il affectionnait, d'un geste rituel, lisser ses cheveux plats et noirs d'une main en lisant d'une voix grave le texte qu'il nous destinait. Sa personne était entourée d'un certain mystère. On le disait, lui le poète, associé à son frère, futur député de la lointaine Guyane française. Pour moi, M. Galmot, personnage énigmatique et sensible à toutes les formes de culture littéraire, demeure dans mon souvenir le maître très attachant : j'avais alors quinze ans.

Le pensionnat de Marmande

Nos maîtres étaient bien différents les uns des autres. Un autre maître nous enseignait l'anglais à raison de six heures par semaine. Son enseignement était des plus pittoresques et fort singulier. Sans abandonner sa pipe qui semblait vissée à ses lèvres à travers une barbe sale mais bien fournie, il nous accablait d'interminables *dictations* sans préparation préalable et où sa phonétique personnelle prenait des résonnances étranges. Et malheur à celui qui ne pouvait suivre ! Venaient ensuite d'interminables lectures où nos fautes étaient relevées sans indulgence. Cette conception toute pragmatique de la pédagogie par l'accent mis sur l'aspect phonétique impliquait un effort incessant qui aurait pu avoir d'heureux résultats s'ils n'avaient été contrariés par le comportement singulier de ce fumeur invétéré qui triturait la langue anglaise entre ses dents et nous la faisait considérer, à travers sa personne, comme un pensum perpétuel.

Tout autre était M. Mazères, notre professeur d'espagnol – il fallait dire « de langue castillane », le castillan étant considéré comme la langue officielle de la péninsule. M. Mazères accusait de fait le type castillan. Brun, le visage mat, des poches sous les yeux, le regard plutôt sombre, impeccablement coiffé, les cheveux séparés par une raie bien marquée, il affectait une élégance vestimentaire de bon aloi sous un chapeau melon quotidien. Son air était empreint d'une certaine sévérité triste. L'un de nos camarades externe nous laissa entendre un jour que notre professeur, pourvu d'une très jolie jeune femme, recherchait au jeu et dans l'alcool des consolations dangereuses. J'ai souvenance, effectivement, à l'occasion d'une cérémonie à l'école, d'avoir entrevu les deux jeunes et beaux enfants de M. Mazères qui fut, en toute circonstance, un maître de qualité dont j'ai conservé un souvenir reconnaissant et un acquis bénéfique malgré la part réduite de ses cours : trois heures par semaine. Mais il ne fallait pas tricher; conjugaisons impeccables des verbes auxiliaires, exercices écrits incessants, lectures historiques des meilleurs auteurs sur l'Espagne, avec reprises phonétiques permanentes, nous permettaient « d'engranger » et de parler espagnol infiniment mieux qu'au regard des six heures hebdomadaires d'anglais. Peut-être aussi la pratique de notre patois périgourdin se prêtant aux assonances castillanes contribuait-elle, à mes yeux, à conférer à cet enseignement un caractère privilégié.

Je n'évoquerai pas notre professeur de « marchandises » et de géographie économique : le livre se substituerait à l'insuffisance et à l'absence d'intérêt.

Au bureau commercial orchestrait M. Cellier. À lui était dévolue la partie technique et pratique de notre formation. Dans ce grand local avaient été aménagées, en miniature, les répliques des entreprises types : banques, import-export, alimentation, etc. Chacune de ces « maisons » accueillait en alternance un groupe d'élèves et chacun de nous accomplissait ainsi un stage conçu en fonction de données et d'activités réelles. Nous découvrions alors les caractéristiques, l'aspect comptable, l'aspect relationnel d'une maison avec l'autre et, en fin d'études, nous étions familiarisés effectivement avec les documents et les activités diverses de chaque maison. Dans le même temps nous était assuré un cours méthodique d'arithmétique commerciale où les taux d'escompte, les intérêts tenaient une large place. Ces exercices se matérialisaient par des états divers et des comptes courants constituant l'un des objets de notre entraînement à la machine à écrire concurremment avec la correspondance commerciale.

Ainsi, à l'allure de près de quarante heures hebdomadaires, les semaines défilaient et le métier se préparait. Et nous n'avions pas trop des deux heures d'études du soir et des deux heures d'études du matin avant le petit déjeuner pour assumer nos devoirs.

La Vie dans l'Internat

La gestion administrative de l'internat était assurée par le principal du collège qui assumait la responsabilité de la bonne marche de tous les services et avait autorité sur tous les élèves des deux établissements dans le domaine de la discipline générale. Le collège et l'École pratique occupaient, rue Lestang, en pleine ville, des bâtiments sans grâce, construits en carré, comptant quatre niveaux, dont les murs enserraient une cour centrale plantée d'arbres.

On accédait à cette ancienne communauté religieuse par une petite cour, dite « d'honneur », fermée sur la façade par une longue grille de fer forgé, coupée à une extrémité par un lourd portillon. Le concierge avait la surveillance. Entre la cour d'honneur et la cour centrale, un hall-vestibule donnait accès aux bureaux et aux divers services. Franchi ce vestibule, coupés de la rue, encadrés par quatre façades intérieures, nous avions la sensation d'être enfermés, car le portillon ne s'ouvrait aux pensionnaires que pour les promenades réglementaires des jeudis et dimanches, et pour les départs de longues vacances : Noël, Pâques et les congés d'été, de juillet à octobre.

Notre vie quotidienne était minutieusement réglée. Des sonneries annonçaient le réveil, les repas, le coucher. Le roulement du tambour qu'animait le concierge rythmait le commencement et la fin de chaque heure de classe. Depuis 1808 où l'université avait été dotée par l'empereur de structures nationales uniformes, collèges et lycées obéissaient aux instructions napoléoniennes. L'imagination aidant, il nous était permis de camper, au-delà du personnage falot du concierge encombré d'un tambour évocateur de marches épiques, celui d'un « vieux de la vieille », grognard de la Grande Armée, doté d'une petite pension et achevant ses jours en battant quotidiennement sur cette caisse, pour discipliner les jeunes collégiens, les notes et les airs qui avaient retenti dans toute l'Europe.

Les dortoirs étaient situés au troisième étage et pourvus de hautes fenêtres. Par dizaines s'alignaient nos lits auprès desquels était placée une table de chevet que nous dénommions « table de nuit » et dont le rôle à peu près exclusif (en dehors d'un tiroir) était de servir de réceptacle à un vase de nuit plus vulgairement désigné par la formule populaire « pot de chambre »; les W.C. étaient à l'une des extrémités du dortoir. Les pensionnaires des collèges, a priori issus de familles aisées, bénéficiaient d'un régime ou d'un traitement choisi, puisque des agents de service faisaient nos lits et vidaient nos pots de chambre; cela sentait fort la bourgeoisie servie. À l'autre extrémité du dortoir, coulait, dans un vaste bac collectif en zinc, l'eau froide des robinets de cuivre, bien propre à donner un ton très rapide à nos ablutions matinales. L'eau chaude ou tiède était réservée au jour des douches, réjouissance peu appréciée du fait de l'inconfort total des locaux et des caprices thermiques du liquide. L'hiver surtout, notre toilette était sommaire, car les dortoirs ne connaissaient pas le chauffage central. Dans la partie centrale officiait et dormait le surveillant. Son lit était dressé sur une plate-forme en bois. Suspendus à des tringles primitives, quatre rideaux fermaient le domaine. Parfois, ils s'entrouvraient vivement pour un puissant éclat de voix poussé pour rappeler au sommeil quelque farceur chahutant ou jouant à faire le pitre avec quelque copain. Et puis, seules les pâles veilleuses trouant le noir de place en place, nous distinguions parfois, assez tard, la lueur de la lampe du surveillant, attablé devant ses livres, auprès de son lit, poursuivant sa préparation à une licence. En effet, ce métier de « pion », raillé et brocardé souvent méchamment, était le refuge d'un adolescent doué et laborieux mais pauvre, qui subissait souvent aussi les avanies du principal tout-puissant.

Les réveils, le matin, dans le noir de l'hiver, à six heures, étaient pénibles. Dès la sonnerie électrique, le surveillant parcourait l'allée centrale du dortoir en frappant dans ses mains pour bien contrôler le lever de chacun.

À six heures trente, nous descendions au rez-de-chaussée dans la salle d'étude. La lueur blanche et diffuse des lampes à gaz, le ronflement du poêle dissipaient peu à peu un sommeil encore ambulant. C'était l'heure d'étudier les leçons, l'étude du soir étant réservée aux devoirs. Notre répétiteur, grand et athlétique, le visage couperosé, la moustache courte, remontait sur son estrade, rouvrait ses gros dictionnaires de latin et de grec. Sa voix tonnait moins que le soir, il régnait sur une cohorte d'adolescents ensommeillés.

Le réfectoire nous accueillait à sept heures trente. Devant un grand bol de lait-café-chicorée, nous dévorions nos tartines, peu beurrées, confiture ou marmelade étant moins ruineuses pour le budget « Alimentation » du collège.

Lestés, nous grimpions allégrement les escaliers au roulement de tambour de huit heures. Les rampes desdits escaliers étaient munies, de place en place, de sortes de « cavaliers » en acier bien vissés. Les audacieux ou les espiègles qui auraient ressenti l'envie d'emprunter le toboggan que pouvait constituer la rampe pour descendre, à cheval, en équilibre, à grande vitesse, ne pouvaient franchir ces barricades sans dommage certain pour leurs postérieurs.

Après la classe du matin, nous étions en général affamés. Des bancs de chêne, lourds et sans dossier, entouraient les tables rectangulaires. Notre place à table était déterminée une fois pour toutes. Mon camarade Denis Pimouguet, dont les parents tenaient un florissant commerce de grains et d'engrais à Issigeac, avait pu devenir mon compagnon. De cette union bassement alimentaire sortait, lors des repas, les combinaisons les plus imprévues. Denis était plutôt difficile devant les mets de la pension, mais il buvait volontiers le breuvage dénommé « vin » qui nous était alloué. Moi, à l'image de ma grand'mère paternelle et au grand dépit de mon grand-père maternel, je ne pouvais tolérer le goût du vin; mon appétit sollicitait volontiers une plus confortable ration de viande. Partant de ces données, nous procédions à des échanges singuliers où, l'un et l'autre, nous trouvions notre compte. Le repas était orchestré par le principal, éternellement vêtu de sa jaquette grise, sa courte barbe rousse bien taillée, les yeux fureteurs, il participait à nos agapes en arpentant sans arrêt le réfectoire. Les grands (ceux de la section industrielle et ceux de la classe de philo) avaient à peine engouffré leur pitance que retentissait, de ses deux mains battantes, le signal de fin de repas. Possédait-il quelque intérêt dans la vente des eaux grasses, car le contenu de maintes assiettes demeurait encore abondant, ou, plus simplement et plus véridiquement sans doute, considérait-il le temps consacré au repas comme un moyen de respect de l'horaire dans la discipline quotidienne – toujours est-il qu'il m'arriva souvent d'emporter dans mes mains des reliefs variés que je pouvais encore manger dans la cour.

De temps à autre, le samedi, entre midi et quatorze heures, je recevais la visite de Justin Bounoure, propriétaire terrien prospère à Faux, près d'Issigeac; il exerçait de surcroit essentiellement, comme tant de Périgourdins coureurs de foire, le métier de maquignon. Le samedi étant jour de très grand marché à Marmande, il venait régulièrement acheter les jeunes bœufs ou génisses engraissés dans la plaine de la Garonne pour les revendre ensuite sur les foirails de la Dordogne, et notamment d'Issigeac. Justin bénéficiait auprès de mon grand-père d'une renommée professionnelle affirmée. Leur amitié, fortifiée au cours des années, avait fait de lui un client assidu de l'auberge et un conseiller écouté en matière d'attelage. Lorsque le concierge m'informait de sa courte visite, Justin, qui m'avait vu grandir et que je retrouvais à l'auberge aux vacances, me remettait une pièce d'argent de cinq francs (l'écu à cette époque), destinée à me servir de viatique, que m'envoyait ma mère et que nous allions écorner, Denis et moi, le lendemain dimanche en nous faisant acheter par le concierge, à la pâtisserie qui faisait face au collège, de l'autre côté de la rue Lestang, une tarte ou un gâteau savoureux. À cet extra participaient aussi deux autres camarades qui décaissaient aussi cinquante centimes chacun pour savourer ainsi à quatre une crème plus onctueuse que le riz à l'orange du dimanche, toujours trop cuit.

Le lundi matin, mes dépenses étaient moins élevées et d'un autre ordre. Moyennant cinq centimes (un sou), nous courrions à la récréation du matin acheter une grosse bille de chocolat ou une sardine à l'huile, bien alignée sur un petit pain vendu aussi un sou par le concierge qui arrondissait de la sorte ses mensualités modestes. En un clin d'œil, les affamés que nous étions engloutissaient cet extra.

C'est également sur cet argent de poche que je prélevais chaque mois les cinq ou dix centimes couvrant l'achat d'un hebdomadaire illustré s'intitulant *L'Intrépide* ([30]). Avec *L'Épatant* et *La Semaine de Suzette* (ce dernier destinée aux filles), ces trois journaux faisaient la joie des adolescents en les transportant, par leurs contes, récits d'aventures, légendes, dans un monde lointain et merveilleux que déroulaient les bandes dessinées appropriées ([31]). Les trois chenapans de *L'Épatant*, Croquignol, Ribouldingue et Filochard, m'intéressaient infiniment moins que les exploits du flibustier Pol l'Olonnois aux épopées sauvages dans les mers chaudes, ou ceux de l'Aigle des Andes, un aventurier français, redresseur de torts, adversaire puis ami et allié des Indiens, devenu l'époux de la fille d'un chef et léguant sa réputation, son héroïsme à son fils, l'Aiglon de la Cordillère, son digne héritier. Qu'on veuille bien se souvenir qu'en 1914, les deux Amériques demeuraient encore des continents en partie inconnus, riches de mystères et de richesses, suscitant la curiosité et la témérité particulièrement propres à l'évocation pittoresque. Les informations (aujourd'hui presque accablantes par les mass-médias) étaient rares, partielles, souvent déformées selon les tendances des journaux. C'est pourquoi, chaque samedi soir, assis sur les marches de pierre d'une salle de classe, je dévorais, à quinze ans, mon illustré qui me transportait dans un univers étrange et envoûtant où, dans une nature grandiose et rude, vivaient, combattaient des hommes durs

---

[30] N.T. — *L'Intrépide* (1910-1937, 1947-1962) : hebdomadaire illustré d'histoires exotiques, à peine vraisemblables, destiné aux garçons (5 cent. au début).

[31] N.T. — *L'Épatant* (1908-1939, 1951, 1969-1967) : hebdomadaire illustré (apprécié du jeune Jean-Paul Sartre) mettant en vedette les aventures des Pieds Nickelés (Croquignol, Ribouldingue et Filochard, de Louis Forton [1879-1934]), destiné aux garçons (5 cent. au début). *La Semaine de Suzette* (1905-1940, 1946-1960) : hebdomadaire illustré catholique et destiné aux filles.

et vigoureux, mais loyaux et liant leur justice à leur force et à une supériorité physique et morale.

Pour un interne, il n'était alors nullement question de partir pour les congés de la Toussaint et de Pentecôte. Leur durée était réduite, un voyage apparaissait coûteux. Un bref aller et retour n'était pas à prendre en considération. Par contre, les dix jours à Noël, les quinze jours à Pâques, les deux mois et demi d'été étaient impatiemment attendus. Quelle que fut la distance de l'école au village familial, un seul mode de locomotion : le train. Aussi bien, la gare de Marmande, arrêt de gros trains crachant de la fumée et crissant sous leurs freins, prenait dans notre esprit un relief particulier et mettait en marche notre imagination. Ces convois de longs wagons à couloirs, reliant Bordeaux à Sètes, stationnant durant quelques minutes, remplissant le hall de bruits, de gens et de portières claquantes, et repartant au grondement de la noire locomotive, faisaient notre admiration et notre envie. Les plus favorisés d'entre nous, ceux qui habitaient une localité située sur cette grande voie ferrée, l'empruntaient et grimpaient allègrement pour se montrer derrière les grandes glaces du wagon couloir. Les autres, plus nombreux, s'égaillaient vers les quais où étaient rangés sagement les trains.

1912-1914 : ces deux années s'écoulèrent bien vite, même entre ces hauts murs du collège où parvenaient néanmoins, mais bien tamisés et assourdis, les bruits et les événements de l'extérieur auxquels d'ailleurs nous ne pouvions apporter qu'une attention très mitigée du fait de notre âge et de notre isolement. Cependant, nous parvenaient les échos des guerres balkaniques où s'alliaient, se disputaient, se querellaient des peuples pour nous lointains. Aussi, Grecs, Turcs, Serbes, Bulgares, qui semblaient appartenir à une autre planète, soumis aux « grands », procédaient entre eux à une répétition générale avant le prochain conflit mondial.

Pour nous, adolescents de quinze-seize ans, bien que ressentant par intuition quelque crainte au regard de cette poudrière que constituaient les Balkans, nous étions surtout portés de tout notre élan vers les parties de football ou de pelote basque, et le sol de la cour se chargeait de mettre à mal nos chaussures et nos fonds de culotte.

Fin de Scolarité

Ainsi arriva le 12 juillet 1914. Ma scolarité s'achevait consciencieusement, laborieusement, dans certains domaines avec plaisir. Le bilan fut estimé très valable et je fus gratifié du prix d'excellence en même temps que m'était attribué le diplôme du Certificat d'études pratiques commerciales qui me rendait apte a priori à solliciter et obtenir un emploi dans le secteur commercial, bancaire ou administratif.

La célébration de distribution des prix clôturait chaque année scolaire. C'était une cérémonie faste et haute en couleurs à la fois, témoignage et symbole d'une société et d'une université bien assises, où se manifestait avec éclat la culture, et où étaient distinguées les futures élites issues de l'institution napoléonienne.

Comme l'École pratique était considérée comme une « retombée mineure » du collège, nous avions part à ces fastes et aux lourds ouvrages à tranches dorées. Cependant, nos professeurs, même dans leurs jaquettes ou vestons bien coupés, paraissaient bien « civils » auprès des sommités et hautes personnalités qui peuplaient l'estrade selon un protocole immuable. Sur le devant de la scène, meublée de fauteuils multicolores, siégeaient de part et d'autre du président de la cérémonie, en général un magistrat ou un officier supérieur, des juges, des professeurs, des officiers, tous en tenue d'apparat : robes noires ou de diverses couleurs selon la spécialité ou la discipline, rangs d'hermine sur l'épaule, plus ou moins nombreux selon le grade (trois pour un docteur, deux pour un licencié, un pour un bachelier), toge ou épitoge assortie, tunique noire ou bleue soutachée de galons dorés et garnie d'épaulettes dorées pour les officiers, pantalon rouge à larges bandes noires, képi galonné, gants blancs. Les hiérarchies établissaient la place dévolue à chacun. Le professeur du collège chargé du discours d'usage se tenait à une extrémité du premier rang, souvent serrant nerveusement ses feuillets, car cette mission revenait, par tradition, au plus jeune de l'établissement.

Auprès de l'estrade était installée la musique militaire : à Marmande, c'était celle du 20e Régiment d'Infanterie. Elle ouvrait la cérémonie par une marche « glorieuse », la terminait par *La Marseillaise* après avoir fait alterner des « pots-pourris » d'airs célèbres entre les discours et la longue lecture du palmarès. Bien sanglés dans leur uniforme au pantalon rouge, le pompon au képi, de couleur variable selon l'appartenance à tel bataillon, le baudrier blanc pour les tambours, le fanion décorant les clairons, les musiciens apportaient à la solennité une caution artistique et patriotique. En ce temps, c'était bien ainsi.

Ce jour-là, revêtu d'un habit « du dimanche » qui répondait aux exigences, pour adultes et adolescents, d'une impeccable tenue vestimentaire, je reçus de mon directeur à la soyeuse barbe noire et portant beau sa redingote, le prix d'excellence de ma classe. Celui-ci comportait l'attribution de plusieurs volumes dont deux, rouge et or, grand format, étaient appelés à m'instruire, avec de superbes illustrations à l'appui, sur l'or, ce métal fabuleux, qui réglait et ordonnait alors toutes les transactions, et d'autre part sur « les grandes cultures du monde » comme si ces deux encyclopédies constituaient le symbole d'une très ancienne et très respectable civilisation agraire dont les richesses s'exprimaient par la pièce d'or, valeur inaltérable, inaliénable dans le monde entier.

Et voici qu'à soixante ans de distance, après combien de vicissitudes et de « traverses » politiques et économiques, l'or et l'agriculture nourricière des hommes se retrouvent en tête des problèmes complexes et explosifs qu'une science et une technique démentielles ont introduits dans tous les domaines – et que peut représenter ou traduire, en 1974, mon prix d'excellence de 1914 ?...

Dans la grande cour, soudain devenue déserte après le spectacle, je me trouvai traversé de sentiments contradictoires et confus où dominaient une crainte obscure et une mélancolie insidieuse : ma scolarité était achevée, l'internat et ses servitudes devenaient un souvenir. Des perspectives diverses allaient s'offrir à moi, des activités professionnelles étaient à rechercher, j'allais entrer dans le monde du travail. Mais les événements extérieurs se précipitaient et l'inquiétude avait devancé, même chez nous, adolescents, la distribution des prix.

Le soir même, avec ma mère qui était venue pour la cérémonie, j'étais en vacances à Issigeac.

Deux semaines plus tard, le 2 août 1914, les affiches de la mobilisation générale s'étalaient sur les murs et le garde-champêtre (il était dénommé « tambour de ville ») lisait aux carrefours les instructions officielles, assorties des commentaires du maire de la commune ([32]). Durant ces quinze jours, j'avais beaucoup bavardé avec mon ami Niolle, le cordonnier. Sa boutique était voisine de l'auberge. Du matin au soir, il battait la semelle ou tirait le gros fil poisseux, émaillant sa conversation, en patois, de propos plaisants et spontanés. Il était bel homme, d'environ trente-cinq à quarante ans, l'esprit curieux, malicieux mais réfléchi. J'aimais sa boutique, le désordre des chaussures, l'âcre odeur du cuir. J'aimais cet artisan robuste et direct, bon juge des hommes et des faits. Et le jour où il me dit, en forme de plaisanterie imagée, voyant à grands pas venir la guerre, « *Faro y pourta sou cioul* ([33]) », c'est-à-dire partir à la guerre à la frontière, je compris à la fois la soumission et l'acceptation d'une fatalité qui dépassait la volonté humaine.

Niolle quitta sa jeune femme pour la frontière le 5 août. Elle était la fille de Marceline, la cuisinière des jours de foire, et de José Gravenat, notre caviste, également des jours de foire. Ni réserviste ni territorial, mon ami le cordonnier put revenir intact de la guerre.

---

[32] N.T. — 1. La mobilisation générale fut décrétée le 1er août 1914 à 16 heures. Ce fut la fin de la Belle Époque (1896-1914) : l'Empire allemand déclara la guerre à la France deux jours plus tard; son aviation commença à bombarder Paris à la fin du mois et à la fin de la guerre, avec les impacts de l'artillerie lourde en plus, c.-à-d. après quatre-vingt-dix jours de bombardements, on y décomptera plus de 500 morts et de 1250 blessés civils. 2. Dans les années cinquante, quand la mairie devait aviser ses administrés, le tambour de ville d'Issigeac, en espèce d'uniforme, battait du tambour successivement aux divers points stratégiques du village juste le temps de permettre aux citoyens de s'approcher autour de lui, et il déployait une sorte de parchemin en entamant sa déclamation d'une voix de stentor par la formule suivante : « AVIS [prononcé "avisse"] À LA POPULATION !... »

[33] « Faudra y porter son cul. »

J'évoquerais souvent, depuis, les officiers, les musiciens du 20ᵉ d'Infanterie de la distribution des prix de ce 12 juillet 1914.

* * *

III

Le Glas d'une Époque
—
quand tonnent les canons

Dans le chapitre ouvrant son admirable roman *Les Croix de Bois*, Roland Dorgelès, habitant de Paris, retrace l'enthousiasme des soldats défilant dans les avenues, « le bataillon, fleuri comme un grand cimetière »…

C'est seulement longtemps après que put être rendue publique la phrase du maréchal Lyautey à l'annonce de cette guerre : « L'Europe s'engage dans une guerre fratricide » ([34]). Quatre ans et demi de massacres, de charniers, d'erreurs et d'aveuglement allaient lui donner raison : le « déclin de l'Occident » sonnait ([35]).

---

[34] N.T. — Il existe des variantes de cette citation. Chef d'escadron en 1897, Lyautey aurait déjà qualifié de « fratricide » la guerre franco-prussienne de 1870-1871 (pertes françaises : 138 900 morts, 142 000 blessés). Divisionnaire en 1914, il aurait d'abord dit : « Ils sont fous ! Complètement fous ! ». (lyautey.fr, 2013.05.08.)

[35] N.T. — *Le Déclin de l'Occident [:] Esquisse d'une morphologie de l'histoire universelle* (1948), traduction de l'allemand (*Der Untergang des Abendlandes – Umrisse einer Morphologie der Weltgeschichte*, 1918-1922), analyse antipositiviste comparant « culture » et « civilisation » à deux stades biologiques différents, d'Oswald Spengler (1880-1936, ancien professeur, philosophe marqué par les courants darwiniste et nietzschéen, partisan d'une monarchie absolue à la prussienne [droit-ordre-devoir], critique du national-socialisme [empoisonné ?]). (V. morale kantienne*.)

Les Premiers Jours

Dans le déchirement et l'hébétude s'ouvraient les premiers jours de la mobilisation. Dans mon village périgourdin, la guerre apportait la stupeur, l'angoisse, une peur viscérale, tant matérielle que morale. Elle bouleversait et détruisait en un instant tout ce qui donnait du prix aux hommes et aux choses. Sa cruauté et ses conséquences de tous ordres étaient silencieusement devinées, ressenties.

Mon cousin Amédée Dubois, appelé sous les drapeaux en 1911 et qui allait être libéré après avoir servi sous le régime de la loi des trois ans, partit directement à la frontière avec son régiment, sans venir même embrasser ses parents ([36]). Il était tacitement fiancé à Adrienne Rives, une jeune couturière de son âge, réservée et pudique, dont le savoir-faire et le travail adroit étaient appréciés d'une clientèle qu'elle servait au mieux, assistée de deux ou trois jeunes ouvrières. Mais son père était facteur des P.T.T. et sa mère, assez dure et autoritaire d'apparence, gouvernait la maisonnée. Mon oncle et ma tante avaient vu naître cette idylle avec déplaisir : Amédée, très bon ouvrier à qui des perspectives techniques et commerciales auraient pu être offertes, pouvait prétendre, à leurs yeux, à un autre parti et s'allier à une famille mieux nantie en biens. Dans le climat de l'époque, le proverbe « pauvreté n'est pas vice » trouvait peu de résonance et, en dépit de la guerre, ce conflit d'ordre familial allait s'exacerber.

---

[36] N.T. — En remplacement de la loi des deux ans (ou loi Berteaux, 1905), la loi des trois ans (ou loi Barthou, août 1913) se voulait une réaction à une tension croissante entre la France et l'Allemagne, qui se manifestait ouvertement dans leurs ambitions coloniales (crises marocaines, 1905-1906, 1911); cette loi reflétait plutôt un sentiment d'insécurité latent remontant au drainage de la France (1871 : démembrement, occupation, indemnités) et à l'espionnage allemand (c.-à-d. l'affaire Dreyfus, 1894); elle faisait ainsi passer les effectifs militaires français de 480 000 hommes à 750 000 pour faire face à une armée allemande de 850 000 hommes et bénéficiaire de ressources industrielles et démographiques supérieures. (fr.wikipedia.org/wiki/ Loi_des_trois_ans, Walter T. K., *Crossings : The Great Transatlantic Migrations 1870–1914*, Bloomington, IN: Indiana University Press, 1995 [books.google.ca, 2014.01.08.])

Le fils Bel, charpentier, jeune marié, beau garçon, regagna la caserne le premier jour, suivi par tant d'autres ayant seulement abandonné l'uniforme depuis quelques mois. Le coiffeur, Auguste Gay, réformé plusieurs années auparavant pour tuberculose disait-on, subissait rapidement un examen médical et était affecté aux armées. D'une rue à l'autre, d'une ferme à l'autre, d'un jour à l'autre se répandaient les nouvelles des départs successifs, en fonction de l'âge, de la situation de famille.

En quelques jours, le canton avait fait le bilan de ses combattants et de ses territoriaux, et un commentaire apitoyé traduisait dans chaque cas les sentiments de ces gens du peuple : paysans, journaliers agricoles, artisans qui allaient débarquer quelque part dans l'Est, pour se mesurer avec les « Prussiens », les soldats de Guillaume. Pour les familles qui en avaient la possibilité et, le cas échéant, une information sérieuse, tout était mis en œuvre pour atteindre la gare la plus proche, Bergerac ou Périgueux, lieu de départ des rappelés, et apercevoir le fils ou le mari monter dans le wagon à marchandises portant les mentions singulières, inhumaines et illusoires : « Hommes 40 – Chevaux (en long) 8 » – et à la craie : « à BERLIN »…

Le 4 août était le jour de la foire mensuelle. Elle suivait de quarante-huit heures l'annonce de la mobilisation qui allait s'échelonner sur trois ou quatre semaines. Dans l'incertitude totale du devenir de son soldat, chaque famille éprouvée réagissait au plan matériel, le seul où elle pouvait agir, pour le favoriser et l'aider au maximum. Et ce jour là – il devait en être de même le 2 septembre, jour de la foire suivante – jamais on ne vit offres semblables en toutes denrées, volailles, animaux, pour permettre au mobilisé de disposer d'écus, de louis d'or et de billets de banque susceptibles de pallier, dans une certaine mesure, aux conditions matérielles difficiles qu'il allait connaître.

La gare d'Issigeac

Dans l'auberge de mes grand'mères, jamais on ne servit tant de
« collations », chacun souhaitant tirer profit de tous les échanges,
ventes et transactions qui pouvaient s'offrir à lui toute la journée
afin de remplir le gousset du partant. Je me souviens de
l'étonnement et de la stupéfaction de ma grand'mère Muralie et de
ma mère, décomptant, exténuées et silencieuses, la recette de ces
deux foires : huit cent francs-or le 4 août et mille deux cents francs-
or le 2 septembre ([37]). Cette hantise de doter le soldat d'une
importante somme d'argent était telle que le prix de vente des
animaux de boucherie tomba de moitié. Pendant plusieurs
semaines, les bouchers du village débitèrent la rouelle de veau à
0,45 F le kilo. Peu à peu, les transactions se rétablirent normalement
et l'on vit les femmes, jusqu'alors vouées à la cuisine, au potager, au
soin des volailles, conduire les attelages et prendre en main les
travaux des champs.

Au bourg, après les secousses morales et la peur, la vie
reprenait ses droits. L'ignorance géographique était à peu près
totale, les données exactes de cette guerre mal connues mais, depuis

---

[37] On peut traduire à la parité de ce jour, en 1974 : sept mille huit cents francs
lourds et onze mille sept cents francs lourds.

bien longtemps, le Prussien était l'ennemi. Le Kaiser Guillaume aspirait à la domination, la vision de l'Alsace-Lorraine arrachée en 1870 ([38]), triangle de deuil sur la carte de France suspendue en permanence contre un mur de la classe, avait marqué par imprégnation silencieuse toutes les générations humiliées depuis lors. Les bataillons scolaires, unités militaires miniatures où l'on manœuvrait avec des fusils de bois, les chants patriotiques avaient habitué les jeunes esprits à la perspective d'un conflit inévitable. Aussi convenait-il d'attendre jour après jour les nouvelles lointaines. Ces dernières parvenaient sous deux formes : par la voie officielle du communiqué du généralissime Joffre, et par la voie non officielle, déformée et grossie, des journaux.

Durant le mois d'août, M. Chaval, le maire, se fit obligation, à la réception des communiqués, de rassembler sur la place de l'Église, tous ceux et celles qui pouvaient être présents et d'en donner lecture avant de les faire afficher par le tambour de ville. Très vite comprit-il l'inanité de ce comportement et se borna-t-il simplement à l'affichage. Comment, en effet, analyser et faire comprendre les phrases volontairement ambigües de l'état-major à des paysans « interdits de savoir », alors que *La Petite Gironde, La France de Bordeaux et du Sud-Ouest, La Liberté du Sud-Ouest* résumaient le lendemain en gros titres, « Les Cosaques à 80 kilomètres de Berlin », « Le rouleau compresseur russe est en marche », « Nos troupes sont entrées à Altkirch ». Dans cette confusion des faits, cette interprétation mensongère des nouvelles, le pire et le meilleur étaient échafaudés, et les jours s'écoulaient dans une ignorance véritable des événements.

Aussi, la révélation de la situation exacte par le communiqué précédant la décision de la bataille de la Marne fit alors l'effet d'un coup de tonnerre : la retraite « en bon ordre » depuis Charleroi, l'ordre donné de « se faire tuer sur place », l'invasion soudaine de dix départements, ces nouvelles stupéfiantes laissaient comprendre

---

[38] N.T. — Traité de Francfort, 10 mai 1871. Comme dans le cas des traités de Paris de 1814 et 1815, la France avait dû payer des indemnités de 20 à 25 p. 100 de son P.I.B.

qu'il ne s'agissait plus d'aller à Berlin, mais de sauver le pays ([39]). Durant ce long mois de septembre, j'allais chaque soir, à la lueur d'une lampe de poche, lire le communiqué dès qu'il était placardé sur un mur de la Halle, en même temps que parvenait aux familles l'annonce officielle, par télégramme adressé au maire, des premiers tués, là-bas, quelque part à Morhange, en Belgique, sur la Sambre, sur la Meuse. Parmi eux, Fernand Bel, le jeune charpentier. Je ne vis plus jamais son père, le si joyeux luron, sourire ni plaisanter. Son nom ouvre la liste sur la pyramide de pierre où furent gravés plus tard les noms des « enfants de la commune morts pour la patrie ».

Les Premiers Mois

L'automne 1914 était lourd de nuages sur les rivages de la mer du Nord, le long des canaux entrelacés, des lentes rivières coulant à fleur de sol, non loin de Bruges-la-Morte et de ses célèbres béguinages où de saintes femmes priaient et soignaient les soldats belges ([40]). Dans un brouillard glacé, dans une sorte de fantasmagorie sanglante et atroce, les armées antagonistes se disputaient des lambeaux de terre marécageuse. C'était « la course à la mer du Nord » des belligérants. Après la bataille de l'Yser, fin octobre, dans le froid, le brouillard, la boue, les marécages ([41]), ce fut une sorte d'essoufflement général des combattants, l'installation dans les tranchées et le commencement de cette existence souterraine et animale de ceux vite dénommés « les poilus* ». Cette stabilisation du front fit que les champs de bataille allaient se répartir des Vosges à l'Yser. Le conflit prenait des dimensions laissant présager une longue « usure » réciproque, des perspectives insoupçonnées, une fin lointaine qu'il n'était plus permis de concevoir. Maintenant, chacun comprenait qu'un nouvel univers

[39] N.T. — Bataille de la Marne (sept. 1914) : victoire franco-britannique sur l'Empire allemand (pertes : 250 000 hommes de chaque côté [80 000 tués français]).
[40] N.T. — *Bruges-la-Morte*, roman symboliste illustré, de Georges Rodenbach (1892).
[41] N.T. — Bataille de l'Yser (oct. 1914) : entrave à la progression allemande par les Belges et les Français (pertes belges et françaises : 75 000 et 15 000 hommes).

était en train de naître : le monde ancien basculait, sécurité et valeurs reçues s'effaçaient, toute l'Europe et, bientôt, les autres continents en partie devenaient alliés ou ennemis. Toutes conséquences étaient imprévisibles en tous domaines.

Dans cette atmosphère d'inquiétude, de tension, au regard de tant d'héroïsme exalté et relaté par tous les moyens d'information, éprouvant véritablement ce sentiment de solidarité nationale et de dépassement de soi, je songeais très vivement à m'engager et à combattre. Il fallait avoir dix-sept ans au moins et je ne les atteindrais que l'année suivante.

Entre Issigeac et Beaumont, les moulins de Boisse

Le problème de mon emploi et du gagne-pain commençait à se poser. L'appui bienveillant de Mgr Marty, évêque de Montauban, originaire de Beaumont-du-Périgord, cousin de mon grand-père Caunière, ne put forcer les portes du Crédit Lyonnais (où ce prélat était tenu en haute estime), cette grande banque cessant de recruter du personnel du fait de la guerre. Un jour d'automne, alors que je me morfondais, mon grand-père avait attelé sa jument et m'avait emmené à Beaumont auprès de son cousin l'évêque pour qu'il « s'occupe » de moi. Celui-ci se trouvait alors, pour un temps limité, auprès de ses deux sœurs célibataires; elles recevaient de temps à autre la visite de leur frère qui aimait revenir dans son village natal où le père avait travaillé sa vie durant comme artisan cordonnier.

Ce prélat était grand, solennel, coiffé d'une chevelure argentée très fournie. Il nous reçut avec amitié, car il estimait fort mon grand-père, mais de cette visite de caractère provincial et d'atmosphère « bourgeoisie balzacienne » ne put sortir mon admission au Crédit Lyonnais. Pour situer au plan social et psychologique le climat de ce temps, il convient de souligner que Mgr Marty s'était attiré l'attention du monde politique et religieux, peu de temps après le vote de la loi de séparation des églises et de l'État (1905), pour avoir fait défiler la procession solennelle de la Fête-Dieu dans les rues de Montauban, se posant ainsi en ennemi de la République, position qui allait susciter maintes polémiques dans la presse et rendre, pour un temps, célèbre ce prélat obstiné.

Je souffris assez violemment à cette époque d'une crise d'entérite* aigüe, héritage du régime alimentaire de mes années d'internat. Pour me conduire à un poids raisonnable, ma mère plaçait chaque jour à table mon couvert avec les pensionnaires de l'auberge qui comprenaient notamment les gendarmes auxiliaires et des agents intérimaires du chemin de fer. Cette alimentation substantielle se traduisit par des troubles prolongés et le docteur Vivien me soumit pendant des semaines au traitement du tractéol et des légumes verts. Comme cette maladie me laissait néanmoins toute forme possible d'activité, je décidai de consacrer mon temps à la fonction d'aide bénévole à la gare du chemin de fer.

Sur les instructions amicales du facteur enregistrant, je devins vite expert dans les travaux de manutention et classement des colis, enregistrement des bagages, manœuvre des wagons sur la voie ferrée et même, aux heures creuses, au maniement du télégraphe Bréguet.

Dès avant 1914, M. Michel, chef de district à Eymet, chargé du contrôle et du bon entretien de la ligne de Bergerac à Marmande, avait pris l'habitude de venir déjeuner à l'auberge. Pour exercer ses fonctions, il voyageait beaucoup et avait droit à un compartiment de Ire classe. Familier de l'auberge, me sachant très attaché à Eymet, M. Michel, brun, distingué, courtois, m'avait pris en amitié. Il m'avait laissé entendre que si j'avais reçu une instruction de caractère technique et non administratif et commercial, il aurait pu favoriser mon entrée à la Compagnie du P.O. Mais, dans l'immédiat, et eu égard aux circonstances, toute forme de recrutement pour quelque service que ce soit était suspendue. Veuf de bonne heure, sa jeune femme étant morte « poitrinaire » selon le terme de ce temps, il était père d'une fille et d'un garçon. Ils devinrent mes amis lorsque M. Michel m'invita chez lui plusieurs fois dans l'agréable maison qu'il habitait auprès de la gare d'Eymet.

La gare d'Eymet

Berthe Michel avait seize ans. Je la trouvais très jolie et tombai amoureux d'elle. Élevée chez les sœurs à la pension de la Miséricorde à Bergerac, elle recevait une éducation à l'image du temps et préparait le Brevet élémentaire. Assise au piano, son fin visage mat encadré de boucles à l'anglaise, elle aimait jouer une partition de Massenet, nostalgique et romantique, *Pensée d'automne*, dont la tonalité musicale et les paroles répondaient aux premiers émois d'un cœur qui s'éveille [42]:

---

[42] N.T. — *Pensée d'automne* (1888), poème d'Armand Silvestre (1837-1901), musique de Jules Massenet (1842-1912).

L'an fuit vers son déclin, comme un ruisseau qui passe
....
Une chanson d'adieu sort des sources troublées;
S'il vous plaît, mon amour, reprenons le chemin
Où tous deux, au printemps, et la main dans la main,
Nous suivions le caprice odorant des allées;
Une chanson d'adieu sort des sources troublées !

Penché sur la partition, je conjuguais ma voix aux lignes harmonieuses de la mélodie que la pianiste interprétait avec finesse et sensibilité.

Ce fut le début d'une idylle, naïve, très pure – avec le recul du temps –, réservée, un peu à la manière de cet amour courtois dont nous entretiennent les romans de chevalerie et qui répondait à notre façon d'être, au respect de la jeune fille, à notre âge, à tout un environnement de caractère sentimental, loin de toute vulgarité. Elle se maintint avec bien des traverses et des péripéties durant l'année 1915, contrariée par de longues absences, l'éloignement, de rares et brèves rencontres.

Mon entrée à l'École normale, la sortie de pension de Berthe, son départ dans la banlieue de Paris chez une tante, les perspectives réservées aux adolescents de mon âge – une mobilisation certaine – devaient mettre fin à ce premier épanchement de tendresse. De longues années s'écoulèrent et M. Michel quitta Eymet.

J'ai souvent évoqué, seul avec moi-même, les longues boucles et les grands yeux de Berthe Michel, nos correspondances secrètes, le sentiment que nous ressentions aussi, dans la trame des événements qui se déroulaient, que nous ne pouvions cerner notre avenir et nous assurer un engagement dont le destin, alors tragique pour notre jeunesse, était seul maître. J'appris un jour que Berthe s'était mariée avec un sous-chef de gare de Paris-Austerlitz.

Ainsi, au plus fort de la guerre, assailli de sentiments contradictoires en tous domaines, pressentant la précarité de mon devenir, l'adolescent que j'étais, que nous étions, dis-je, obéissait aux pulsions secrètes, profondes et éternelles de son être et de son âge. Je me devais de mêler cette « parenthèse » à la trame des événements qui déchiraient les nations, les hommes, les familles.

Novembre et décembre, lents, lourds, s'écoulèrent. Le village, engourdi, replié, avait pris conscience de l'enfer des hommes partis, là-bas, aux « frontières ». Des colis soigneusement préparés par les mères ou les épouses, portant en gros caractères les indicatifs nécessaires et le numéro du secteur postal, empruntaient chaque semaine le train de Bergerac pour apporter dans la tranchée ou dans la « cagna* » les présents du pays : la conserve de porc, un gros poulet cuit, des gâteaux, du chocolat, des sous-vêtements, des lainages, des chaussettes.

Et chaque matin, dès sa sortie du bureau de poste, le facteur du village était assailli : il fallait savoir si le soldat avait bien reçu son colis, s'il ne souffrait pas trop du froid, s'il était dans le même secteur, en ligne ou un peu au repos à l'arrière. Et lorsque, semaine après semaine, le silence se prolongeait, l'angoisse et les larmes traduisaient la crainte. Déjà, par intuition, la mort était entrée dans la maison.

Une Occasion en Or

Un matin de janvier 1915, des affiches blanches frappées de pièces d'or parurent à la mairie et sur les murs de la Halle. Elles invitaient les Français à verser leur or (les louis de cent, cinquante, vingt et dix francs) pour pouvoir acheter à l'étranger les munitions, les machines et surtout les armes indispensables. Le plus gros, sinon l'unique fournisseur, était « l'Oncle Sam », c'est-à-dire les États-Unis d'Amérique, dont la puissance économique et la vitalité industrielle allaient très vite se substituer à celles d'une Europe qui, par cette guerre fratricide, courait à son suicide. Le déclin de l'Occident prenait une forme concrète.

Pour favoriser cette campagne patriotique et faire appel au sens civique des Français dont le « bas de laine », c'est-à-dire les économies, était considéré, à juste titre, comme bien gonflé, les emprunts russes émis au début du siècle en ayant fourni une preuve, le gouvernement dépêcha dans chaque département des conférenciers soigneusement choisis pour une telle entreprise. Il convenait de mener à bien cette dernière et de doter le Trésor public du puissant levier propre à surmonter les difficultés financières. Car, en effet, si le franc, monnaie nationale, avait cours forcé dans la métropole, les fournisseurs de l'étranger ne reconnaissaient qu'une seule monnaie de compte* au plan international : l'or. Contre le versement de leurs louis, les Français recevaient une somme égale en billets de banque, accompagnée d'un certificat de civisme revêtu de la signature du ministre des Finances, et dont le texte, élogieux pour la partie versante, avait sa place dans les documents familiaux de caractère historique.

Le conférencier désigné pour la zone géographique dans laquelle était inclus le canton d'Issigeac s'appelait Léon Gauthier. Il se trouvait être mon cousin au deuxième degré par ma grand'mère Muralie. C'est lui qui orienta ma destinée par sa venue à Issigeac. Je ne saurais, pour la bonne compréhension des faits qui vont suivre, passer sous silence la biographie, même résumée, de ce Périgourdin de bonne souche, personnage hors du commun.

La mère de Léon Gauthier était cousine germaine de ma grand'mère Muralie. Issue comme elle de la commune de Mandacou, fille d'une famille paysanne relativement aisée, elle avait été élevée chez les sœurs et avait obtenu son Brevet élémentaire. Ce diplôme lui avait valu un poste d'institutrice et elle avait épousé M. Gauthier, instituteur. Le ménage avait exercé ses fonctions à Saint-Aubin-d'Eymet, entre Eymet et Issigeac. La faible distance entre cette résidence et Issigeac permettait le maintien de liens familiaux assez suivis entre ma grand'mère et sa cousine. Deux fils naquirent : l'aîné, mort vers 1970, officier de carrière, et le cadet, Léon, d'une intelligence précoce et brillante, distingué par le curé du village – pour une fois, l'Église et l'École s'entendaient – et, sur ses conseils, qui fut aiguillé vers le séminaire pour y recevoir à tout le moins une éducation secondaire sérieuse.

Léon Gauthier s'y révéla exceptionnellement doué mais, en cours d'étude, fut frappé par une atteinte grave de poliomyélite. Immobilisé de longs mois dans sa famille, recevant des soins en rapport avec les techniques médicales de l'époque, il réussit cependant à survivre grâce à une constitution robuste, mais se retrouva infirme : les deux genoux soudés, une démarche claudicante imprimant à son corps un balancement continu, l'équilibre étant maintenu par le support de deux cannes. Durant sa longue maladie, Léon Gauthier avait littéralement dévoré tous les ouvrages répondant à ses penchants et à sa curiosité : lettres, histoire, géographie...

Est-ce une méditation prolongée sur sa condition physique, assortie d'une autre méditation comparée sur l'enseignement à base théologique très abstraite à l'époque et les connaissances différentes acquises sur son lit de malade, toujours est-il que Léon Gauthier perdit la foi. Et, comme d'autre part, le métier de ses parents l'avait aussi marqué par certains aspects, il s'engagea dans la voie du professorat. Très vite, il acquit une licence d'histoire et géographie, réussit le concours d'entrée à Saint-Cloud et, lauréat brillant de l'Université, major au concours de l'Inspection primaire, il fut admis au professorat des écoles normales et primaires supérieures (son infirmité ne lui interdisant pas d'enseigner).

Après plusieurs années d'exercice comme maître auxiliaire puis professeur à l'École primaire supérieure (E.P.S.) de Martel (Lot), il avait été nommé peu avant la guerre à celle de Poitiers qui possédait alors une grande réputation.

Grand, très brun, cheveux longs et ondoyants, le visage très mat encadré d'une barbe noire très frisée, un regard profond, une carrure athlétique, un timbre de voix dont il savait jouer sur un fond d'accent du terroir périgourdin, la parole et le geste rapide, sa personnalité était séduisante, et il savait tirer parti de son infirmité sans jamais s'en plaindre, pactisant avec elle et la faisant oublier à ses élèves ou ses divers auditeurs, charmés par son savoir et son humour familier.

À l'E.P.S. de Poitiers, l'installation et le comportement de ce jeune collègue avait fait un peu l'effet d'un détonateur auprès du cadre des professeurs poitevins reflétant les vertus ainsi que les défauts d'une province alors fermée et austère. Célibataire, le gousset indigent, il avait obtenu du directeur, ce qui était possible alors, l'emploi de surveillant général (l'internat étant à cette époque au compte du chef d'établissement), en contrepartie de son gîte et du couvert. Très vite, il avait conquis les élèves internes et pris en amitié mon futur camarade Gaston Liège; ce dernier, serviable et docile, bon élève de surcroît, était devenu en la circonstance un peu son valet de chambre.

En classe, son enseignement pouvait, lorsqu'il était en verve, devenir un véritable feu d'artifice. Il me souvient, durant l'été 1915, vers juin, d'une étincelante leçon de géographie tout à fait impromptue. La chaleur moite d'un après-midi orageux engendrait la torpeur générale et professeur et élèves, en parfaite harmonie, s'étaient mis en étude libre, pour réviser sans doute. Un émissaire frappa à la porte et se pencha vers le professeur en manches de chemise pour lui annoncer la visite quasi immédiate d'un inspecteur général. Les tenues vestimentaires de Léon Gauthier relevaient du style officier; une sorte de dolman bleu foncé, au col droit renforcé par une bague de celluloïd de même hauteur, et aux poches plaquées, avec une rangée de boutons, moulait sa forte stature. « Nom de Dieu ! » jura-t-il et, enfilant à la hâte les manches du dolman suspendu au dossier de sa chaise, agrafant col et boutons, il nous dit : « Nous allons faire la leçon sur la République argentine ! »

Lorsque l'inspecteur entra, accompagné du directeur, les craies de couleur étaient déjà entrées en action et le tableau présentait un magnifique schéma triangulaire dans lequel se détachaient les éléments de la leçon. Et avec un brio étourdissant, sans notes, la classe vécut au pays du Rio de la Plata, des gauchos, des troupeaux de bœufs, du maïs, des Indiens, de la Terre de Feu et de l'Araucanie dont un Périgourdin fut roi aux temps lointains des pirates et des flibustiers.

Est-ce cette prodigieuse facilité d'expression, cette impression de savoir considérable qui impressionnèrent l'inspecteur général et les autorités hiérarchiques ? Toujours est-il que Léon Gauthier était devenu porte-parole officiel du ministre des Finances. Peut-être aussi cette qualification venait-elle confirmer le patriotisme de ce professeur socialiste qui avait mené avant la guerre le bon combat républicain sur les estrades des salles de réunions électorales, contre le marquis de Roux, royaliste [43]. Les deux adversaires étant leur

[43] N.T. — Le patriotisme de Léon Gauthier, « Prof. à l'École prim. sup. de Poitiers », s'exprime aussi dans le *Journal des instituteurs* (inrp.fr/numerisations/

sosie réciproque – même ressemblance physique, même infirmité –, Poitiers avait eu ce spectacle étonnant de deux hommes de talent, tribuns politiques, apparemment interchangeables au plan corporel.

Tel était le conférencier officiel de la République, durant cet hiver 1915, chargé de la difficile mission de faire ouvrir les bas de laine, récepteurs de napoléons*, afin que le gouvernement d'union nationale disposât des crédits nécessaires auprès de la puissante Amérique devenue l'arsenal industriel des Alliés, sous réserve bien entendu de versements comptants, en bonnes espèces « sonnantes et trébuchantes ». Et Léon Gauthier, fils du Périgord, alliant le patois à l'humour et à une fine connaissance du monde paysan, réussit à merveille, à commencer par ma grand'mère Muralie qui décompta sur l'autel de la patrie quelques milliers de francs en louis d'or.

Au cours de ses pérégrinations, Léon Gauthier faisait souvent halte à l'auberge et, me voyant sans perspective immédiate, s'enquit auprès de ma mère de mon devenir possible. Livré à l'inaction forcée, il s'offrit un jour de la mi-janvier à m'aider à sortir de l'impasse. Lorsque je lui eus détaillé la nature de la scolarité que j'avais suivie jusqu'à ce jour et l'impossibilité où je me trouvais d'obtenir un emploi correspondant du fait des circonstances, et ma mère ne possédant pas les ressources nécessaires pour me permettre de poursuivre des études à l'École supérieure de commerce de Bordeaux où j'aurais pu être admis, il me proposa une solution logique et efficace : partir pour Poitiers où il me prendrait chez lui comme pensionnaire et préparer pour la fin de juillet, en fréquentant l'école primaire supérieure où il exerçait, le Brevet

---

journal-des-instituteurs/Fascicules/1915/INRP_JDI_19150801_FA.pdf, 2013.06.15); son texte reprend la verve du ministre de l'Instruction publique et des Beaux-Arts, A. Sarraut, de cinq mois plus tôt, exprimée dans la Circulaire ministérielle relative à la journée scolaire serbe, parue dans le *Bulletin de l'instruction primaire de la Vendée*, janv.-févr. 1915, p. 11-13, 174-179 (recherche-archives.vendee.fr/data/files/ad85.ligeo/FRAD085_4NUM290/FR/Ad85/ 4Num290/1915/4Num290_1915.pdf, 2013.06.15). (Ce même bulletin offre p. 44-55 un historique des négociations de désamorçage de la crise entre l'Empire austro-hongrois et la Serbie; certains éléments de ce texte sont résumés au chapitre suivant par le présent auteur comme arrière-plan aux événements de ses vacances de 1916.)

élémentaire et le concours d'entrée à l'École normale d'instituteurs. Au bout de cette réussite possible était le gagne-pain et l'assurance solide d'une profession considérée.

Je n'hésitai pas un instant. Courant janvier 1915, je pris le train pour Poitiers. Pour sceller matériellement cet accord, ma mère offrit à Léon Gauthier, jeune marié, six chaises de salle à manger, modèle Louis XIII, je crois, au siège canné, et elle couvrit le montant de ma pension par un versement mensuel de soixante-quinze francs. J'allais connaître, durant un an et demi comme pensionnaire chez Léon Gauthier, un mode de vie pittoresque, souvent bohème, un petit monde d'intellectuels très cultivés. J'allais découvrir une ville moyenâgeuse, attachante, une famille d'amis véritables, la camaraderie, une scolarité précaire et improvisée, un sentiment de fraternité en petite communauté dans l'internat d'une demeure historique : l'ancienne résidence de Diane de Poitiers, demeure devenue au fil des ans une école normale d'instituteurs de la Troisième République.

* * *

IV

Une Jeunesse en Sursis
—
ma préparation normalienne à Poitiers

Le Concours d'Entrée

Pour la première fois de ma vie, j'accomplissais en chemin de
fer une longue distance : deux cent cinquante kilomètres environ
séparaient Issigeac de Poitiers. Après deux changements de train, à
Bergerac puis à Libourne, j'empruntais à cette gare l'express de
Bordeaux à Paris.

Je découvrais un mode de transport qui me ravissait. C'était un
total dépaysement. Le long convoi de wagons confortables, dotés
de longs couloirs vitrés, même en IIIe classe, tirés puissamment par
une élégante locomotive, glissait à plus de quatre-vingts kilomètres
à l'heure. À travers les campagnes charentaises et poitevines, je
découvrais d'autres visages de la France, j'allais connaître, de visu,
ce seuil du Poitou dont j'avais appris au cours complémentaire qu'il
avait joué le rôle de rempart contre les Sarrazins en 732 et qu'il était
en géographie le lieu de passage naturel et le lien entre les provinces
de langue d'oïl et celles de langue d'oc.

Le cocher d'une calèche me prit en charge, moi et malle, dans
la cour de la gare et me déposa au domicile de mon cousin, 4, Plan
de la Celle [44]. La jeune femme de mon cousin Gauthier

---

[44] Plan de la Celle : nom du vieux quartier de Poitiers où logeait mon cousin.

m'attendait; celui-ci avait épousé quelques mois auparavant une jolie parisienne, fille d'un receveur des P.T.T.

L'appartement était au deuxième étage, dans une maison très provinciale du vieux Poitiers. Il était exigu, sommairement meublé. Je fus doté d'un lit-cage qui roulait d'une pièce à l'autre, ouvert chaque soir dans la salle à manger.

La vie de pensionnaire chez mon cousin Gauthier était marquée au coin de pittoresque et souvent d'imprévu. Il se rencontrait chez ce fils authentique du Périgord un ensemble étonnant d'intelligence à forme intellectuelle, un sens avisé des affaires matérielles, un comportement bohème souvent inattendu. Il pouvait engranger, assimiler, une somme considérable de connaissances, construire, après consultation des ouvrages sur la matière, une ou des méthodes pédagogiques, porter un jugement plein d'humour sur la renommée de certains de ceux qu'il se plaisait à appeler « les grands pontes universitaires ».

Mais de cette intelligence intellectuelle, il savait en tirer de substantiels bénéfices matériels. Sa femme était sans dot et sans métier, peu experte aux soins ménagers, moins encore à la conduite du fourneau; le traitement d'un professeur, fut-il brillant, était maigre. Il importait donc, d'abord de « faire bouillir la marmite » et aussi de s'élever à un « standing » honorable. Pour ce faire, j'assistai durant mon séjour au Plan de la Celle au déroulement d'un spectacle inédit. Chaque soir, ou presque, bien calé devant son bureau encombré de documents divers, mon cousin procédait à la correction – rétribuée alors peut-être deux francs l'une – des copies émanant de candidats à divers concours universitaires et qui lui étaient adressées par le *Manuel général de l'instruction primaire* (la « bible » des instituteurs du temps), ou bien il rédigeait un article ou des notes destinées à la parution dans les brochures du Cours Jarach, un cours de préparation par correspondance au Brevet supérieur, très coté à l'époque ([45]). Cela, sans préjudice d'autres

---

[45] N.T. — Cours Jarach : établissement de préparation professionnelle à des brevets, certificats ou au baccalauréat pour l'auxiliariat, le professorat, la direction des écoles et l'inspection primaire, fondé par une association de professeurs parisiens; animé successivement par Boitel, Louis Jarach (Officier de l'Instruction publique, professeur de philosophie, auteur, inspecteur du primaire) de 1908 à

besognes épisodiques de même nature qui venaient gonfler sérieusement le poste « Ressources » du budget familial. Cette activité, apparaissant à ses yeux insuffisante quant au profit retiré, fut très vite complétée par la mise en route et le déroulement de véritables sessions pédagogiques hebdomadaires.

La guerre avait appelé au front un très grand nombre d'instituteurs. Il fallait pourvoir à leur remplacement tant bien que mal. En 1915, les bacheliers, peu nombreux, n'étaient pas destinés à l'éducation du peuple; les titulaires du Brevet supérieur, et même élémentaire, en dehors des normaliens, étaient relativement peu nombreux. C'est pourtant dans ce groupe sociologique qu'il convenait de recruter à la hâte. De tels suppléants entraient dans les classes techniquement désarmés, parfaitement ignorants des données pédagogiques les plus élémentaires.

Il ne fut pas difficile au professeur Gauthier d'obtenir les listes des jeunes filles ou jeune femmes ainsi recrutées et résidant dans une école, pas trop éloignée du chef-lieu. Une circulaire, adaptée à leur condition, dûment envoyée aux intéressées, et ce fut le début, chaque jeudi, au Plan de la Celle, de réunions pédagogiques pittoresques.

La circulaire connut un grand succès. Chaque semaine, ou chaque quinzaine, la suppléante était invitée à traiter, sur informations et références conseillées à cet effet, un devoir écrit de pédagogie. Ce devoir était annoté et corrigé. De l'ensemble des remarques et observations dégagées dans la correction de l'ensemble de ces devoirs, Léon Gauthier tirait un thème de développement constituant la conférence pédagogique hebdomadaire.

Chaque jeudi, il réunissait autour de lui pour étude et discussion un groupe nombreux. La matinée était réservée à l'enseignement pratique à retirer de la correction. Le repas de midi,

---

1924 (?), et Lucien Broche; actif de 1900 à 1942 (?) sous les dénominations de Cours (libre) Turgot, Cours (Louis-) Jarach et Institut Louis-Jarach, et par une méthode d'enseignement oral les jeudis et dimanches (à Paris à l'École Turgot puis à l'Hôtel des Sociétés savantes), complétée par l'étude de bulletins et des travaux par correspondance.

pris dans l'appartement, venait faire diversion. L'atmosphère, en dépit de la guerre, y était joyeuse et colorée. Mon cousin y apportait, avec sa verve habituelle, bons mots et réparties. L'après-midi fournissait l'occasion d'échanges pédagogiques pratiques, conduits et animés par le maître de maison. Le soir venu, chaque institutrice de village regagnait son école, dûment lestée de procédés, de méthodes, de moyens, encouragée à persévérer laborieusement pour réussir aux épreuves écrites du Certificat d'aptitude pédagogique, porte ouverte pour espérer une nomination définitive et assurer son avenir.

Adolescent au milieu d'une jeunesse soucieuse et préoccupée de son devenir, mais où se rencontraient quand même joie et vitalité, je me mêlais avec plaisir à ces réunions au cours desquelles éclatait à tout instant le feu d'artifice spirituel de mon cousin. Et parfois, le soir, tard, reprenant les séries de dissertations, il me faisait signe de venir écouter, de sa voix périgourdine, quelques-unes des « perles » qu'il venait de relever, pour en tirer la matière de réflexions sonnantes et imagées.

Dans le même temps, sa femme s'efforçait de rétablir de son mieux le cadre matériel de l'appartement qui avait subi durant de longues heures une sorte d'invasion. Je lui donnais la main volontiers. Cette journée se soldait pour elle par un apport financier important, et pour mon cousin, par une forme de renommée professionnelle qui lui assurait de larges perspectives.

De la mi-janvier à juillet 1915, je fréquentais donc assidûment et laborieusement l'école primaire supérieure située en pleine ville, rue Gambetta, dans des locaux inhospitaliers. Comme je rentrais au Plan de la Celle à midi pour le déjeuner, je gagnais quatre fois par jour la place d'Armes par des rues montueuses et balzaciennes pour atteindre l'école. Le lycée Henri-IV allongeait ses bâtiments austères derrière de hautes grilles de fer forgé; je le considérais avec respect.

Notre directeur s'appelait M. Mauny. Il avait alors trois filles à marier. Il gérait à son compte l'internat de l'école qui fonctionnait comme il pouvait en cette période de guerre, en tirant néanmoins de substantiels bénéfices. Mon cousin avait retiré de ses anciennes fonctions de surveillant général une philosophie ironique et souriante; il évoquait volontiers à table, entre nous, la vanité satisfaite de son directeur, les prétentions matrimoniales nourries par sa femme pour caser les trois filles, sans parler de nombreuses petites histoires de style provincial très savoureuses. En ce temps, les directeurs d'écoles primaires supérieures assuraient, outre leur charge administrative, six heures de cours par semaine. C'était le cas de M. Mauny dont la notoriété pédagogique ne retenait pas l'attention de ses professeurs.

J'avais affaire en ce domaine à des personnages bien dissemblables, parfois étranges mais tout-puissants dans leurs jugements au regard des candidats aux divers examens. Il y avait M. Audouin, un grammairien intransigeant, sévère et collet-monté, magister parfois féroce, tout imbu de son ministère, défenseur farouche de notre langue et des bons auteurs. Il exigeait un travail sérieux et je lui dois le respect des règles et de la syntaxe, la construction de la phrase française. Nous le redoutions et nous le considérions. Il y avait le professeur de mathématiques; les yeux bleus, une barbe grise et blanche, une voix toujours égale, il énonçait et démontrait, appelait au tableau, accablait les hésitants, roulait son crayon entre les lèvres et annonçait d'un ton persifleur : « Allez vous asseoir, mon ami; vous ne savez rien, vous aurez zéro. » Heureusement pour moi, candidat au Brevet et à l'École normale, l'épreuve de mathématiques comprenait alors deux problèmes d'arithmétique. J'échappais ainsi à la vindicte de cet homme, paraissant par ailleurs plein d'onction socialement parlant, mais féroce dans son métier, et qui considérait d'autre part son collègue Gauthier comme issu d'une faune étrange et dangereuse. Et il y avait enfin mon cousin Gauthier qui nous ouvrait les portes de l'histoire et nous révélait la géographie dans un enseignement vivant, joyeux, plein de saveur, émaillé de réflexions vivantes et impromptues par où se manifestaient un savoir étendu et l'invitation à la recherche personnelle.

Ces trois maîtres étaient en fait les artisans de la préparation aux examens et concours qui reposaient essentiellement sinon exclusivement sur une formation culturelle représentée par leurs trois disciplines.

Fin juillet 1915, je fus reçu au Brevet élémentaire et début août, à l'École normale, fier notamment d'avoir entendu, analysé et résumé en une épreuve écrite l'exposé qui nous avait été fait sur la constitution du Royaume-Uni et son fonctionnement. Je venais de découvrir avec satisfaction que j'avais appris à tirer un profit certain d'un cours ex-cathedra et d'acquérir ainsi méthodiquement les éléments essentiels d'une connaissance transmise.

À cette même époque, la femme de mon cousin attendait un « heureux événement ». Elle partit à Paris dans sa famille « faire ses couches » selon l'expression d'alors. Léon Gauthier l'y accompagna et occupa la plus grande partie de ses grandes vacances à des séminaires pédagogiques, coupés d'une brève visite en Dordogne.

Les Grandes Vacances 1915 à Issigeac

Je rentrai à Issigeac. Je serais donc instituteur.

Ces vacances de 1915 demeurent pour moi assez floues et sans relief. Je retrouvai le climat du village assoupi sous la lumière de l'été. Ma mère était heureuse de me voir devenir fonctionnaire. « Ça ne gèle ni ne grêle, » disait-elle par comparaison avec tous les aléas que connaissaient les gens de la terre. Ma grand'mère Muralie me témoignait une affection redoublée. Mon grand-père était étonné de la nouveauté qu'introduisait l'un de ses petits-fils dans la famille. Celui-ci allait devenir *rétzou* un jour proche dans un village : c'était pour lui, tonnelier, vigneron, rôtisseur de volailles le jour de la foire, un dépaysement mental. Il m'aurait préféré certainement boucher.

Assuré maintenant d'un métier, je cessai d'aller travailler à la gare. J'aidais aux travaux des champs, je retrouvais l'atmosphère de l'auberge, mais je vivais le poids de la guerre. Tous les jeunes, dès dix-neuf ans, étaient au front; les gendarmes partis dans la zone des armées étaient remplacés par des auxiliaires mobilisés issus du cadre des territoriaux. Plusieurs d'entre eux prenaient pension à l'auberge, parfois leur famille les rejoignait. À la gare se succédaient les intérimaires; ils venaient aussi prendre leurs repas à l'auberge. Les paysannes et les « vieux » trimaient sur la terre dans l'attente du retour hypothétique du mari ou du fils.

Au mois de mai en Artois, en septembre en Champagne, deux tentatives de rupture du front s'étaient soldées par des hécatombes ([46]). De temps à autre, on chuchotait le nom du dernier tué. Les permissions dites « de détente », quatre jours d'abord puis sept, ramenèrent à leur ferme les fantassins « bleu horizon* », le bidon et la musette en bandoulière, retenus par le ceinturon de cuir, les pans de la capote relevés, la bande molletière serrant les mollets, le casque dénommé « bourguignotte » suspendu au ceinturon, le calot à deux pointes penché sur un visage tanné, souvent broussailleux à l'arrivée...

Les lignes de tranchées s'allongeaient de la mer du Nord à la Suisse et nul ne se hasardait plus à quelque pronostic. La guerre semblait avoir adopté un rythme et un emploi du temps. Au front, la montée en ligne, la garde aux tranchées, les corvées dans les boyaux pour atteindre les « roulantes* » et rapporter la « tambouille* », le pinard et la gnôle qui brinquebalaient dans des bidons et des récipients singuliers dénommés « bouteillons* », du nom de leur inventeur, Bouthéon. Les alertes, les coups de main à travers les barbelés, les bombardements, le sommeil de bête dans la cagna, le bruit sourd de l'obus qui souffle la bougie de l'abri – et puis périodiquement, après tant de jours en ligne, la descente au repos dans un proche village de l'arrière, les retrouvailles d'un ruisseau où il fait bon se laver et se raser, l'auberge où l'on retrouve des civils, l'épicerie-buvette, le linge qui sèche, des paysans qui continuent à labourer, des filles qui servent à boire, de la paille bien sèche pour dormir dans les granges, la musette servant d'oreiller – c'est tout cela qu'aurait pu évoquer ce permissionnaire, ce poilu. Mais en vérité, la plupart du temps, par pudeur, sachant bien que les autres à l'arrière ne pouvaient comprendre, et aussi repris par sa terre, il retrouvait pour quelques heures les gestes et les travaux d'avant.

---

[46] N.T. — Batailles de l'Artois : déc. 1914-janv. 1915; 9-20 mai 1915 (pertes alliées : 111 000 hommes); 15 sept.-4 nov. 1915 (pertes alliées : 110 000 hommes); batailles de Champagne : 14 déc. 1914-17 mars 1915 (pertes alliées : 94 000 hommes); 25 sept.-9 oct. 1915 (pertes françaises : 27 851 tués, 98 305 blessés, 53 658 prisonniers ou disparus).

Pour moi, je suivais passionnément le déroulement des événements, à travers journaux et revues; je sentais bien – sans en faire reproche à qui que ce fut – combien ces batailles apparaissaient lointaines. On avait bien accueilli dans le secteur quelques réfugiés, des familles belges et alsaciennes, mais en nombre réduit, et l'ignorance géographique était telle qu'elle pouvait excuser cette attitude de méconnaissance des faits, comme une sorte de repliement sur soi-même dans leur acceptation dont on percevait tout le tragique, loin, là-bas, mais dont on ne pouvait soupçonner la nature.

Très souvent, j'allais retrouver Henri et André Mercat. Un peu plus jeunes que moi, ils étaient aussi en vacances. Nous étions en sympathie et nous avions été enfants de chœur ensemble. Ils étaient internes au collège Saint-Joseph à Périgueux. Leur sœur aînée, Marie-Thérèse, était éduquée elle aussi à Périgueux à la pension Jeanne-d'Arc. Parfois venaient se joindre à nous des cousins des Mercat, et aussi Georges Lambert, le petit-fils du pharmacien, interne lui aussi, dans quelque lycée. On installait le jeu de croquet sur la place de l'Église, ou bien, décomptant soigneusement les bicyclettes (c'était un luxe et je n'en avais pas), nous partions vers les villages voisins à travers une campagne crayeuse et solitaire. Parfois, aussi, nous allions à pied à travers les genévriers et nous voyions s'enfuir les lièvres qui s'étaient multipliés, le fusil de chasse du paysan demeurant fixé au râtelier.

Durant ces vacances de 1915, j'accompagnais ma grand'mère dans les champs de grosses betteraves rouges. Les feuilles que nous arrachions constituaient un aliment de choix pour les cochons, mêlées et cuites avec des pommes de terre. Je montais auprès de mon grand-père dans la petite charrette traînée par l'âne gris et je l'aidais à monter et à descendre en utilisant un double marchepied tant était douloureuse la sciatique qui l'accablait. Avec lui, nous étêtions les pieds de maïs; les plus hautes tiges, vertes et sucrées, allaient ensuite remplir la mangeoire des vaches. La fauchaison du grand pré, surtout celui du Cantalou, plus éloigné du village, la fenaison, le chargement dans les grandes charrettes, le déchargement dans les granges constituaient des exercices particulièrement propres à favoriser la vigueur et l'endurance, et aussi la bonne humeur. Râteaux de bois rustiques et fourches à quatre dents étaient les armes de ce combat et, nous agrippant aux câbles de corde qui retenaient la lourde masse de foin sec et âcre, nous nous hissions bien au milieu pour apparaître ainsi en travailleurs victorieux.

Dans le courant du mois d'août, la moisson faite, on allait procéder à la « battaison ». Depuis peu d'années s'étaient créées des entreprises de battage. À Issigeac, c'était les parents de mon camarade Denis Pimouguet qui exerçaient dans ce domaine une sorte de monopole dans tout le canton. Enrichis dans le commerce des engrais, des « issues* » de grains, ils avaient acheté une machine à battre avec sa locomotive-vapeur routière pour la tracter et pour la faire fonctionner. Mais un tel matériel ne pouvait être rentable pour l'usager éventuel que si la batteuse devait traiter un nombre important de gerbes de blé, en l'espèce plusieurs centaines dans la même journée. Aussi n'était-elle appelée à l'action que dans les grandes propriétés.

La propriété de mon grand-père, faite de polyculture avec prédominance de vignobles, produisait peu de céréales. Aussi bien le « dépiquage » du blé se poursuivait-il de manière ancestrale. Un soir de grande chaleur, on préparait le sol. Bien désherbé, imbibé d'eau à l'aide de grands balais, le terrain rendu propre et bien sec le lendemain recevait le surlendemain un contingent de gerbes. Celles-ci une fois déliées et leurs épis répandus sur toute la surface en grosse épaisseur, le travail pouvait commencer.

Liées au timon d'un traîneau de bois grossier et lesté de très grosses pierres, les deux vaches, précédées d'un bouvier, tournaient en rond, dessinant des cercles de plus en plus réduits et refaisant en sens inverse le trajet déjà effectué. Sous le poids du traîneau encore aggravé par celui des enfants qui trouvaient là une occasion de jeu et grimpaient dessus, les épis craquaient, la paille s'affaissait.

Venaient alors les exécutants de la deuxième phase de l'opération, les batteurs au fléau. Le fléau était composé de deux bâtons polis d'une hauteur d'environ deux mètres, assemblés entre eux par une courroie de cuir à une extrémité. Se faisant face à face, par groupes de deux ou de quatre, assurant par un mouvement rapide du bras le lancement de l'un des bâtons servant de choc de frappe, tandis que l'autre était tenu bien en mains, s'ouvrait alors une sorte de ballet paysan bien rythmé. Il convenait d'avoir effectué d'abord un apprentissage efficace pour marteler de plein fouet, de toute la longueur du battant, l'épaisse couche de paille et d'épis. Pendant des heures, sous l'aplomb du soleil d'été, s'entendait le bruit mat et cadencé des fléaux qui se répondaient dans ce face à face par où s'exprimait la force virile des hommes de la terre. Au soir, battues, retournées, battues à nouveau, les gerbes de blé avaient livré leurs grains. La paille rassemblée à grands coups de fourche, les grains jaune d'or tapissaient le sol. À l'aide de râteaux, ils étaient poussés en tas pour être ventilés et ensachés.

La phase de ventilation relevait d'une machine robuste dont la manœuvre devait être assurée à un rythme régulier. Le ventilateur était fort simple. Il comportait une caisse métallique contenant plusieurs trémies. Au-dessus de cette caisse, un grand entonnoir recevait les pelletées de grains. Sur la face antérieure était disposée une roue animée par une poignée. Au bas de la caisse était ménagé un déversoir par où s'écoulaient les grains. Tournant la roue à vitesse égale, on mettait en action une série d'engrenages; une sorte de soufflet était mis en action assurant aux « balles* » leur envol à l'extérieur. Les trémies, animées d'un mouvement horizontal de va-et-vient recevaient les grains, criblés de la sorte et en partie débarrassés des petits cailloux et des « grains sauvages » de couleur noire, car bien souvent, lors de la moisson, se mêlaient aux épis de mauvaises herbes. Nous aimions tourner la roue du ventilateur mais, comme nous n'avions guère tendance à conserver une cadence régulière, notre suppléance n'était que peu appréciée.

À l'aide de pelles de bois, le grain était alors ensaché. Les sacs seraient emportés peu de temps après chez le boulanger pour être échangés contre des bons de pains : lourdes miches de cinq livres, ou boules compactes de dix, quinze ou vingt livres, dans lesquelles on taillait des tranches minces pour la soupe de midi et du soir. Et c'était une faveur et un régal d'égratigner ou de couper le

« chanteau », là où la croûte, moins épaisse et parfois encore chaude à la sortie du four, s'offrait aux dents voraces.

La « gerbebaude » clôturait la moisson et le battage du blé. C'était un repas de festivité, de tradition séculaire dans la plupart des provinces ([47]). Ce jour-là, maîtres et serviteurs, maîtresses et servantes, tous bons ouvriers dans cette récolte symbolique (le pain gagné à la sueur du front), célébraient en commun leur joie devant des plats de viande et de pâtisserie ([48]) … abondamment arrosés de vins du pays en terminant par une eau-de-vie de prune bien vieillie dans le coin d'une vaste armoire de cuisine.

Ainsi, dans sa profondeur, à travers et malgré le drame qui se jouait là-bas, dans le Nord et dans l'Est, mon village périgourdin continuait à vivre à son rythme, poursuivait ses efforts à la cadence séculaire des jours et des saisons.

Fin septembre 1915, je repartais à Poitiers revêtir l'uniforme d'élève-maître de l'École normale.

Première Année d'École Normale

Plan de la Celle, Poitiers.

Il avait été convenu que je continuerais à prendre pension chez mon cousin Gauthier; j'y retrouvai les chaises que ma mère avait offertes en témoignage de sa reconnaissance.

---

[47] Il y avait des variantes d'appellation, mais d'où venait et d'où vient ce terme ? Faut-il y retrouver la trace du terme si cher à Rabelais au XVIᵉ siècle : s'esbaudir – esbaudir : se réjouir – lequel, précédé de « gerbe », symbole et attribut de la moisson (les épis liés entre eux), peut nous conduire aux « réjouissances de la gerbe » ? N.T. — Le verbe « s'esbaldir » apparaît au vers 1481 de la *Chanson de Roland* (son plus ancien manuscrit datant de vers 1090, et relatant un massacre subi par les Francs en 778 dans les Pyrénées); il réapparaît dans le prologue du *Tiers Livre* de Rabelais (1546).

[48] 21 juin [1974 ?] : Une jeune hirondelle s'est abattue sur le balcon de mon bureau et s'est enfermée entre les persiennes et la porte-fenêtre. Je viens de la découvrir épuisée, sans doute par ses efforts pour retrouver la liberté et peut-être aussi par la faim. Je l'ai sentie mourir peu à peu dans ma main, doucement tiède, tandis que les pulsations de son cœur s'effaçaient… Très haut, dans un ciel irradié de lumière crue, ses sœurs traçaient à grands cris joyeux leur ballet estival… Image mélancolique et symbolique !

L'École normale et son internat étant transformés depuis août 1914 en hôpital auxiliaire, l'État, dont je devenais l'un des fonctionnaires en puissance, nous allouait une mensualité de cinquante-cinq francs pour couvrir nos frais de nourriture et de logement. Dans le courant de l'année scolaire, ce taux fut porté à soixante-dix francs. Cette allocation, majorée d'un complément versé par ma mère, allait couvrir mes frais de pension.

Un de mes camarades fut pris en pension par mon cousin; c'était Charles Regnault dont les parents exerçaient comme instituteurs à Lathus, à la limite de la Haute-Vienne. Doté lui aussi d'un lit-cage, nous constituions alors une sorte de chambrée, et une pièce nous fut affectée, car mon cousin avait pu obtenir une location complémentaire au premier étage. Mon cousin cumulait en effet un sens élevé des finances familiales avec une qualité pédagogique déjà soulignée. Il savait tirer profit et bénéficier de celle-là pour couvrir les besoins du ménage – enrichi d'un bébé – et établir un budget équilibré. Regnault et moi, nous représentions donc deux éléments d'appoint non négligeables.

Mme Gauthier, en effet, était revenue de Paris mère d'un petit Jean-Louis, comptant deux mois d'âge. Sa science maternelle était courte, la diététique aussi. Mais, souriante et gaie avec nous, nous ne ménagions pas notre collaboration, soit pour donner le biberon, soit pour tenir sur nos bras l'enfant bien emmailloté au goût de ce temps, et le promenions pour apaiser ses cris perçants, résultat d'un lait inadéquat ou d'une dent qui poussait.

Cet intermède se situait souvent pendant le temps de nos devoirs ou de l'étude de nos leçons. Nous quittions la table sommaire qui nous servait d'écritoire et commencions notre ronde à travers l'appartement, tandis que le maître du logis zébrait d'écriture rouge les copies reçues du *Manuel général*, et que la jeune mère mettait à cuire sur le gaz une soupe de poireaux-pommes de terre au liquide clair et abondant, n'ayant qu'un lointain rapport, hélas ! avec le pot-au-feu ou les bouillons corsés de Marceline. Mais sur tout cela planait la bonne humeur et, à table, les propos sagaces et imprévus de mon cousin ajoutaient encore à cette atmosphère de jeunesse.

Par beau temps, certains après-midi, en poussant son landau, Mme Gauthier allait promener Jean-Louis. Il arrivait, au hasard de nos sorties de classe, que nous la rencontrions dans le secteur de la place d'Armes. Nous rentrions avec elle, par les rues montueuses, aux descentes rapides, qui nous ramenaient Plan de la Celle, et nous hissions le landau au deuxième étage.

Le jeudi, la pédagogie battait son plein. Rempli d'institutrices suppléantes, l'appartement était transformé en salle de conférence. Nous nous évadions, Regnault et moi, pour rejoindre nos copains et partir disputer, sur un stade, quelque match amical de football.

*

Assez fréquemment le Plan de la Celle recevait la visite de la famille Parnaudeau. Mme Parnaudeau était la tante de mon camarade Gaston Liège qui avait fait entrer mon cousin Gauthier en relations cordiales avec sa famille. M. Parnaudeau était retraité de la gendarmerie après une carrière exemplaire comme maréchal des logis. Il avait alors obtenu une représentation au titre d'agent d'une compagnie d'assurances, fonctions qu'il exerçait avec le sérieux et la politesse d'un homme de devoir, discipliné et bienveillant à la fois. Sa femme me rappelait en plus jeune ma grand'mère Muralie. À des qualités d'ordre matériel, reposant sur un travail quotidien ordonné, le sens de l'économie, un savoir-faire ménager et une pratique de la bonne cuisine, elle joignait des vertus chrétiennes de charité, d'indulgence, de grand cœur. Leur fille Alice, enfant unique, était l'ornement de la famille. De un à deux ans plus âgée que son cousin germain Gaston, les joues fraîches, le regard rieur et malicieux, attentive, laborieuse, sérieuse sans pruderie, elle jouait un peu le rôle de mentor auprès de son cousin dont elle était la confidente. Éduquée très chrétiennement, sans qu'il y paraisse, elle avait obtenu le Brevet supérieur en 1915 et, après concours, elle allait entrer comme stagiaire à la Banque de France où elle devait faire carrière jusqu'à sa mort prématurée à l'âge de trente-trois ans, après un mariage tardif et raté, et un accouchement suivi de fièvre puerpérale* qui devait l'emporter.

C'est chez eux que je me rendais souvent avec Gaston qui devenait mon ami. J'étais accueilli à bras ouverts dans la maison basse et modeste prolongée par un jardinet au fond duquel coulait la Boivre aux eaux claires et rapides, peu profondes, large ruisseau qui allait rejoindre le Clain un peu plus loin. De l'autre côté de la Boivre était le domaine des voies ferrées (la gare de Poitiers, relevant de la Compagnie du P.O., était située à très courte distance). Une passerelle pour piétons franchissait tout ce secteur ferroviaire. C'est elle que nous empruntions, elle nous conduisait tout près de la maison.

Souvent, le jeudi ou le dimanche, je partageais le repas de midi : le civet de lapin dégageait un arôme irrésistible. Dans la cabane où ils menaient grand bruit, au bord de l'eau, d'autres congénères de la même espèce, traités en conséquence, attendaient le même sort. Nos conversations et nos propos allaient bon train : nos études, les professeurs, la guerre et ses séquelles. Mon accent périgourdin, qui contrastait si fort avec le lent parler poitevin aux tonalités plus distinguées des pays de langue d'oïl, faisait l'objet de discussions de caractère phonétique et nous riions beaucoup. Au retour de vacances que je passais à Issigeac, arrivant à Poitiers par un train de nuit, Alice venait m'attendre à la gare. Un bon lit et une bouillote m'étaient réservés. Je regagnais seulement le lendemain matin le Plan de la Celle.

Léon Gauthier, qui avait mené une vie un peu bohème lors de son célibat et pour qui la tante de Gaston manifestait une affectueuse indulgence, avait été et restait sensible à cette atmosphère d'une famille exemplaire. Aussi bien, sa jeune femme recevait-elle de Mme Parnaudeau, avec reconnaissance, tous les conseils d'ordre domestique que lui prodiguait cette dernière. Mon cousin, qui avait « entraîné » Alice à la dissertation lors de la préparation du Brevet supérieur, lui décernait, avec un accent au moins aussi rocailleux, mais plus sonore encore que le mien, des éloges dans une forme savoureuse qui provoquait un rire général ([49]).

---

[49] Cette digression pourra paraître longue et un peu hors du sujet, mais il me semble qu'elle servira à éclairer l'un des éléments types constitutifs de cette

*

En cette rentrée 1915, notre promotion de première année à l'École normale comptait vingt élèves-maîtres. En écrivant leur nom, je revois chacun d'eux dans son « impact » physique et mental, sa manière d'être, d'agir et de réagir au travers de la communauté à laquelle nous allions appartenir, dissemblables, ô combien, mais rassemblés pour un savoir commun, un apprentissage commun, pour accomplir une œuvre commune, alors que tous les éléments se coalisaient pour mettre obstacle à notre formation professionnelle :

– les professeurs, remplacés par des retraités ou des auxiliaires sans validité en général;
– l'établissement, le doyenné Saint-Hilaire, logis de la Renaissance où plane l'ombre de la favorite d'Henri II, Diane de Poitiers, ancienne résidence du chapitre de l'église Saint-Hilaire (monument historique) transformée en hôpital auxiliaire;
– la dispersion des élèves contraints de rechercher une pension et de connaître un mode de vie souvent peu favorable à l'étude;
– les pertes de temps résultant des trajets et l'absence d'une information et d'une tutelle pédagogique suivie;
– le travail scolaire effectué dans des locaux de fortune, inadaptés et insuffisants en nombre (prêtés, pour la circonstance, par la Bourse du Travail proche de l'École normale).

Nous voici donc, tous les vingt, issus des écoles primaires supérieures ou des cours complémentaires : qui du Poitou, qui des Charentes, qui des Deux-Sèvres, appelés à une scolarité improvisée du fait des circonstances, brève sans nul doute, le fusil devant remplacer le porte-plume pour la grande majorité d'entre nous. Mais je conserve présent à l'esprit, bien photographiés dans nos

---

société française du début du siècle, formée en majorité de « petites gens », du moins en apparence, qui étaient la trame même d'un peuple laborieux, sérieux, pas sophistiqué, digne et courageux. La Boivre champêtre et claire a depuis été enfermée dans un tunnel. Tout le quartier où se cachait la maison heureuse a été démoli, ses habitants ont gagné l'autre rive, celle à laquelle ils s'étaient préparés silencieusement et humblement au soir de leur vie, l'un après l'autre pour les parents, en pleine jeunesse pour Alice. Leur souvenir en mon cœur demeure ineffaçable.

redingotes, l'image qu'offrait chacun de nous. Il y avait, dans l'ordre de mérite d'admission :

Bonnet, le benjamin, le « matheux »
Bouchet, massif et taciturne
Tassin, terrien madré et laborieux
Salmon, beau garçon et dilettante
Laville, petit et futé
Reau, long et inquiet
Roy, peu communicatif
Proust, de rapports distants
Pouilloux, au visage éveillé, loquace et passionné
Santurette, don Juan aux cheveux ondulés
moi-même, Laurent Hibrant
Gavalet, cynique et hâbleur
Vray, au fin visage, bon copain
Bouquet, fils de la terre, lent et appliqué
Violette, peu enclin à l'étude
Gagnaire, solide et docile
Salles, brun et moqueur
Charles, vite appelé sous les drapeaux
Durand, robuste footballeur, peu enclin à la pédagogie
Regnault, timide et bégayant, voulant réussir

Tels pouvions-nous apparaître peut-être les uns aux autres. Pour ceux qu'il m'a été donné de retrouver longtemps après, cette impression première s'est vue confirmée.

Début octobre, nous prîmes possession des locaux provisoires. La mobilisation ayant déjà réduit le contingent des deux précédentes promotions, 1913-1916 et 1914-1917, le plan d'occupation des salles, souvent par regroupement de ces deux promotions, était facile et les « opérations » commencèrent.

Ce fut d'abord, un matin, sous le signe du directeur, M. Chadeyras, qui nous interpella gentiment et familièrement en partant de son vocable préféré, « Jeunes Gens », suivi de propos d'accueil et de conseils paternels. M. Chadeyras était distingué et plein d'urbanité. Le visage allongé, un peu émacié, le front haut, une barbe noire agrémentée de fils blancs, la chevelure grise abondante et soignée, un regard d'une douceur un peu mélancolique, une redingote grise bien ajustée, tel nous apparut le « guide » pédagogique et tuteur moral qui nous prenait en charge.

Photo : Geste Éditions

Les normaliens de Poitiers, 1915
L'auteur est au 2e rang à partir du bas, 6e à partir de la gauche.

Nous devions par la suite vite déceler en lui une personnalité d'une affectivité instinctive qui devait céder la place à l'administrateur responsable et abriter sa sensibilité derrière la façade de professeur. Mais dans sa mission d'éducateur laïque et la nécessaire référence à la morale kantienne* de l'absolu du devoir – M. Chadeyras étant notre professeur de psycho-philosophie – apparaissaient ses inclinations personnelles : essayer de former des hommes valables par acquisition d'habitudes venant au secours de la nature humaine, et William James revenait toujours favori, et, au-delà, si l'expression est de mise aujourd'hui, toucher le cœur, aller à l'intérieur, à l'âme. Nul ne fut plus fervent admirateur de Sully Prudhomme, poète « décoté » aujourd'hui, que cet homme qu'était notre directeur. Il avait mission de nous élever à la notion de notre propre dignité – vestimentaire par exemple – lorsqu'il vérifiait notre tenus et notre aspect, sous la redingote d'uniforme, et à la notion de notre responsabilité. Nous le sentions à travers les résistances et les sursauts de notre adolescence, et si nous nous moquions gentiment de son apostrophe « Jeunes Gens », toutes les promotions lui vouaient une affection sincère.

Auprès de lui, dans un domaine bien différent, nous découvrîmes M. Doury. M. Doury était à la fois économe et professeur de sciences. Il formait avec M. Chadeyras le plus parfait des contrastes. De courte taille, replet, le visage rond, de petits yeux perçants derrière des lunettes rondes à monture d'acier, « boudiné » dans sa jaquette, le crâne en partie dégarni, M. Doury, un vétéran dans le personnel de l'école, était devenu, promotion après promotion, l'un des éléments de réjouissance verbale. Soucieux à l'extrême des deniers de l'État, doté d'un budget étriqué, soumis à une comptabilité administrative de détail, M. Doury passait chaque samedi dans les classes pour compter devant chacun de nous les plumes Sergent-Major qui représentaient notre dotation hebdomadaire ou mensuelle, signer les cahiers de cours dûment remplis, remettre en échange le cahier neuf nécessaire, déposer au coin du pupitre une rame de papier de brouillon, format cahier, et le cas échéant, une feuille de buvard et un solide papier pour recouvrir nos livres. Tous ces gestes, menus et minutieux, formaient un rituel, constituaient une sorte de spectacle comique à nos yeux et faisaient notre joie. Lorsqu'il troquait la jaquette de l'économe contre la blouse blanche du professeur de sciences qui le faisait ressembler au personnage caricatural d'un hebdomadaire illustré, M. Doury officiait avec grand sérieux et componction. La salle de cours-laboratoire, sommaire et bien pauvrement équipée, était devenue un lieu de réjouissances, car trop d'expériences malheureuses ouvraient le champ à un comportement collectif d'hilarité générale. Et la formule étonnante « Y a pas de danger » énoncée par M. Doury en allumant une prise de gaz pour l'analyse d'un liquide nous faisait plonger aussitôt la tête sous la table. Se propageaient même, de bouche à oreille, quelques-unes des phrases clés répétées chaque année au même cours, notamment sur l'évocation de l'homme préhistorique qui « construisait des tombeaux, jouait de la flûte à trois trous, se faisait quelques idées sur la mort ». Ainsi se perpétuait l'image du père Doury, heureux au demeurant de revoir avec plaisir ces jeunes hommes, devenus instituteurs, lorsqu'ils participaient occasionnellement à une manifestation organisée à l'École normale. On pouvait alors, sans fausse pudeur, évoquer la soupe à l'oignon de notre déjeuner matinal dans le sévère réfectoire au temps de l'austérité financière qui se répercutait dans l'austérité alimentaire.

Puis les premiers contacts furent pris avec les professeurs, recrutés et désignés tant bien que mal du fait de la guerre. M. Guy était le seul titulaire; sorti peu avant de Saint-Cloud, une blessure grave au bras gauche l'avait fait réformer. Par comparaison et avec du recul, il pouvait être, un peu par décalque, assez semblable à Péguy par le port du visage et certains aspects physiques. Très cultivé, doué d'une mémoire étonnante qui lui permettait de retrouver sans effort les noms et visages de chaque promotion, il nous apportait – il fut le seul, hélas ! – une connaissance solide des bons auteurs et un commentaire détaillé de leurs œuvres. Il nous restitua, dans leur temps et leurs personnes, ces écrivains célèbres, surtout ceux du XVIe siècle; Malherbe et sa langue rigoureuse devenait un modèle. M. Guy était l'intellectuel même mais, froid et distant en apparence, il demeurait bienveillant et accessible. Il s'est éteint à Poitiers en 1971, âgé de plus de quatre-vingts ans, après avoir contribué à la formation de centaines de normaliens.

Notre directeur, M. Doury et M. Guy représentaient les seuls éléments stables du corps professoral et administratif. Dans l'enseignement des autres disciplines, il avait été fait appel à des auxiliaires ou à des retraités.

Le cours d'anglais nous était dispensé par un militaire relevant du service auxiliaire (inapte au service armé). Très myope, il lisait, commentait, nous faisait lire textes en prose ou poésies. Le dialogue phonétique actif était inconnu.

L'enseignement des mathématiques avait été confié à un original : le mari de la directrice de l'École normale de filles, un retraité ([50]). Le rasoir mécanique venait d'être inventé et nous

---

[50] N.T. — Mme Serre, directrice de l'École normale d'institutrices de Poitiers (1892-1924).

connaissions sa curiosité pour les « gadgets » techniques. C'était pour nous un jeu de le faire disserter à perte de vue sur ce nouveau rasoir, les « maths » demeurant en marge.

Nous avions aussi un professeur de musique et de chant, ardent patriote. Nous apprîmes à chanter longtemps avec lui les hymnes de tous les pays alliés, sans exception et, pendant plusieurs mois, nous eûmes la primeur de l'une de ses créations, musique et paroles, *Le Drapeau*.

Telle quelle, cette première année d'études fut pratiquement inefficace et inconsistante. Notre directeur s'évertuait de son mieux à nous initier à la psychologie. Nous étions pourvus d'un ouvrage qui faisait autorité à l'époque. Il avait été rédigé par un professeur de l'École normale supérieure de Saint-Cloud, Mélinand. Il était devenu un « best-seller » dans les écoles normales et c'était un ouvrage destiné à ces établissements. J'ai conservé de son étude un souvenir marquant, car ce livre abordait avec logique, expérience et sans le vocabulaire pédant trop souvent rencontré, les problèmes nombreux et complexes du comportement et des réactions humaines, ainsi que les influences nombreuses et variées venant peser sur chacun de nous.

Cette année scolaire 1915-1916 s'intégrait dans le cadre général d'une guerre qui paraissait devoir se prolonger sans l'ombre, même lointaine, d'une issue. Chaque soir, à la sortie des cours, nous allions prendre connaissance du communiqué de l'état-major affiché par *Le Courrier de la Vienne*, journal local de parution hebdomadaire. La course à la mer s'était achevée. Des Flandres glacées, les tranchées sinuaient, boueuses, d'Ostende aux Vosges. Comme dans un « planning » impeccable, la montée en ligne succédait au repos à l'arrière, la relève intervenait périodiquement. La corvée de soupe dans la nuit attendait pour suivre le cours entrelacé des boyaux la fin du bombardement qui avait accompagné la journée.

La Serbie, après un an de résistance et de victoires sur trois armées austro-hongroises, venait d'être anéantie par une offensive irrésistible de l'armée allemande. Le vieux roi Pierre Ier entraînait derrière lui, sur les sentiers enneigés de la Macédoine, des troupes

fidèles, fidèles à leur roi et à l'alliance avec la France ([51]). Les jeunes
Serbes lycéens et étudiants, l'élite du pays, trop jeunes pour porter
les armes, trouvèrent en France une hospitalité fraternelle ([52]). Deux

---

[51] N.T. — Après ses victoires du mont Tser, de la Drina et de la Koloubara en
1914 contre les Austro-Hongrois, et après l'épidémie de typhoïde déclenchée par
la capture d'Austro-Bosniaques, l'armée serbe accusait au début du printemps
1915 une perte de plus de la moitié de ses effectifs (initialement comparables à
ceux de l'armée belge). La Serbie organisa alors une nouvelle vague de
mobilisation, qui profita aussi de l'arrivée d'un contingent de Serbes d'Autriche-
Hongrie « retournés » par les Russes après avoir été fait prisonniers, mais
l'armement de remplacement acheté comptant à la France avec or et diamants
était arrivé tard, sans munitions, puis avec des munitions de mauvais calibre, si
bien que lors de la nouvelle offensive germano-austro-hongroise d'octobre, les
Serbes avaient dû évacuer leur capitale bombardée, après deux jours de combats
de rues, pendant que leurs alliés monténégrins continuaient de retenir les Austro-
Hongrois au Sud-Ouest, mais leurs propres territoriaux furent alors surpris par
une invasion-éclair, une fois de plus sans déclaration de guerre, à l'Est et au Sud
de la part des Bulgares qui profitaient de l'enlisement des Britanniques (et des
Français entraînés avec eux) dans les Dardanelles contre les Ottomans, coupant
ainsi les voies de ravitaillement des Serbes. Quand les Français se replièrent le
même mois pour faire la liaison avec les Serbes par la mer Égée et la Grèce,
c'était trop tard, ils furent refoulés par les Bulgares (et découvrirent les « sentiers
enneigés de la Macédoine »). Assimilés à des barbares par les Germano-Austro-
Hongrois (« la Serbie doit mourir ! » – malgré l'admiration de Goethe, Grimm et
Engels), et viscéralement détestés par les Bulgares (« la Serbie n'existe plus ! »), les
Serbes furent systématiquement soumis dès le début de l'occupation aux pires
exactions (internements, exécutions ou pendaisons en masse de familles,
prisonniers, enfants [parfois devant leurs parents] et invalides, ou blessés et
nouveau-nés passés à la baïonnette : Krouchévatz, Oujitsé, Tchatchak, Matchva,
Yagodina, Sourdoulitza, etc. [Popović, photos p. 88-89, 150-153;
en.wikipedia.org/wiki/File:Austrians_executing_ Serbs_ 1917.JPG, 2013.08.28]).
Les Serbes, maintenant soumis à une résurgence de la typhoïde, mais inspirés par
leur roi soldat, Pierre Ier, ancien saint-cyrien et légionnaire de 1870, entreprirent
fin novembre leur premier exode du siècle pour rejoindre leurs alliés occidentaux
sur l'Adriatique, au Sud-Ouest (décision comparable à celle du repli français sur
Bordeaux en 1870). Ayant payé droit de passage à travers les Alpes monténégro-
albanaises, une population d'un demi-million (sur les 4,5 millions de Serbes de
Serbie en 1914) – famille royale, roi septuagénaire malade, chef d'état-major
sexagénaire mourant, armée, reliques royales du Moyen-Âge, gouvernement,
députés, une partie des popes et moines, des dizaines de milliers de civils, vaches
et 20 000 (?) chevaux – tout un peuple s'engagea alors avec quelques vivres, après
avoir enterré ou détruit ses armes lourdes, sur les « sentiers enneigés » de
l'Albanie neutre, ayant à franchir des cols par – 25° C, au risque de ne plus revoir
son pays et d'avoir encore à dépendre d'alliés impuissants.
[52] N.T. — Tout en préparant sa retraite avec une armée toujours plus petite, la
Serbie avait mobilisé 30 000 adolescents comme réservistes en prévision de

d'entre eux (ils étaient des centaines, répartis sur notre territoire)

---

futures pertes. Poursuivis par les Bulgares, traqués par les loups, harcelés par des irréguliers albanais organisés par des agents autrichiens, abandonnés par le Monténégro qui avait capitulé, ayant épuisé leurs vivres et leur bétail, décimés par le froid, la faim et la maladie, troquant armes et vêtements contre du pain, réduits à manger du cuir et de la neige, les Serbes subirent 190 000 morts, dont 15 000 des adolescents, au cours de leur « longue marche ». Emmenant toujours leurs prisonniers avec eux, mais refoulés pendant plus d'un mois par leurs nouveaux alliés italiens (auxquels un traité secret signé avec la Triple Entente accordait le contrôle de la Dalmatie en cas de victoire) alors que l'aviation austro-hongroise les pilonnait, forcés de longer un littoral parsemé de marécages, les Serbes subirent 40 000 autres victimes. Ce n'est que lorsque Nicolas II menaça d'annuler l'envoi de brigades russes en soutien au front occidental et de se retirer de la Triple-Entente, voire de conclure une paix séparée avec les puissances centrales, que les marines italienne, française et britannique se décidèrent, malgré les risques représentés par la marine austro-hongroise, d'évacuer de la mi-janvier à fin février 1916 sur l'île grecque de Corfou l'armée serbe, le reste de ses jeunes conscrits, des milliers de civils et de Monténégrins, tous presque aussi squelettiques les uns que les autres. 2 000 autres adolescents succombèrent au cours de la traversée et plus de 10 000 autres militaires et adolescents devaient mourir à Corfou même, où les habitants leur offrirent hôpital, églises, écoles, locaux pour leur parlement, imprimerie, cimetière, etc. Intacte, la détermination des survivants était incarnée par le commandant Boumbachirévitch du 1er Bat. du 19e R.I. de la Div. Choumadiya, ancien de la garde du roi : « Retourner en Serbie est notre devoir ! Même si juste un d'entre nous doit y parvenir ! » (Corfou, mars 1916 [Tjouritch, 154].) Pendant que l'armée commençait à se réorganiser à Corfou, les Français, payés en or par le tsar, transférèrent 12 000 militaires serbes à Bizerte, en Tunisie, d'autres en Corse et en France métropolitaine (avec près de trois mille lycéens et étudiants sur les 6 500 adolescents ayant survécu), et enfin retransférèrent par tranches dès 1916 l'armée serbe rééquipée, soit 150 00 hommes, à Salonique pour reprendre le combat avec les Armées alliées d'Orient. Les soldats hésitaient à se départir de leurs fusils à cinq coups, datant des guerres balkaniques, pour uniformiser leur armement avec celui d'une armée coloniale française équipée de fusils à trois coups. Le lt-col. Boumbachirévitch (futur C.G. etc. [et att. mil. à Londres ?]), qui avait perdu un frère dans la défense de Belgrade et un autre en Albanie, réunit ses hommes avec leurs armes devant des caisses de fusils Berthier et fut bref : « Que de gloire nous devons à notre fusil ! C'est par lui que le monde entier a appris à nous connaître ! » Puis, s'approchant du premier fantassin avec un fusil français entre les mains, il dit : « Tiens, mon preux, donne-moi ton fusil, oui, ce fusil serbe par lequel tu as battu l'ennemi – et prends celui-ci, car c'est par celui-ci que tu vas libérer ta patrie – et ceux que tu aimes … et tous ceux que l'ennemi a réduits en esclavage ! » Les hommes avaient les larmes aux yeux. Ils chuchotaient entre eux, posaient leurs lèvres sur leurs vieux compagnons, les caressaient une dernière fois avant de les entasser, et acceptaient les fusils français en silence. (Tjouritch, 203-204; V. Obradovitch, Vojni muzej, Belgrade, 2014.01.14.)

avaient été envoyés au lycée de Poitiers pour y poursuivre leurs études. Ils étaient joueurs de football dans l'équipe du lycée. Je fis leur connaissance sur un stade à l'occasion des matches amicaux que nous disputions le dimanche après-midi contre d'autres équipes scolaires. Nous devînmes très vite amis. Tout ceci grâce à M. Guy qui nous avait invités à constituer une équipe, L'Étoile normalienne, la première de ce nom, créée par ma promotion; sur notre argent de poche, nous avions acheté les souliers à crampons et le maillot noir frappé sur la partie gauche d'une étoile rouge.

C'est dans cet hiver sinistre qu'éclata le 25 février le tonnerre de Verdun ([53]).

Devant le mur du *Courrier de la Vienne*, nous comprenions, terriblement inquiets, que le conflit prenait des proportions insoupçonnées jusqu'alors. À travers les commentaires écrits des communiqués officiels, à travers les relations d'un héroïsme incroyable, dans la répétition inlassable des villages et lieux de combat, nous réalisions que la tuerie atteignait tous les sommets.

Il me revenait alors, lancinant à la mémoire, le souvenir du fiancé de Marie-Louise Gauthier, la cousine germaine de Léon Gauthier. Cette jeune fille, orpheline, avait pu, étant titulaire du Brevet supérieur, obtenir un poste de surveillante d'internat, rétribué, à l'E.P.S. de Pont-Château, petite ville des Deux-Sèvres. Elle venait de temps à autre, selon ses possibilités, passer quelques jours chez mon cousin qui lui témoignait une vive affection. Nous avions vite, Liège, Regnault et moi, lié amitié avec Marie-Louise qui avait adopté un filleul de guerre. Nous taquinions gentiment cette marraine*, car nous avions compris, à travers quelques confidences, que la correspondance filleul-marraine avait abouti à des échanges affectueux, puisqu'aussi bien elle nous apprit un jour qu'elle venait de se fiancer.

Et en janvier 1916, au cours d'une permission de détente passée à Poitiers auprès d'elle, son fringant sous-lieutenant regagnait le front. Je le revois, au bras de Marie-Louise, sanglé dans un uniforme bleu horizon tout neuf, en bottes de cuir fauve, le

---

[53] N.T. — Bataille de Verdun (21 févr.-19 déc. 1916) : tentative allemande de prendre Verdun (pertes : 40 000 tués par mois de chaque côté pendant dix mois).

galon du képi miroitant dans la zone de lumière d'une ampoule électrique, descendant à pas rapides l'escalier qui conduit directement du plateau de la ville au pied de la gare. Il repartait…

Un mois plus tard, il était tué à la cote 304. Il portait l'écusson du 154ᵉ Régiment d'Infanterie qui appartenait, me semble-t-il, à la « Division de fer » ([54]).

Je n'ai plus jamais rencontré Marie-Louise. Elle partit de Pont-Château. Son cousin nous laissa entendre qu'elle avait été mentalement très éprouvée…

Ce premier semestre de l'année 1916 nous fut moralement pénible. Le pays entier demeurait suspendu à cette bataille de Verdun. Nous savions, quant à nous, que nous ne tarderions pas à rejoindre nos camarades de la classe 1917 (trois dans notre promotion) qui venaient d'être mobilisés. Grave et toujours méditatif, notre directeur, bon et pacifique par tempérament et par raison, contribuait à nous établir dans une forme de désespérance stoïque et silencieuse. L'esprit n'était guère à l'étude, mais la vitalité et un besoin physique de dépense venaient en dérivatif pour nous conduire le plus souvent possible sur les terrains de football.

Au début du deuxième trimestre, notre professeur de musique nous entraîna à la répétition de la marche militaire de sa composition, *Le Drapeau*. Il convenait en effet de l'interpréter et de la présenter, parc de Blossac, le 14 juillet, à l'occasion de la fête de bienfaisance organisée par la Croix-Rouge au bénéfice des blessés soignés dans les hôpitaux de Poitiers et à l'École normale.

Convient-il de porter un jugement sur cette musique et cette prose incantatoire voulant exalter et inspirer le sacrifice pour la patrie devenue, dans un tel danger, l'objet de tous les héroïsmes ? Il apparaît en effet facile de railler, longtemps après, cette époque. Pour moi, j'invite seulement les railleurs et les esprits forts à étudier de bien près le contexte international, politique et sociologique de ce début du siècle, et à acquérir une connaissance affirmée de la vie

[54] N.T. — Le 154ᵉ R.I. fut engagé à Verdun le 12 mars 1916. Après que les Allemands eurent commencé à attaquer le 20 mars avec quatre millions d'obus le secteur de la colline portant le nom de « cote 304 », l'altitude de celle-ci passa de 304 m à 297 m; 10 000 Français y furent tués en essayant de la défendre.

et des réactions des peuples et des hommes d'Europe au regard du visage que présentait alors ce continent.

À l'heure des grandes vacances, la promotion de troisième année était tout entière mobilisée, celle de deuxième année était réduite de moitié, la nôtre amputée de trois unités.

Les Grandes Vacances 1916 à Issigeac avec les Serbes

Fin juillet, je gagnais, emmenant avec moi pour toute la durée des vacances, mes deux nouveaux camarades serbes, Nikolitch et Naoumovitch. Notre amitié s'était affirmée dans la pratique réciproque du ballon sur les stades de Poitiers. L'intendant du lycée de Poitiers, qui disposait de crédits appropriés, avait accueilli avec intérêt la possibilité qui s'offrait à lui d'envoyer dans une auberge de campagne deux des jeunes réfugiés, pris ainsi en charge par une famille française.

Nikolitch était grand, maigre, romantique, les cheveux plats, les yeux enfoncés, noirs et ardents. Fils de colonel, il avait fait des études secondaires à Belgrade ([55]). Doué d'une étonnante propension pour les langues vivantes (à l'instar de nombreux Slaves), il avait acquis une connaissance étendue de la langue allemande, bonne de l'anglais, déjà convenable du français. Dilettante et volontiers indolent, on le sentait néanmoins sujet à des attitudes passionnées.

Naoumovitch était originaire de Leskovatz, petite ville de la Vieille Serbie, proche de la Macédoine, où sa famille exploitait une

---

[55] N.T. — Après avoir été occupée une douzaine de jours en décembre 1914, Belgrade, la capitale, avait été prise une seconde fois en octobre 1915 par les Austro-Hongrois et les Allemands, et Nikolitch avait échappé aux bombardements, à la pire épidémie de typhoïde de l'Histoire, et à la famine subséquente. (Belgrade devait être libérée par les troupes serbes et françaises en novembre 1918; les Serbes de Serbie ne seraient plus que trois millions et demi, et il ne resterait plus que deux hommes sur cinq dans le pays, dont le taux de pertes serait le plus élevé de la Première Guerre mondiale; ce serait l'époque où les soldats serbes offriraient leurs sœurs à leurs frères d'armes français qui, eux, auraient le deuxième plus haut taux de pertes.)

filature ([56]). Lui aussi avait fréquenté un collège. Robuste, un peu massif, laborieux et raisonneur (au bon sens du terme), il formait un contraste avec son camarade et, de fait, les oppositions étaient souvent vives entre eux. Il possédait également une formation déjà assurée des langues vivantes, mais il était doté à toutes fins et en permanence d'un petit dictionnaire de poche pour enrichir et fixer notre langue.

L'arrivée à Issigeac de ces jeunes « étrangers » (le terme était très employé à l'époque) était un événement, car le paysan périgourdin (comme les autres) ignorait parfaitement la géographie et à peine pouvait-il savoir où se situait la Serbie; quant à ses habitants...

Nikolitch et Naoumovitch étaient également laborieux et doués. Le premier, esprit vif et fin, étudiait notre langue dans la littérature, le second, dans la grammaire. Le premier s'essayait déjà à versifier, le second s'appliquait à des exercices écrits. Le premier recherchait un certain maniérisme dans le dialogue, le second s'efforçait d'acquérir le plus possible de vocabulaire. Romantique d'allure et de regard, soucieux de plaire, Nikolitch voulait séduire; positif et obstiné, Naoumovitch voulait s'instruire au maximum.

Dans le village, ils furent vite connus. Je les introduisis aussitôt dans le petit cercle de jeunes qui les accueillit avec curiosité et amitié : Henri et André Mercat, leur sœur Marie-Thérèse, Georges Lambert, Jeanne Sauvage, moi-même et, plus sporadiquement, des cousins de passage ou des amis en court séjour. Les promenades alternaient avec les conversations, le jeu de croquet mais, tous les jours, mes deux amis serbes réservaient plusieurs heures à leurs études.

---

[56] N.T. — Leskovatz avait été prise par les Bulgares en octobre 1915 et Naoumovitch avait échappé à son bombardement et aux pires exactions sur sa population serbe et tsigane, sur le clergé et sur le corps enseignant (3 000 tués pour la région; il y était interdit de prononcer le mot « serbe »). (Après le soulèvement de la Toplitsa en 1917 [unique résistance au sein des territoires occupés de la Grande Guerre], maté par les Bulgares [25 000 tués], et après la capitulation de la Bulgarie moins d'un an plus tard, Leskovatz devait être libérée des Allemands par les troupes serbes en octobre 1918.)

Ma grand'mère avait accueilli à l'auberge, sur recommandation indirecte, Marcelle B*** dont la santé nécessitait un long repos à la campagne. Sa famille était bien pourvue, son éducation avait été, semble-t-il, négligée et très libre. Nikolitch en tomba amoureux. Marcelle B*** était et savait être coquette. Nikolitch lui dédiait des poèmes. Plus âgée et d'un milieu très différent de celui de notre jeune Serbe, Marcelle B*** rechercha quelques relations disons, sinon mondaines, du moins à cette image et à l'échelle d'un village. Elle fut ainsi conduite à devenir l'amie et la confidente de Mme N*** dont le visage à l'orientale et l'affranchissement faisaient déjà un personnage un peu mythique.

Auprès de ces deux jolies jeunes femmes, Nikolitch brûlait de passion slave – en vain… et au point que pour prévenir toute action inconséquente (Nikolitch ayant menacé de recourir à une mort violente), Marcelle B*** quitta Issigeac.

Naoumovitch avait suivi cette crise en toute objectivité et maintes fois avait raisonné son camarade. Mais les deux adolescents étaient par trop dissemblables.

Septembre s'acheva. J'avais participé, cette année-là, aux travaux des champs. Une solide amitié s'était nouée entre Naoumovitch et Georges Lambert (⁵⁷). Henri et André Mercat

---

⁵⁷ L'été de 1916, Georges, orphelin de guerre depuis moins d'un an, se lia d'une vive amitié avec Naoumovitch. Ce fut le début d'une longue liaison dans laquelle Naoumovitch fut conduit à jouer un rôle important dans le déroulement de la vie de son ami. Fin 1916, nos chemins se séparent et durant une longue période nous perdons tout contact. Ce contact sera renoué par la venue de Georges à Bordeaux et nos « retrouvailles », hélas bien courtes. Une inclinaison spontanée nous avait conduits, ma femme et moi-même, vers Radmila. N.T. — Ayant repoussé les avances de Jeanne Sauvage qui épouserait Rémi Lauzely, Georges fut ensuite délaissé par sa première femme, parisienne, pour un commissaire-priseur et futur sénateur, ami de lui; divorcé, excommunié, isolé de sa mère remariée en 1920 à un aristocrate parisien à pince-nez, mais fasciné par l'Orient et les Tsiganes, il alla en Yougoslavie en 1936 retrouver Naoumovitch devenu ingénieur. Accueilli en fils de frère d'armes, il en revint l'année suivante, marié sans objection par le pope local, avec Radmila (nouveau-née au moment de l'investissement de sa ville par les Austro-Hongrois, alors que son père, ancien des guerres balkaniques, accolé par Pierre Ier dès 1910, escortait celui-ci à travers l'Albanie). Vivant seule, à la merci des décrets de dénaturalisation (voire de déportation), libre des remontrances xénophobes et des corvées de pot de chambre de sa belle-mère, précisément à Roumanou près Boisse pendant les

repartirent à Saint-Joseph, à Périgueux ([58]), leur sœur, à Jeanne-d'Arc, dans la même ville, et moi à Poitiers où j'allais endosser la redingote du normalien du Doyenné.

Mon cousin Paul Dubois allait retenir, bien gravé dans sa mémoire, cet épisode singulier de quelques semaines et en parler souvent en soudant et martelant le fer blanc. Mon grand-père, en paysan intransigeant, totalement étranger aux réactions et au comportement d'une jeunesse pour lui oisive et paresseuse, tonnait aux récits qui lui étaient rapportés des frasques et des états d'âme de Nikolitch et de Marcelle B***, la dévergondée.

Deuxième Année d'École Normale

Je rentrai interne : l'hôpital auxiliaire avait été fermé et mon cousin Gauthier venait d'être nommé directeur de l'E.P.S. de Tournus, en Saône-et-Loire. Finis les soucis d'argent, les réunions pédagogiques pour intérimaires, l'encre rouge sur les copies de Brevet supérieur du Cours Jarach. Le professeur de lettres, brillant pédagogue, allait trouver à s'exprimer à loisir et satisfaire ses goûts littéraires ([59]).

Je retrouvai Gaston Liège, Regnault mon copain de chambre et toute la promotion sauf deux (Charles et Durand), classe 1917, qui allaient être mobilisés; Regnault, de cette même classe, avait été réformé. Nous prîmes possession du Doyenné, le tailleur attitré de l'École normale coupa et ajusta nos redingotes d'uniforme, décorées au revers gauche de palmes brodées violettes et blanches. On nous dota aussi d'un uniforme moins académique. Il se composait d'une vareuse de laine noire, au col rabattu agrémenté d'un liseré rouge, fermant sous deux rangées de boutons dorés, et d'un pantalon de même tissu, également agrémenté du liseré rouge. Nous l'appelions « l'uniforme du facteur ». Nous le revêtions pour

missions de Georges pour sa compagnie d'assurances, Radmila serait amenée à ravitailler des maquisards en 1944, et elle lui donnerait un fils, Jean, trois ans plus tard.

[58] N.T. — Grand fumeur de cigarettes et probablement tuberculeux, Henri Mercat mourrait à l'âge de vingt ans.

[59] N.T. — V. Repères biographiques.

les sorties du jeudi après-midi et lors de celles qui pouvaient intervenir en cours de semaine. La redingote demeurait réservée pour les dimanches. Une casquette bleue comportant une visière de cuir portait une abeille dorée, gravée (insigne du labeur). Elle était entourée par un ou deux galons, ou même trois, selon que la promotion représentait la première ou deuxième ou troisième année d'études. Je laisse de côté les gants de peau noirs, accessoire indispensable lors des revues de détail du dimanche matin par le directeur.

Le lever était à cinq heures trente. À tour de rôle, un élève de première ou deuxième année se levait pour aller sonner la cloche dans la cour (la troisième année était dispensée de la corvée). Entre six heures et six heures et demie, après l'ablution à l'eau froide, on gagnait l'étude.

À tour de rôle aussi, deux d'entre nous allumaient le gros poêle au fond de la salle. Nous commencions à sentir sa chaleur lorsque sonnait le déjeuner, à sept heures trente. Enveloppés dans des manteaux ou pardessus, ces études du matin étaient sinistres à la lueur blanche des becs de gaz qui n'en finissaient pas de s'allumer.

La soupe à l'oignon où nous pouvions émietter du pain, fumait sur la table du réfectoire. En sous-sol, sombre, les fenêtres à petits carreaux au ras du sol, il apparaissait d'autant plus inhospitalier que M. Doury y disposait de peu de moyens financiers et le liquide café-chicorée qui accompagnait la soupe à l'oignon ne comportait ni beurre ni petit pain. Nous plaisantions quand même.

Avant la rentrée en classe, à huit heures, un élève de troisième et un de deuxième année allaient relever et contrôler les appareils placés dans une petite tour aménagée à cet effet dans un coin de la cour, et destinés aux prévisions météorologiques : baromètre, pluviomètre, thermomètre, hygromètre. Les résultats étaient soigneusement consignés dans un cahier *ad hoc*, et c'est ainsi que courant janvier 1917 nous allions connaître moins dix-sept degrés. Les baies du dortoir demeuraient cependant ouvertes pour que soient respectées les règles d'hygiène.

Une deuxième année de scolarité s'ouvrait donc devant nous, dans cette noble mais vieille demeure du XVIe siècle. Son déroulement nous était prévisible : un enseignement de fortune semblable à celui de l'année précédente, l'appel sous les drapeaux à brève échéance pour un grand nombre d'entre nous, et une préparation fragmentaire et désordonnée du Brevet supérieur. Néanmoins et en dépit de ces perspectives, l'organisation et le fonctionnement de l'école demeuraient identiques à ceux du temps de paix; nous acceptions les gênes et les contraintes de l'internat.

Le jeudi matin, nous participions à la mise en culture du terrain d'expériences et de démonstrations agricoles et arboricoles, car un bon instituteur rural devait pouvoir, dans le village, être guide et conseiller en matière de jardinage. L'après-midi, nous pouvions nous entraîner sur un stade et pratiquer le ballon rond. Le dimanche après-midi, nous disputions des matches contre d'autres équipes scolaires ou de certaines localités du département. Nous regagnions le Doyenné en devisant sur nos exploits ou nos insuccès. Souvent, le lendemain, avec M. Guy, nous en faisions le commentaire.

Cet hiver 1916-1917 fut rude, nos études chaotiques et bien peu efficaces. La bataille de Verdun continuait de boucher tous les horizons, la guerre par son caractère effrayant projetait son ombre partout, était présente dans toutes les actions. La classe 1917, qui avait été levée dans le courant de 1916, avait amputé les promotions de troisième et de deuxième année durant la période octobre 1915-septembre 1916. En février vint le tour de la classe 1918. Dix d'entre nous sur vingt (trois autres étant de la classe 1917) partirent dans leurs cantons d'origine respectifs se présenter devant le conseil de révision. M. Chadeyras, paternel et inquiet, avait évalué à sa façon les chances que nous pouvions avoir de revenir au Doyenné. Pour moi, il considérait que ma taille et mon poids pourraient conduire à l'ajournement. Brave homme nourri d'humanisme et de bonté foncière !

Dans le grand local du château des évêques d'Issigeac, siège de la mairie, quarante-neuf des conscrits présents sur cinquante et un furent, sans aucune formalité, déclarés « bons pour le service ». Des deux autres, l'un fut réformé pour début de tuberculose, l'autre, ajourné pour obésité.

Fin février 1917, nous subîmes les épreuves écrites du Brevet supérieur (l'oral était supprimé). Ce fut une formalité et on ne pouvait refuser le parchemin à ceux qui, peut-être, le laisseraient en souvenir à leurs parents.

M. Chadeyras, plus désolé que jamais, nous vit partir presque les larmes aux yeux. M. Doury soupirait dans un tablier écru, le regard songeur. Il n'avait qu'un enfant, « la P'tite Lily ».

* * *

V

J'Attaque Sans Peur
—
mes années de guerre

Mes Classes au 50ᵉ Régiment d'Infanterie à Périgueux

Selon notre appartenance géographique et les résultats obtenus au Brevet de préparation militaire, que nous avions obligatoirement préparé depuis notre admission à l'École normale, nous reçûmes une affectation appropriée.

La plupart de mes camarades, poitevins, furent incorporés au 125ᵉ Régiment d'Infanterie, à Poitiers, ou au régiment d'artillerie de la même ville [60]. Ce fut le cas de Liège, et déjà les artilleurs étaient considérés comme des « veinards », des privilégiés. La « casse » y était infiniment moins élevée que dans la « biffe ».

Je fus envoyé, comme périgourdin d'origine, au 50ᵉ Régiment d'infanterie, à Périgueux. Le rude entraînement commençait [61].

La caserne Bugeaud alignait ses grands bâtiments de part et d'autre de la voie ferrée Paris-Agen, tout près de la Tour de Vésone, dans les vieux quartiers de Périgueux. Elle prit en charge huit cents recrues originaires du Périgord, des Charentes, du Libournais. Les jeunes paysans étaient majoritaires, la France alors demeurait principalement rurale.

---

[60] N.T. — Le 49ᵉ Régiment d'Artillerie.
[61] N.T. — *J'Attaque* : devise du 50ᵉ R.I. *Sans Peur* : de la devise du 5ᵉ R.I.

La caserne Bugeaud

Le passage vestimentaire de l'état civil à l'état militaire fut simple, rapide et pittoresque. Dans une sorte de grand magasin à étagères, nous défilions tour à tour derrière de grands comptoirs pour recevoir, selon notre taille et notre « volume corporel » approximatifs :

– les treillis – ainsi dénommait-on un pantalon blanc-gris en coton et le « bourgeon », veste droite de même tissu à un rang de boutons;
– la tenue d'exercice – pantalon d'un tissu indéfini tant par sa couleur que par sa substance, et une sorte de veste étriquée, courte, épousant plus ou moins le corps, vêtement taillé à la diable dans des étoffes singulières;
– la tenue de sortie – pantalon apte à recevoir les bandes molletières et la vareuse droite, bleu horizon;
– des godillots cloutés et des chaussures dites « de détente », élément de luxe dans notre vestiaire;
– le calot à deux pointes plus ou moins aigües, en guise de couvre-chef;
– les sous-vêtements : caleçons, chaussettes peu moelleuses, et divers lainages dont un pull gris à col roulé.

Dûment dotés, nous fûmes initiés à la confection savante du paquetage. Le paquetage consistait dans la mise en plis et l'alignement, au-dessus les uns des autres, des vêtements et couvertures, dans un ordre et une rigueur tels que l'ensemble devait apparaître comme un haut rectangle de tissus divers, de même section carrée, à la base comme au sommet, à un centimètre près. Et gare à celui qui ne respectait pas ce principe harmonieux. Le sergent de semaine saccageait alors son paquetage et lui infligeait deux jours de retenue en quartier, c'est-à-dire une privation de sortie de la caserne après cinq heures du soir, ce qu'on appelait « quartier libre ». Car le paquetage était aussi un ornement de la chambrée. Sur toute la longueur de l'étagère qui courait le long des murs, au-dessus de chaque lit, les paquetages s'offraient à la comparaison. Un des meilleurs signes d'une camaraderie authentique était de recourir au montage savant d'un copain bien doué, sachant habilement utiliser les planchettes pour donner aux angles du paquet cette rigueur de construction géométrique qui remplissait de haute satisfaction le caporal de chambrée et, au-delà, l'adjudant lors de la revue de détail. L'apprentissage du paquetage était l'une des données de notre activité « ménagère » si l'on peut dire. Mais elle apparaissait essentielle au regard des gradés, du caporal à l'adjudant. La réputation de chacun reposait en partie sur la qualité de son paquetage. On prouvait ainsi un souci d'ordre, de propreté, de discipline.

D'autres activités, moins distinguées, nous appelaient chaque jour.

Le matin, la corvée du café : à tour de rôle, dans chaque chambrée, l'homme de café, dûment muni de solides récipients appropriés en fer étamé, se dirigeait, dès la sonnerie du réveil au clairon « Soldat, lève-toi (etc.) », vers les cuisines. Il se hâtait d'en revenir très vite pour pousser, aussitôt franchi le seuil de la porte, le traditionnel « Au jus, là-dedans ! » exclamation lancée sur un ton d'humour et de commandement à la fois. Venait alors la distribution au pied de chaque lit. Le breuvage emplissait les quarts. S'il était trop chaud, il brûlait les doigts, le fer blanc étant bon conducteur de la chaleur; s'il ne l'était pas assez, des hurlements variés s'élevaient à l'encontre du porteur des cruches. Les mieux pourvus, ou les plus prévoyants, accompagnaient leur « jus » d'un quignon de pain, avec du chocolat parfois. Les riches – ils se comptaient à l'unité dans une chambrée – partaient se sustenter plus confortablement à la cantine où ils s'offraient du lait et des œufs au plat.

Entre onze heures et midi, au retour de la manœuvre, c'était l'opération qui serait dénommée aujourd'hui « la grande bouffe » dans le langage vulgaire et qui se veut imagée d'un film satirique. Dans les réfectoires au sol cimenté s'étalaient, sur des tréteaux, de longues tables de bois (un bois qui avait dû être blanc), tout autour de longs bancs rustiques. Munis de notre gamelle, d'une assiette et du sempiternel quart, nous étions invités à dévorer la soupe, le ragoût, les « fayots » (haricots secs) et à nous abreuver des vingt-cinq centilitres réglementaires d'un vin au goût et aux couleurs changeantes. Le « pinard » et le « jus » constituaient en fait deux éléments mythologiques de la vie du troupier. Dois-je dire que le savoir-vivre et l'art de bien manger étaient absents de tels repas ? Mais nos appétits voraces, excités par des heures d'exercice, parlaient haut et fort, et il ne convient pas de décrire l'état dans lequel étaient laissés les tables et le sol. Et comme les moyens et les possibilités de propreté et d'ordre étaient des plus primitifs et des plus sommaires, c'est à grands coups de balais de sorgho, d'abord sur les tables, ensuite sur le sol, qu'étaient enlevés les reliefs variés et odorants.

Le soir, au souper, se répétait le même cérémonial.

Quant à la vaisselle individuelle, elle était rapide et simplifiée : dans de grandes bassines d'eau chaude, chacun venait « décrotter » l'assiette de fer ainsi que la gamelle et le couvert. Il suffisait ensuite de les passer sous un robinet d'eau froide dans la cour. La publicité des machines à laver et des produits chimiques était alors insoupçonnable. Et donc la diététique et la peur des microbes... Puis-je avancer aussi, mais me croira-t-on, que s'imposaient également d'autres corvées, moins fréquentes, il est vrai, que celle du « jus » et de la soupe, qui s'appelaient tout uniment « la corvée de ch... », et qui consistaient à transférer les lourdes « tinettes » au contenu, disons, excrémentiel vers des fosses *ad hoc* et à les remettre bien en place sous les orifices de pierre des W.C....

Les détails relatifs à notre complète « incorporation » achevés, nous étions aptes à la prise en main par les gradés, l'instruction proprement dite pouvait commencer.

Le commandant de la caserne et le responsable de notre entraînement était le capitaine Couvert. Il avait été blessé gravement et amputé du bras gauche puis affecté à l'instruction de notre contingent. Petit de taille, le visage coupant, la parole brève, sanglé dans un dolman noir, un képi rouge aux trois galons de son grade, il avait dû, sinon naître, du moins devenir très vite un prototype du sous-officier puis de l'officier plié à une obéissance et à une rigueur totales. Résistant, infatigable, il imprégnait de sa présence active les responsables de notre formation.

Son état-major comprenait exclusivement, d'une part des sous-officiers expérimentés et, dirons-nous, d'un certain âge, mais comptant de longs mois au front et d'instinct assez paternels, d'autre part un groupe de plus jeunes, d'allure plus sportive, qui s'étaient distingués au front et nous conduisaient plus vigoureusement.

Deux d'entre eux s'en détachaient : l'adjudant-chef Lacourrège, ingénieur-chimiste dans le civil, bordelais d'origine, ex-champion de France universitaire des 110 mètres haies, et un adjudant de carrière.

Le premier était plus particulièrement chargé du peloton des élèves-caporaux et sous-officiers. Le second avait, lui, mission de « galvaniser » la masse du contingent et de l'amener à une condition physique et à un état progressif d'endurance à l'effort soutenu. Le premier, grand et d'allure sportive, l'uniforme bien coupé, le képi volontiers penché sur l'oreille, nous plaisait par son comportement familier et ses possibilités et moyens de champion méthodique et sûr de lui. Le second, râblé et courtaud, solide et infatigable, prodiguait ses jurons d'encouragement dans une langue truculente, copiée en droite ligne des *Gaietés de l'escadron* de l'inoubliable Courteline; il n'était pas aimé, ni des caporaux et sergents ni de la troupe, et prenait un malin plaisir à manifester son inintelligente autorité.

Le matin, après le café noir du déjeuner et le ménage-entretien de la chambrée, c'était, dans la cour de la caserne, l'école du soldat et l'école de la section : alignement, marches cadencées, maniements d'armes, exercices physiques divers. L'après-midi, c'était l'école de la compagnie, la manœuvre au camp de Chamiers, dans la proche campagne de Périgueux : déploiement de tirailleurs, reptations diverses, progressions successives dans les prés, entraînement collectif aux actions offensives par la compagnie entière.

En alternance, nous partions aussi au champ de tir de la Rampinsolle, à sept kilomètres de Périgueux, par une route traversant une campagne sévère et solitaire, s'en allant desservir les villages silencieux d'un Périgord bien loin du monde, encore inconnu des citadins et des touristes. Sur des distances variant de deux cents à huit cents mètres, s'élevaient au rythme convenu et s'abaissaient également des silhouettes noires de bois ou de carton représentant les soldats ennemis. Elles se détachaient sur le fond blanc-crayeux de vastes carrières de pierre qui avaient été aménagées en conséquence. La séance de tir constituait bien sûr un exercice d'application et une démonstration concrète de notre familiarité avec le fusil Lebel*, mais c'était aussi pour nous, en dépit de la qualification professionnelle de tireur d'élite qu'on voulait nous faire acquérir, une sorte de recherche dans l'affirmation de ses possibilités physiques et mentales : équilibre du corps, sensibilité du bras et des doigts, acuité visuelle, sang-froid.

Fréquemment, et pour éprouver notre capacité de résistance, l'ordre était donné dans la nuit de nous équiper pour une longue marche. Rien ne devait être oublié et notre chargement, soigneusement arrimé et équilibré, accusant en fin d'entraînement un poids global de trente kilos environ, faisait l'objet d'une vérification précise au départ. Par Niversac, Saint-Laurent-sur-Manoire, à travers un paysage accidenté à dessein, nous accomplissions quinze ou vingt, parfois trente, kilomètres. Le retour à la caserne était l'objet d'attentions particulières; avant de pénétrer dans la ville, une halte permettait de mieux arrimer le sac, de remonter le ceinturon, d'ajuster la capote ou la veste d'uniforme. Un chant de circonstance accompagnait le martèlement cadencé de nos souliers ferrés. Il convenait d'offrir à la population une image réconfortante de son régiment.

Le peloton des élèves-caporaux et sous-officiers recevait un traitement particulier. Il avait été constitué quelques jours après l'incorporation en fonction de critères sociologiques et aussi d'une sorte d'examen probatoire visant à déterminer l'instruction et le savoir de chaque recrue. Quatre-vingts d'entre nous, soit dix pour cent, furent retenus : à peu près tous ceux qui étaient réputés étudiants ou scolaires y appartenaient. Nous fûmes répartis en quatre chambrées de vingt, réunis dans un même secteur de la caserne. Ma chambre comptait deux ou trois instituteurs en puissance, deux séminaristes, deux étudiants en droit, un boulanger instruit, etc.

Au hasard de la répartition dans l'ordre alphabétique, je me trouvai encadré par Gounin, instituteur de la Charente, et Du Pont du Chambon, fils de marquis du Libournais, étudiant. Nous devions très vite devenir de grands copains.

Le peloton ne possédait aucun privilège si ce n'est celui d'avoir pour animateur particulier le sportif adjudant-chef Lacourrège. Chaque jour, à dix-sept heures, alors que les exercices et manœuvres prenaient fin, nous étions gratifiés d'un complément de formation à base de sports variés et de performances individuelles. S'ouvraient pour nous, durant une heure, en tenue appropriée : la course du 60 mètres plat, du 110 mètres haies, du 400 mètres plat, le saut en hauteur, le saut en longueur. Nous montions au portique, à plus de quatre mètres de hauteur, par une échelle de bois rustique et, du haut de la poutre, apprenions à tomber dans le rectangle de sable, dans une chute où le poids du corps était savamment utilisé pour repartir sans heurt ni dommage physique. Certains jours, l'effort à déployer devenait dur. Il s'agissait, harnaché comme au combat, de franchir les obstacles les plus divers, de tomber dans « la fosse aux ours », d'en sortir en grimpant sur nos reins et nos épaules respectives, de hisser le dernier à bout de bras en lui assurant une emprise contre le mur vertical à l'aide de nos godillots.

Le clairon sonnait la soupe à dix-huit heures. Nous étions fourbus et affamés. Si la pitance était peu encourageante, ceux qui le pouvaient allaient compléter la gamelle en se dirigeant vers la cantine pour y absorber deux œufs au plat ou quelques tranches de viande froide.

Le dimanche était un jour faste : nous avions quartier libre. Du Chambon, Gounin et moi, nous convenions, selon l'état de nos finances, de déjeuner en ville. Sur les allées de Tourny, non loin de la statue du sage Montaigne, le restaurant Le Fénelon avait bonne réputation. Nous venions y apprécier une cuisine délectable au regard du « rata » de la caserne, et ma mémoire reste fidèle à des omelettes baveuses aux fines herbes et à quelque confit d'oie ou de porc. À deux pas, la terrasse du Café de Paris empiétait sur la rue. Le Café de Paris passait alors, à Périgueux, à la fois comme un lieu de perdition et une halte entre copains. Dans une arrière-salle, relativement vaste, se jouait une revue. Elle tenait l'affiche plusieurs semaines. Les « embusqués » et les profiteurs de guerre venaient y encourager les actrices de petite vertu qui constituaient la troupe, laquelle magnifiait à sa manière l'héroïsme du poilu. Et pour ceux, dont nous étions, qui devaient sacrifier le spectacle à la bouffe, restait néanmoins le plaisir d'un vrai café dégusté sur la terrasse, en échangeant de bons propos dans la fumée du gros cigare que s'offrait, ce jour-là, Du Pont du Chambon.

Les semaines s'écoulaient, l'entraînement s'intensifiait.

Vers juin ou juillet, le capitaine Couvert fit procéder par ses adjoints à la sélection de ceux qui, dans le peloton, paraissaient les plus aptes à être envoyés à Bergerac, caserne Chanzy, au peloton des élèves-aspirants ([62]). L'aspirant se situait, dans la hiérarchie militaire, entre l'adjudant, le grade le plus élevé du cadre des sous-officiers, et le sous-lieutenant, le grade le moins élevé dans le cadre des officiers. Il était destiné en fait à tenir le rôle de chef de section – comme le sous-lieutenant – et à être promu officier au front. Le galon de l'aspirant était un V renversé, doré, mais dans lequel

---

[62] N.T. — La caserne Chanzy de Bergerac était la caserne du 108e R.I.

courait un fil rouge, signe distinctif. Ce peloton regroupait les jeunes recrues sélectionnées des pelotons d'élèves-caporaux et sous-officiers des régiments relevant de la 12e Région militaire (la nôtre) et les recrues originaires de la 1re Région militaire (régiments de la région de Lille repliés dans la 12e Région). Soucieux d'une sélection efficace, le capitaine Couvert décida que quinze d'entre nous seulement serions désignés, et non trente ou plus comme il avait été envisagé. Avec trois séminaristes, deux ou trois étudiants dont de Boisson, neveu d'un général, six instituteurs (il n'y avait ni Gounin ni Du Pont du Chambon), nous partîmes pour la caserne Chanzy.

Le stage dura trois semaines. Dans de mauvaises conditions de température – il faisait très chaud – et matérielles à tous égards, nous fûmes appelés à subir un entraînement militaire intensif. Les critères de notation reposaient sur les « performances » de chacun et aussi sur ses connaissances intellectuelles vérifiées en fin de stage par des exercices appropriés. Le 50e d'Infanterie ne brilla pas. Six seulement sur quinze furent retenus pour partir à Saint-Cyr ou à Versailles recevoir la formation destinée aux aspirants (quelques semaines) avant de monter au front. Nous revînmes à Périgueux, mais sans complexe d'infériorité.

Le capitaine Couvert était furieux. Nous eûmes l'occasion d'apprendre par la suite que l'officier chargé du tri à Bergerac rejetait a priori les instituteurs – les idéologies demeuraient encore fortes selon les catégories socio-professionnelles, dirions-nous aujourd'hui. Il avait retenu de Boisson, les trois séminaristes et deux étudiants.

Je retrouvai ma chambrée, Du Pont du Chambon, Gounin et les copains de peloton, et je fus appelé par l'adjudant-chef Lacourrège aux fonctions de chef choriste. En juillet 1916 à Poitiers, j'avais été au nombre des choristes qui interprétaient *Bleu, Blanc, Rouge* à Blossac, œuvre de notre professeur de musique de l'École normale. Et maintenant, j'étais appelé à discipliner quatre-vingts voix et à bien faire scander un répertoire où s'entremêlaient la jolie fille Madelon, consolatrice du soldat, et la gloire séculaire de la France. Il était de bon ton et psychologiquement efficace, pour assurer une mise en train enthousiaste aux séances d'éducation physique, de bien rythmer au préalable *La Madelon, Le Chant du départ, La Marseillaise* et maints hymnes de circonstance [63]. Formant au pas cadencé un large cercle au centre duquel je me tenais, j'assurais le rythme et donnais la tonalité. J'avais progressé au plan artistique et patriotique…

L'été s'en allait; aux heures de quartier libre nous allions boire des bocs à la terrasse du Café de Paris.

Un jour de septembre éclata une nouvelle inattendue. Tout le contingent devait embarquer le soir pour une destination inconnue. En fin d'après-midi, en gare de Périgueux, nous attendait le convoi traditionnel des wagons destinés à la gent militaire et sur lesquels se détachaient les inscriptions devenues célèbres, « Hommes 40 – Chevaux (en long) 8 ». Harnachés de pied en cap, trébuchant au tintement des gamelles et des bidons, nous prenions possession de notre habitat roulant et nous apprîmes que notre destination était le camp de La Courtine.

Prélude

La Courtine est une minuscule commune tapie au pied du plateau de Millevaches qui étend à l'infini, à 1 200 m d'altitude, ses landes et ses bruyères battues d'un vent froid, ou enneigées tôt. On atteint le camp militaire, de très vaste étendue, par une voie ferrée accidentée du Massif Central. La petite gare de Sornac-Saint-Rémy, sur ce trajet, canalisait le trafic vers le camp qu'on atteignait, à pied, après huit ou neuf kilomètres de marche. En cours de route, nous apprîmes pourquoi nous étions envoyés à La Courtine.

Dans le courant de l'année 1916, pour témoigner de la solidarité qui unissait dans la lutte commune les armées de la République et celles de l'Empire russe, deux divisions russes avaient été envoyées en France, sur le front de combat [64]. Toutefois, au

---

[63] N.T. — *La Madelon* (1914), paroles de Louis Bousquet (1870-1941), musique de Camille Robert (1872-1957); *Le Chant du départ* (1794), paroles de Marie-Joseph Chénier (1764-1811), musique d'Étienne-Nicolas Méhul (1763-1817); *La Marseillaise* (1792), de Claude Joseph Rouget de Lisle (1760-1836).

[64] N.T. — Après avoir été sollicités par les Français en décembre 1915, les Russes leur envoyèrent, en échange d'armes, de munitions et d'un secours à

mois de mai 1917, à la suite de l'échec combien sanglant de l'offensive Nivelle au Chemin des Dames, des mutineries éclatèrent dans plusieurs régiments d'infanterie français [65]. Le carnage avait été si douloureusement ressenti par les soldats qu'il avait donné naissance à une complainte désespérée, poignante dans sa résignation tragique [66] :

> Adieu la vie, adieu l'amour
> Adieu toutes les femmes
> C'est bien fini, c'est pour toujours
> De cette guerre infâme
> C'est à Craonne sur le plateau
> Qu'on doit laisser sa peau
> Car nous sommes tous condamnés
> Nous sommes les sacrifiés

---

apporter aux Serbes acculés à l'Adriatique, quatre brigades d'infanterie totalisant quelque 44 000 soldats; la première (n° 1), composée de Moscovites et de Samariens, débarqua à Marseille en avril 1916 et défila à Paris le 14 juillet; la deuxième (n° 3), composée de Sibériens et d'Estoniens, débarqua à Brest et à La Rochelle en août; en octobre, la première brigade comptait 500 tués et la seconde, quelque 250, pour leur apport à la défense des secteurs de Suippes et de Reims, pendant que les Français se concentraient sur la défense de Verdun. (Les deux autres brigades [n°s 2 et 4], débarquées en France fin 1916 et mi 1917, furent envoyées, probablement via Brest et Toulon, renforcer l'armée française d'Orient, dans les Balkans.)

[65] N.T. — L'offensive française au Chemin des Dames (Aisne, à l'Ouest de Verdun), prévue pour être décisive, dura du 16 avril au 24 octobre 1917 (temporairement suspendue au début); son échec coûta 350 000 hommes aux Alliés (130 000 Français sur dix jours du début, ou 200 000 Français pour les deux premiers mois). Durant ce mois d'avril 1917, les deux brigades russes avaient libéré deux positions et Courcy et Sapigneul, et fait un millier de prisonniers allemands, tout en perdant 4 542 hommes (elles furent citées à l'Ordre de la Ve Armée). Cependant, le mois suivant, des mutineries se propagèrent à plus de 150 unités françaises.

[66] N.T. — La *Chanson de Craonne*, chantée par des soldats français entre 1915 et 1917, sera interdite jusqu'en 1974. (Craonne [Aisne] : 1. Lieu d'une des dernières victoires napoléoniennes à la Pyrrhus sur des Coalisés russo-prussiens supérieurs en nombre [mars 1814; pertes françaises : 5 400 hommes, dont neuf maréchaux et généraux]. 2. Partie du secteur du Chemin des Dames qui reçut cinq millions d'obus allemands et subit 30 000 tués et 100 000 blessés français entre les 6 et 16 avril 1917.)

Le prestige, l'autorité, l'humanité du général Pétain, le vainqueur de Verdun, permirent un dénouement relativement heureux de ces mutineries ([67, 68]).

Psychologiquement, elles eurent de graves répercussions auprès des deux divisions russes. Déjà « travaillés » secrètement par des émissaires et des propagandistes défaitistes, émanation de l'appareil révolutionnaire clandestin russe, les soldats du tsar refusèrent un jour de « monter » en ligne et obéirent à des consignes visant à remplacer l'autorité des officiers par celle de soviets*.

L'affaire était grave. La Russie était sur la voie de la désorganisation et de l'effondrement. Dans l'attente d'une décision à prendre à leur égard, les Russes furent transportés, sous garde armée, au camp de La Courtine. Il était permis de penser qu'une solution pourrait intervenir, susceptible d'être acceptée par ces mutins ([69]).

---

[67] N.T. — Le g^al Pétain, jugé insuffisamment combatif ou trop pessimiste, fut remplacé au milieu de la bataille par le g^al Nivelle et c'est celui-ci qui assura le dégagement de Verdun fin 1916, grâce au système de roulement des unités instauré précisément par le g^al Pétain pour maintenir leur combativité.

[68] Il y eut un nombre très réduit de soldats fusillés. N.T. — L'Italie et la France seraient les pays ayant eu le plus de fusillés. Quelque 200 et 260 soldats français avaient déjà été fusillés en 1914 et 1915. (Il y eut aussi des exécutions pour l'exemple, même de soldats pris au hasard, et des exécutions sommaires de civils tout comme de militaires : le 24 août 1914, pour un soldat trouvé sans arme derrière une haie, un général aurait ordonné, sans discussion : « Fusillez-le de suite ! » Le même mois, un officier français se repliant aurait fait exécuter un paysan belge pour avoir insinué que la peur le faisait battre en retraite.). Sur les 554 mutins de 1917 condamnés à mort, il n'y aurait eu que 49 exécutions. Sur 2 400 soldats français condamnés à mort pendant la Première Guerre mondiale, 600 auraient été fusillés; le nombre d'exécutions sommaires est inconnu.

[69] N.T. — Le tsar avait abdiqué le 2 mars 1917 et avait été remplacé par un gouvernement provisoire social-démocrate, en concurrence avec des soviets (situation comparable à celle de la Commune de Paris). Quatre semaines plus tard, les Allemands faisaient passer les principaux révolutionnaires exilés, de Suisse en Russie. À la mi-juin, les 16 300 survivants russes et leurs 1 700 chevaux avaient été retirés du front. Une fois à La Courtine, alors que les Français étaient expulsés du camp, quelque 6 400 Russes de la seconde brigade, d'origine principalement paysanne, s'étaient détachés de l'autre brigade, trop politisée, pour s'installer à une vingtaine de kilomètres plus loin; ils participèrent aux travaux des champs des paysans français la majeure partie de juillet et furent évacués sur Bordeaux (où une douzaine d'entre eux devait y mourir). Les 9 900 Russes

*

Dans un premier temps, le camp fut encerclé ([70]). Sur le plateau de Millevaches, qui domine le camp, fut établie une ligne continue de petits postes de guet et d'observation d'où partaient jour et nuit les patrouilles de surveillance. Nous avions édifié des abris de branches, de brandes et de feuilles pour dormir. Le vent était dur, les nuits, froides. On battait la semelle entre deux étapes de sommeil. Au cours de nos rondes, nous découvrions quelques fermes, adossées à une anfractuosité du plateau, basses et grises, lourdes sous leur granit. Dans la pièce centrale et souvent unique, au sol de terre battue, nous débattions l'achat de pain de seigle, de fromage du pays, parfois de jambon. Des granges qui jouxtaient la maison s'élevaient les senteurs âcres du mouton et de la chèvre. Les contacts étaient cordiaux avec cette population rude et méfiante, frugale par nécessité, rivée au sol ancestral.

Plusieurs semaines s'écoulèrent. Toutes les tentatives de dialogue échouèrent. En septembre, aucune négociation n'avait pu aboutir ([71]).

Les Russes, plus ou moins bien ravitaillés et nourris, noyau dur et dangereux, fanatisés, constituaient des éléments plus qu'indésirables dans ce coin reculé du Massif Central au regard des populations paysannes apeurées. Selon les renseignements recueillis mais rapportés avec les réserves nécessaires, c'est un contingent d'environ huit cents hommes qui aurait été ainsi isolé dans les locaux et baraquements du camp – contingent déjà gagné à la cause bolchevique. On a prétendu qu'officiers et sous-officiers russes

restant au camp essayèrent, même après l'arrestation de leurs meneurs, de négocier leur retour en Russie avec leur général resté à l'extérieur avec des émissaires du gouvernement provisoire qui doutaient de leur loyauté.

[70] N.T. — Le blocus du camp commença le 4 août 1917 avec des unités d'infanterie, de cavalerie et d'artillerie provenant d'une douzaine de régiments français, soit 5 500 hommes. Les mutins virent leurs rations diminuées et leurs soldes supprimées. Le 15 août, 2 700 des fantassins-paysans russes, triés sur le volet et ramenés de Bordeaux, furent ajoutés au dispositif de blocus; ils furent rejoints début septembre par un détachement de 750 artilleurs russes provenant d'une brigade d'artillerie déviée de son chemin de Salonique; les Français fournirent mitrailleuses, munitions, projecteurs et personnel technique.

[71] N.T. — Les civils français furent évacués des environs les 12 et 13 sept.

auraient été tués par cette troupe ([72]). Il fut alors décidé de mettre fin à une telle situation et de réduire les intraitables par la force. Nous apprîmes un matin qu'un régiment d'infanterie (le 19e me semble-t-il) et une fraction d'un régiment d'artillerie avaient été rappelés du front pour réduire les mutins.

De fait, après plusieurs ultimatums, des obus de 75 pilonnèrent les locaux où s'étaient retranchés les Russes. Un assaut à la grenade conduit par les fantassins acheva la tuerie. Si le nombre de morts ne relève pas d'une statistique exacte, les traces des obus demeurent visibles sur plusieurs bâtiments du camp ([73]).

Le gouvernement français, après des tractations non révélées encore, réussit à obtenir l'accord de la grande majorité des mutins pour leur désarmement d'une part, et d'autre part pour leur envoi en Afrique du Nord pour y travailler dans les mines de phosphate. Telles sont néanmoins les informations qui filtraient à l'époque sur cette sombre révolte ([74]).

[72] N.T. — Les officiers russes traitaient leurs hommes avec violence. Le premier meurtre commis sur un officier avait eu lieu dès le débarquement des troupes, à Marseille; il y en aurait eu d'autres au front.

[73] N.T. — Le dernier ultimatum du général russe eut lieu le 14 septembre 1917; les vivres furent coupés. Le canonnage commença le 16 septembre; le 17, 7 500 mutins se rendirent et furent fait prisonniers; le 18, les Russes venus de Bordeaux furent envoyés à l'assaut; les blessés furent achevés sur ordre des officiers; le 19, les 100 derniers survivants se rendirent. Les loyalistes et les Français subirent trois tués. Les sources font varier le nombre de mutins tués de huit à plus de 150, si bien que le compte n'y est pas pour 2 150 d'entre eux (leurs morts furent enterrés de nuit dans des fosses anonymes). (Adam; Expeditionskorps der Russischen Armeen in Frankreich, de.wikipedia.org, 2013.04.10; Mutinerie des soldats russes, encyclo.voila.fr, 2013.04.10.)

[74] N.T. — Les troupes d'assaut, honteuses et imprégnées des idéaux de leurs victimes, furent renvoyées sur Bordeaux (21-22 sept.); les troupes françaises se retirèrent les deux jours suivants. Une centaine de prisonniers sera jugée par un tribunal militaire russe à Bordeaux. Le contingent russe étant désormais suspect, 10 000 de ses hommes seront assignés à des tâches militaires subalternes, 1 300 seront déportés aux travaux forcés en Algérie, 300 seront internés. Cependant, 450 Russes (dont le futur maréchal soviétique Malinovski [L.H., C.G.]) continueront la guerre au sein du 8e Zouaves de la Division Marocaine (engagements : fin avr. 1918, Villers-Bretonneux; fin mai : près Soissons; 2 juin : charge de cavalerie aux abords de la forêt de Retz [sahs-soissons.org/pdf_fede/Tome_007_page_160.pdf]; mi-sept. [1re Div. Mar.] : plateau de Laffaux). Plus de 10 000 Russes seront rapatriés à Odessa de fin 1919 à sept. 1920.

En octobre 1917 explosait la Révolution russe. Le drame de La Courtine en représentait en France l'un des prodromes. Début octobre, nous revenions à la caserne Bugeaud.

Interlude

L'automne s'annonçait et, avec lui, le départ éventuel pour la zone des armées. Notre entraînement à Périgueux allait prendre fin. Les jours raccourcissaient, les exercices s'achevaient plus tôt.

Un après-midi de novembre gris et pluvieux nous rassembla dans la chambrée. Nous pouvions pressentir ce départ attendu avec quelque angoisse. L'un de nous cria tout à coup : « Des marraines ! » La marraine était devenue, pour le « guerrier », à la fois la dispensatrice des biens matériels (colis reçus dans les tranchées ou les abris) et le lien affectif au plan social (la famille étant un tout autre élément). Et la chambrée reprenait en chœur : « Des marraines ! »

L'un de mes copains de chambrée s'appelait Béchade. Il était originaire de Saint-Antoine-sur-l'Isle où résidait sa famille. Il enchaîna, comme suite à nos hurlements, et me dit : « Hibrant, je connais bien une jeune fille de chez moi qui voudrait un filleul de guerre, plus spécialement si possible un normalien. Je la mettrai au courant de notre quête de marraines. En revenant de permission je te donnerai son adresse. »

Ainsi fut fait. Fin novembre, j'entrais en correspondance ([75]) avec Georgette Trimoulet, fille du boulanger de Saint-Antoine-sur-l'Isle.

L'hiver approchait. Par « paquets » successifs, la caserne Bugeaud se vidait de ses soldats. C'était le départ, en renfort, dans la zone des armées, une étape de quelques semaines avant de monter au front. Une permission nous était octroyée à cette occasion.

J'allais donc la passer à Issigeac fin décembre 1917. En franchissant d'un bond, à la descente, le petit escalier de bois qui donnait accès à la cuisine de l'auberge, je me foulai sérieusement la

---

[75] N.T. — V. plus bas : « une correspondance suivie depuis le début de 1918 […]. ».

cheville droite. Je fus hospitalisé à l'hôpital militaire de Bergerac et regagnai la caserne seulement trois semaines après. Cet accident – incident tout fortuit – me valut d'appartenir au dernier convoi et d'être dirigé vers ce qu'on appelait un « bataillon de marche* », dans le secteur de Mantes-la-Jolie. J'y arrivai fin janvier 1918.

Nous étions cantonnés à Dennemont, joli village qui s'allongeait en bordure de la Seine paresseuse, évocateur de promenades en canot, des paysages de Renoir, et à Follainville, bourgade rurale sur le plateau, distante de quelques kilomètres seulement de Dennemont, tous les deux proches de Mantes bien nommée alors La-Jolie par sa position géographique et son environnement verdoyant et bucolique. Marches, entraînement physique, exercices divers intenses étaient, là aussi, nos activités quotidiennes.

Mais je me retrouvais seul : Gounin, Du Pont du Chambon, Béchade, Lambert, tous ceux de ma chambrée du 50ᵉ avaient été dispersés au hasard des départs en renfort pour les divers bataillons de marche. Dennemont offrait occasionnellement la seule ressource d'un café-guinguette au bord de l'eau et une visite aux blanchisseuses. Elles étaient trois sœurs à qui nous confiions l'entretien de notre linge. Jeunes, rousses, rieuses et peu farouches, mais laborieuses sous l'autorité d'une mère qui savait tirer profit de la clientèle de grands adolescents, ces trois filles apportaient leur sourire et leur bonne humeur, ayant appris ce faisant, à détourner momentanément nos inquiétudes latentes sur notre proche devenir et à témoigner ainsi, à leur manière, par des propos enjoués, d'une sorte de tendresse féminine, intuitive à notre égard. La plus jeune des trois, aux yeux bleus, a passé dans ma vie comme une ombre.

Au Front avec le 5ᵉ Régiment d'Infanterie

Courant avril 1918, équipés à neuf en totalité, nous fûmes affectés à une unité combattante. Je débarquai un soir dans le secteur Château-Thierry – Villers-Cotterêts, désigné pour appartenir au 5ᵉ Régiment d'Infanterie, versé à la 5ᵉ Compagnie (5ᵉ Division, commandée par le général Mangin) (⁷⁶).

Il m'apparaît superflu, tant d'ouvrages ayant été publiés sur la vie au front, les tranchées, le repas au village, les corvées, les combats, l'attente, la peur, la montée en ligne, de retracer à titre personnel ce qui a été rapporté, en termes si poignants, par Maurice Genevoix, Henri Barbusse, Roland Dorgelès. Je renvoie donc surtout à ce dernier, au livre si humain, si désespérant, si tragique

---

⁷⁶ N.T. — Devise du 5ᵉ R.I. : *Navarre Sans Peur*, du cri de guerre de son chef, « *En avant, Navarre, sans peur!* », lancé à la bataille de Jemmapes, première victoire militaire du régime républicain (6 nov. 1792). De mai 1917 à novembre 1918, le 5ᵉ R.I. fit partie de la 5ᵉ D.I., commandée par le gᵃˡ de Roig-Bourdeville (de juin 1916 à juin 1920, à la suite du gᵃˡ Mangin qui l'avait commandée depuis le début de la guerre). Cette division fut rattachée à la Xᵉ Armée au retour de celle-ci d'Italie pour mieux résister à l'offensive allemande du printemps 1918 (tout comme deux divisions italiennes intégrée à la Vᵉ Armée); le gᵃˡ Mangin commanda cette Xᵉ Armée de la mi-juin 1918 à la mi-octobre 1919. Renforcée par une cinquantaine de divisions redéployées du front russe depuis la chute du régime tsariste l'automne précédent, cette offensive allemande avait progressé jusqu'à 70 km de Paris et mis la capitale à portée de nouveaux canons lourds (110 km), tout en essayant de séparer les Britanniques des Français en attirant ces derniers une seconde fois vers la Marne (21 mars-18 juill.), avant qu'une demi-douzaine de divisions américaines ne soient complètement déployées. Les opérations de 1918 du 5ᵉ R.I. auxquelles l'auteur fait allusion sont les suivantes : 28 févr.-13 juin, Champagne, secteur Suippes (2-5 juin, troisième bataille de l'Aisne); 16 juin-13 juill., repos près Rumigny et instruction coordonnée avec chars d'assaut; 13 juill., en camion vers Saint-Leu-d'Esserent; les 17-18, vers Villers-Cotterêts; le 18, 4 h 5, engagement (bataille du Soissonnais, les Allemands se replient pour éviter l'encerclement); le 19, prise de la ferme d'Edrolles; le 20, libération de Billy-sur-Ourcq; le 21, prise de la ferme de Géromesnil; le 25, fin du nettoyage du bois de la Baillette, libération d'Oulchy-la-Ville par la division, le régiment fait 240 prisonniers, capture 12 canons, cumulant une avancée de 12 km et atteint la nationale Château-Thierry – Béthune (citation du rég. [lᵗ-col. Roustic] à l'Ordre de la Xᵉ Armée); 27 juill.-27 août, repos de relève (7 août : les Alliés ont repris le terrain perdu au printemps; 9 août : fin des tirs d'artillerie sur Paris [plus de 250 morts et 600 blessés civils depuis le 23 mars]; les 18-26, repos près Grand-Rozoy et instruction); les 27-28, tente de franchir l'Aisne; les 29-31, franchit l'Aisne; 2-5 sept., progresse de 12 km, prend quatre villages (dont Bucy-le-Long et Vregny), fait 450 prisonniers, capture canons et matériel (citation du rég. [lᵗ-col. Boge] à l'Ordre de la Xᵉ Armée); le 6, aux abords de Nanteuil-la-Fosse; les 7-14, en réserve en 2ᵉ ligne près Vregny; les 14-17, lente progression vers Sancy (le 15, repousse une contre-attaque); les 18-26 sept., transport vers le Pas-de-Calais et le front des Flandres. (Anonyme; Lecoc. 16 sept. : fin des bombardements aériens de Paris.)

156

qu'est *Les Croix de Bois*. Et j'évoquerai seulement, à titre d'illustration concrète, deux épisodes limités dans le temps, mais que je me permets de considérer comme figuratifs.

Le premier se situe dans la région de Longpont, entre Château-Thierry et Soissons. L'offensive du printemps des Allemands avait contraint les unités engagées à une retraite meurtrière. Le régiment avait été décimé, l'avance allemande si rapide que les morts n'avaient pu recevoir de sépulture.

Après notre contre-offensive, dans le courant d'août, lors de ce qu'on nommait la « reprise du terrain », nous fûmes appelés à retrouver les mêmes champs de bataille. Épars dans les champs de trèfle et de luzerne fleuris de coquelicots, les morts étaient là, recroquevillés, hideux, décomposés, désarticulés et cependant, reconnaissables, mêlés, français, allemands. C'était insoutenable. Je ne peux, depuis lors, revoir fleurir les coquelicots sans retrouver cette hantise, sans l'étreinte de cette piété…

Quelques jours plus tard, la retraite allemande se précisant et s'accusant, les dispositions étaient prises, après la libération de Soissons où nous couchâmes trois nuits dans les caves, pour précipiter cette retraite en vue d'éviter le retranchement de l'ennemi sur le Chemin des Dames. L'Aisne franchie sur un pont de bois à Vailly, il convenait de reprendre les villages qui y donnaient accès.

Le 30 août, dans l'après-midi, vers quatorze heures, l'ordre d'attaque fut déclenché, aux abords de Bucy-le-Long, afin de s'emparer des fermes et sucreries pouvant constituer autant de points de résistance. À découvert, dans les champs de betteraves, nous progressions par bonds, tapis dans les entonnoirs, supportant, repliés sur nous-mêmes, le crachement des mitrailleuses et le sifflement des shrapnels. La petite voie ferrée qui courait le long du champ, servant aux wagonnets transportant les betteraves, criblée de balles rasantes, formait une ligne d'étincelles.

Accroupis au fond d'un trou avec trois camarades, nous attendions une accalmie problématique. Bien que la croyance, plus que l'expérience, prétendait qu'un obus ne tombait jamais dans le même trou – était-ce intuition mêlée à l'instinct animal de conservation ? – je me dégageai en rampant vers l'arrière, ayant distingué non loin une sorte de levée de terre derrière laquelle un abri moins précaire pouvait être trouvé. Quelques instants plus tard, l'éclatement tout proche d'un obus me fit bondir vers l'avant, coûte que coûte, la mort pouvant être – réflexe mental – mieux affrontée en essayant, dans une course rapide, de franchir le tir de barrage qui paraissait s'allonger vers l'arrière. Au fond de l'entonnoir, rigides, la peau noircie, mes trois camarades gisaient, paraissant exsangues. Ils avaient été littéralement « soufflés » par l'explosion.

Je parvins à la sucrerie, objectif de notre compagnie. Les défenseurs avaient été tués, la canonnade s'estompait, de place en place apparaissaient quelques prisonniers, plus loin des meules et des hameaux brûlaient…

Je rejoignis tant bien que mal ma compagnie le lendemain matin après avoir couché au pied d'une meule de paille. Le poste de commandement de la 5e Compagnie s'était installé dans une cagna à l'entrée de Bucy-le-Long. On me croyait « disparu ». Dénombrés à l'effectif de soixante-cinq le 30 août, nous demeurions trente-cinq. Le sous-lieutenant Labbé (19 ans, seul officier) me donna mission d'assurer la liaison avec les sections engagées dans les jours à venir. Exténué, dans l'attente d'un autre lendemain, je m'endormis dans la cagna, sur des fils de fer que soutenaient quatre piquets.

Le 1er septembre fut une veillée d'armes. Les Allemands se maintenaient dans le village. Dans la nuit, ils avaient bombardé un peu au hasard, tant bien que mal. La cagna était profonde, c'était eux qui l'avaient creusée. Les bruits sourds des éclatements nous devenaient familiers. Au matin, les instructions furent données. L'attaque du village aurait lieu le 2 septembre au début de l'après-midi, sous le couvert de l'action de cinq tanks légers Renault.

À l'heure H, l'effet de surprise joua. Les tanks débouchèrent à toute allure dans le village. Munis de petits canons de 37 mm, ils avaient pour mission de neutraliser les nids de mitrailleuses pour permettre aux fantassins qui les suivaient en s'abritant derrière eux, d'occuper les maisons et les caves où se dissimulaient les Allemands et de favoriser, à travers les soupiraux, le jet de grenades. Par l'une des meurtrières du clocher du village, le tir d'une mitrailleuse se révélait particulièrement redoutable. De l'un des tanks jaillit un premier obus. Il était trop à droite. Le deuxième frappa à gauche; le troisième explosa dans la meurtrière. La mitrailleuse se tut. La progression devint alors étonnamment rapide.

J'avais mission de rapporter au lieutenant les phases successives de cette avancée, de transmettre ses ordres aux chefs de section et d'assurer une liaison pour l'orientation des combats. J'étais bon coureur, agile, sachant pratiquer le plat ventre aux points dangereux. J'étais vêtu d'une manière appropriée, avec un seul mousqueton* en bandoulière.

Des caves sortaient, les bras levés, des prisonniers. Beaucoup étaient aussi très jeunes, transportant dans leur musette, une boule de pain dur et vert-de-grisé. Le blocus qui entourait l'Allemagne avait abouti dans ce pays à un rationnement sévère qui n'avait pas épargné les combattants. J'éprouvais tout de même, sans rien dire, un sentiment d'humaine pitié au passage de ces hommes fatigués, hâves, coiffés du calot rond, qui gagnaient l'arrière en colonnes par deux, emportant ce restant de pain (dénommé par dérision « pain K K* ») qui avait seulement servi à tromper leur faim.

Le soir, le village était pris, le repli ennemi s'accentuait vers le Chemin des Dames.

Le sous-lieutenant avait été évacué. Avait-il « craqué » après ces dures journées ? Je ne sais. Il fut remplacé par un sergent de la 6e Compagnie, promu sous-lieutenant sur le champ. C'était un réserviste, instituteur dans le civil et qui pouvait avoir entre trente et trente-cinq ans. Il était calme et expérimenté.

Dans les jours qui suivirent, mon régiment fut placé en position de soutien, en deuxième ligne. Nous suivions l'avance des unités qui nous avaient remplacés en première ligne, pouvant être à nouveau appelés en renfort si le besoin s'en faisait sentir. De village en village, d'étape en étape, nous allions par les chemins abrités, les lignes de tranchées et les boyaux repris, à quelques centaines de mètres de la ligne de front. Cette zone était celle des ambulances et des infirmiers, et nous assistions au défilé des civières et des autos qui venaient prendre leurs chargements de blessés.

Le soir tombait vite à la mi-septembre. La nuit, nous partions pour la corvée de soupe à la recherche de la « roulante ». Pour protéger au maximum leur retraite, les Allemands bombardaient la zone arrière avec des obus toxiques. L'ypérite*, gaz lourd, emplissait les dépressions, les vallons. Au bruit chuintant de l'explosion, on reconnaissait l'émission du gaz. Nous avions nos masques, mais l'obscurité était épaisse et pour ne pas dévier de notre trajet, afin d'atteindre le lieu du ravitaillement, il fallait de temps à autre se référer à la mauvaise lueur d'une lampe électrique de poche. Le mica qui protégeait notre champ visuel était bien peu transparent et nous étions conduits à enlever le masque pour nous situer. D'aussi faible durée qu'était cette opération, elle donnait prise au gaz qui épousait le relief du sol.

Au cours de la corvée du 15 septembre et au retour de cette dernière, je regagnai le campement les yeux larmoyants et rougis. De surcroît, je me sentais très fatigué physiquement. Dans l'abri qui lui servait de salle de consultation, un jeune médecin-major diagnostiqua, avec une grosse fièvre, une conjonctivite légère et établit un bulletin d'évacuation. C'était à Vregny, l'un des proches villages du Chemin des Dames.

Le lendemain, j'étais embarqué dans un train sanitaire. Un sommeil invincible me terrassa.

À l'Hôpital

Je me réveillai seulement à Paris, au terminus. Je fus dirigé sur l'hôpital auxiliaire de la rue de Vaugirard. Dans de grandes salles, nous étions tous mêlés : les blessés par balles ou par éclats, les « ypérités », les quasi-convalescents.

Il y avait un grand nombre de gazés. Parmi eux beaucoup étaient originaires d'Afrique du Nord, puis une gamme extraordinaire et imprévue de brûlures. Les uns avaient leur pansement sur le dos ou la poitrine; d'autres qui, pour satisfaire à des besoins pressants, s'étaient accroupis sans savoir dans une nappe de gaz, étaient brûlés dans la zone lombaire et aux testicules. D'autres encore, les yeux bandés, étaient traités pour des conjonctivites graves. La mienne était légère. Des soins répétés d'une semaine favorisèrent la renaissance de tout l'appareil oculaire.

Le printemps-été 1918 du 5e R.I.

— • — : frontières 1871-1914
xxxx : le front au 15 juillet 1918
//////// : le front au 11 nov. 1918
ıllllllı : secteurs 100 % dévastés ([77])

Je fus dirigé sur un hôpital auxiliaire de la banlieue, à Chaville, pour soins complémentaires.

---

[77] N.T. — 30 000 km² du sol français ont été transformés en paysage lunaire, privant ainsi la France, pour nombre d'années, de plus du tiers de son potentiel agricole et de plus de la moitié de son potentiel industriel; les forces vives de sa jeunesse et de sa main-d'œuvre ont perdu près de deux millions et demi d'hommes si on compte un million de grands invalides, laissant ainsi dans le deuil des centaines de milliers d'orphelins et de veuves. L'Allemagne, par contre, conserve son potentiel productif, inaugure sa première autoroute dès 1921 et son grand état-major clandestin trouve les moyens de préparer la reconquête de la Pologne avec des écoles militaires secrètes en Union soviétique.

COBLENCE

Rhin

ALLEMAGNE

BELGIQUE

Our

Moselle

LUXEM-

-50° N

Sûre

TRÈVES

SEDAN

BOURG

Meuse

St-INGBERT

BITCHE

VERDUN

SUIPPES

N

FRANCE

10 km

J.L. 2013

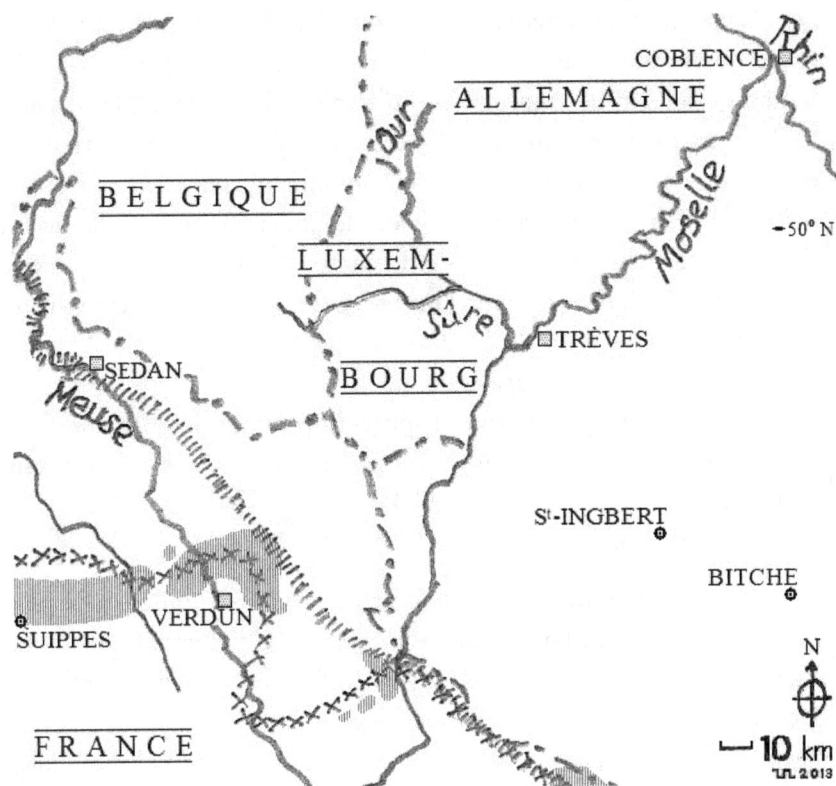

Ce fut une période particulièrement heureuse. Aménagé dans une vaste et luxueuse demeure, cet hôpital accueillait en transit des demi-convalescents. Au bout de peu de temps, il me fut possible de disposer des après-midi de sortie libre. L'automne s'annonçait dans cette très vaste zone forestière d'alors, aux portes de Paris, auprès de Versailles. Les bois aux teintes vertes, jaunes, pourpres, les chemins et les sentiers s'offraient à nos promenades. Jour après jour, nous découvrions Meudon, Ville-d'Avray et son étang, le Val-d'Or, Viroflay, Sèvres et Saint-Cloud, toutes les localités agrestes, poétiques et romantiques sous leur parure sylvestre. L'Île-de-France, dans ces paysages reposants et inspirateurs, nous révélait tout son charme.

C'est avec mélancolie que je me détachai fin octobre de ce cadre de vie pour partir à Issigeac en convalescence pour un mois. Un an et demi sous l'uniforme, la discipline, les dangers, les visages de la mort m'avaient mûri. La guerre se poursuivait, une offensive de grande envergure devait être lancée pour porter la bataille sur le territoire allemand. Foch devait la commander. Avant qu'elle ne fut déclenchée, les alliés de l'Allemagne conclurent une série d'armistices ([78]). Pour éviter l'invasion de son sol, l'Allemagne se résigna à la même attitude.

Ce fut le 11 novembre.

Ce matin-là, gris et froid, j'appris la nouvelle encore au lit. Le carillon du clocher tout proche se mit en branle. Il effaçait le tocsin de la mobilisation du 31 juillet 1914.

La guerre était finie.

Toutes les peurs allaient se fondre. Dans les familles où le père ou le fils gisait là-bas, en Artois ou en Champagne, dans les Flandres ou aux Éparges, dans les Ardennes ou en Lorraine, à Verdun ou au Chemin des Dames, les fenêtres demeuraient closes, la douleur était ravivée. Et les autres, qui attendaient celui qui allait revenir, évoquaient ceux-là qu'on pleurait dans la maison voisine.

Fin novembre, je repartis pour retrouver mon régiment. À la « gare de triage » de la région parisienne, l'un des centres régulateurs donnant toutes les indications nécessaires ([79]), j'appris que le 5e d'Infanterie était cantonné à Petite-Synthe, dans la banlieue de Dunkerque, après avoir été engagé en octobre dans les Flandres ([80]). C'est là que je le retrouvai un soir de brume.

---

[78] N.T. — 29 sept. 1918 : la Bulgarie signe un armistice à Salonique; 31 oct. : l'Empire ottoman signe un armistice à Moudros; 3 nov. : l'Autriche signe un armistice à Padoue (la Hongrie signera dix jours plus tard à Belgrade).

[79] N.T. — Il se peut qu'il s'agisse ici de la caserne Dupleix, mentionnée ailleurs par erreur.

[80] N.T. — La 5e D.I. s'était cantonnée dans la région de Saint-Omer (Pas-de-Calais) le 27 sept. 1918 pour se mettre à la disposition du roi des Belges, un autre « roi soldat ».

En Occupation

Au lendemain de l'armistice, le régiment avait été reconstitué par l'apport des jeunes recrues de la classe 1919. Pendant plus d'un mois, il demeura en cantonnement dans ce coin des Flandres, dans la banlieue de Dunkerque. J'appartenais maintenant à la 6e Compagnie au lieu de la 5e.

J'en profitai pour me familiariser avec cette région au ciel bas, si souvent empli de nuages gris, battue de vents violents, enveloppée de brumes, aux horizons plats et mélancoliques, frangée d'écume grise. Le long des plages grises aussi, à travers les dunes, également grises, retenues par les oyats piquants, nous découvrions les petites stations balnéaires de la mer du Nord. Je découvris Bergues, silencieuse, derrière ses fortifications à la Vauban.

Le soir nous conduisait souvent dans un estaminet, ces cafés-bars où l'on boit la bière et le café. Dans une atmosphère chaude et enfumée, un sentiment de sécurité retrouvée après d'aussi longs mois d'épreuves, l'un des consommateurs, un Dunkerquois, grimpait sur une table et entonnait une chanson-berceuse ou *Le P'tit Quinquin* [81].

Début janvier 1919, ordre fut donné de gagner Courtrai, en Belgique, par étapes, pour embarquer à destination de l'Allemagne.

Depuis mon retour, j'avais été affecté en qualité d'aide-fourrier auprès du sergent chargé de cet office. Avec lui, dûment muni d'une mauvaise bicyclette, nous partions vingt-quatre heures à l'avance pour chercher et préparer les granges-cantonnements, acheter les bottes de paille pour le coucher, détecter les possibilités de ravitaillement pour la nourriture. Ma bicyclette était dotée d'une chaîne presque hors d'usage qui quittait souvent le pédalier. Nous allions ainsi, à travers cette vaste plaine des Flandres, si lourde de cités historiques et de villes d'art, si souvent déchirée par tant de conflits dynastiques. Nous avions froid, la neige nous accompagnait, l'accueil était rébarbatif et inquiétant. Proche par la

---

[81] N.T. — *Le P'tit Quinquin* (1853), berceuse d'Alexandre Desrousseaux (1820-1892), adoptée comme chanson de marche des régiments du Nord au début de la guerre franco-prussienne.

langue et la race du Germain, nombre de Flamands, durant quatre ans, paraissaient avoir accepté, de bonne grâce, la cohabitation avec l'Occupant. Le Français, léger et inconnu, invitait à la méfiance. Nos cantonnements ne s'en trouvaient pas facilités.

Par Dixmude, Roulers, nous atteignîmes Courtrai, sur la Lys, célèbre par son beffroi du XIV\u1d49 siècle, le pont du Broel de même époque, riche de ses dentelles, de ses textiles, de son orfèvrerie. Cette découverte, d'une civilisation riche de tant d'éléments architecturaux et artistiques, venait compenser notre fatigue de soldat. Et enfin, nous embarquâmes à Courtrai pour une destination inconnue.

Le voyage fut long de plusieurs jours. Les réseaux ferrés avaient subi des destructions. De nuit, nous traversâmes Bruxelles, puis de nombreux cours d'eau, pour aboutir finalement, non en Allemagne, mais à Bitche, en Lorraine, où nous prîmes possession de la citadelle Vauban.

Notre compagnie venait d'être confiée à un nouvel officier, le capitaine Padovani. Il avait gagné ses galons au front et appartenait à ce contingent de sous-officiers d'action d'avant 1914, qui avaient été ainsi promus au bénéfice des circonstances, si l'on peut dire, et auxquels pouvaient s'appliquer les vers de Victor Hugo dans *Le Cimetière d'Eylau* ([82]) :

> Et chacun se berçait de la chance peu sûre
> D'un bon grade à travers une bonne blessure.

Le capitaine Padovani, haut en couleurs, fort en rudes apostrophes, avait réussi à illustrer ce vers épique. Certains anciens prétendaient qu'il avait su « organiser sa chance ». Mais chaque matin le trouvait rude et autoritaire, soucieux de rééduquer sa compagnie pour la ramener dans les voies et habitudes qu'il avait connues, sous-officier, dans les casernes.

---

[82] N.T. — *Le Cimetière d'Eylau*, poème de Victor Hugo (1877) relate un épisode d'une victoire napoléonienne sur des Coalisés russo-prussiens supérieurs en nombre (bataille d'Eylau [Prusse orientale], févr. 1807; les 50\u1d49 et 108\u1d49 R.I. y prirent part; pertes françaises : 18 000 hommes, dont six généraux); dédié à l'oncle Louis-Joseph (L.H.) du poète, survivant de la bataille.

Ayant assumé, sans doute convenablement, la fonction d'aide-fourrier, le capitaine jugea désirable, pour étoffer l'encadrement de la compagnie au plan matériel et administratif, de promouvoir le soldat de Ire classe (le galon noir avait été octroyé au départ de Périgueux à ceux qui avaient suivi le peloton) au grade de caporal-fourrier. Du jour au lendemain, je coiffai le képi de sous-officier, vis briller un large galon doré sur chaque manche de mon uniforme, galon encadré de deux non moins larges galons noirs. Par ces derniers, on apprenait que j'étais caporal, par le galon doré, j'étais intégré dans le cadre des sous-officiers, auxquels j'étais assimilé par la solde, la tenue et l'accès au mess. Ainsi, le capitaine Padovani considérait-il que je pouvais contribuer à favoriser le bon renom de sa compagnie.

Tout pénétré du sentiment de la hiérarchie, respectueux des grades, estimant souhaitable de redonner à l'armée, après les tueries et les hécatombes, les cadres de remplacement, il me dit, un matin, que je pourrais solliciter l'accès dans un peloton d'élèves-aspirants en vue de m'aiguiller dans la carrière d'officier. Ce à quoi je dus répondre que l'occasion était passée : éliminé en 1917, je ne souhaitais plus poursuivre dans cette voie. Je fus conduit à penser qu'il m'en garda quelque rancune.

Quelques jours plus tard parvint un ordre du commandant de la division. Il convenait de rechercher dans chaque unité, les jeunes soldats et sous-officiers, instituteurs dans le civil, pour leur confier, dans les territoires occupés, une mission d'enseignement de la langue française auprès des populations désireuses de s'initier à celle-ci. Le capitaine Padovani, hostile à mon inscription, ne pouvait s'y opposer. Au fond de lui-même, estimait-il qu'il s'agissait, en l'espèce, d'une conception saugrenue, hors des tâches incombant à des militaires, les instituteurs, comme les autres, étant uniquement réservés à une mission de combattant présent, passé ou futur.

Courant février 1919, muni d'une affectation réglementaire, je partais pour la Sarre, à Saint-Ingbert, province charnière et secteur industriel important ([83]). Je me présentai dès mon arrivée

[83] Au lendemain de l'armistice, les provinces allemandes de la rive gauche du Rhin avaient été déclarées zone d'occupation. Le secteur dévolu aux Français

au commandant de Warren, le représentant de la commission interalliée. Grand, sec, le visage anguleux, la décision prompte, originaire d'une ancienne famille de la noblesse lorraine, il prit connaissance de mon ordre de mission et l'interpréta souverainement. Je remplirais d'abord auprès de lui des fonctions de secrétaire, ses attributions multiples exigeant le fonctionnement d'un service de cette nature, doté de commis et de plantons pour la réception et l'introduction des visiteurs, l'exécution du courrier, la tenue des documents, etc. Libéré de cette tâche journalière, je pourrais alors, durant les soirées, assumer le métier d'enseignant auprès des familles volontaires pour l'apprentissage de notre langue. De fait, durant toute l'année 1919, je remplis cette double mission.

---

comprenait la Sarre, le Palatinat et la Prusse rhénane. Le contrôle de l'administration civile allemande était confié à des officiers chargés de prendre toute décision utile et résidant de ce fait dans les chefs-lieux de « cercles » (ou arrondissements). N.T. — Traité de Versailles : signature le 28 juin 1919, ratification le 10 janv. 1920. Occupation alliée de la Cisrhénanie (aux termes du Traité et sous mandat de la Société des Nations) : déc. 1918-juin 1930, avec délimitation et occupation française du bassin houiller de la Sarre de janv. 1920 jusqu'au plébiscite de janv. 1935; occupation franco-belge du bassin industriel de la Ruhr (déjà occupé par les Alliés en 1918-1919, et par décision concertée du président du Conseil, R. Poincaré) en conséquence, prévue au Traité, des défauts de paiement de reconstruction (défauts toujours plus fréquents bien que de montants de paiement déjà réduits) : janv. 1923-août 1925, faisant que l'équilibre budgétaire fut atteint temporairement (sans ces indemnités, la France avait non seulement du mal à se reconstruire mais aussi à rembourser ses emprunts de guerre aux Anglo-Américains qui soutenaient le redémarrage de l'industrie allemande, sortie intacte de la Grande Guerre, par des prêts internationaux [pour que celle-ci achète leurs produits] et désapprouvaient donc l'occupation de la Ruhr, alors que l'Allemagne détournait annuellement plusieurs millions de marks pour ses écoles militaires secrètes en Union soviétique [pour les gaz, les blindés et l'aviation], organisées en 1924 par son grand état-major [entré dans la clandestinité dès 1919], en violation du traité de paix [art. 170, 175 et 179]; malgré cette occupation, le franc serait dévalué de 80 p. 100 en 1928, les indemnités, suspendues en 1932, et l'Allemagne pourrait alors se réarmer au rythme de plusieurs centaines de millions de marks par an, d'autant plus que les industrialistes américains [notamment Ford pour Ford-Werke et G.M. pour Opel] investiraient substantiellement dans le redressement économique et militaire de l'Allemagne, faisant que la bourse de New York applaudirait à la chute de la France en 1940; dette et intérêts réduits, les grandes puissances recevraient les derniers remboursements de la guerre de 1914-1918 en 2010).

Les exigences du service me permirent des visites auprès des responsables des arrondissements dépendant de Saint-Ingbert, dans la vallée de la Moselle et les massifs boisés qui encadrent cette rivière. Mon métier d'instituteur me mit en contact avec plusieurs familles auxquelles j'inculquais, en novice et par la méthode directe, les rudiments de français : dessin de l'objet, traduction écrite au tableau à côté, dénomination, prononciation, mimique appropriée. Le temps n'était pas encore venu de l'audio-visuel et des vidéo-cassettes.

Au hasard de ces rencontres, je découvrais la société allemande au travail, en famille, dans la rue, au bal, à la procession de la Fête-Dieu. Une vision toute nouvelle et jusqu'alors inconnue et déformée par l'ignorance se faisait jour peu à peu. Je côtoyais les mineurs remontant des mines de charbon ou y descendant. Nous nous mêlions dans les bals aux couples qui dansaient sur la musique de *Princesse Czardas* ([84]), nous buvions la bière et le vin de Moselle. Le rideau se déchirait : un peuple, identique au nôtre dans ses profondeurs, vivait, sentait comme nous. J'eus la révélation de l'absurdité et de la monstruosité de cette rivalité, si longtemps soulignée et entretenue des deux côtés, et de la nécessité absolue d'ouvrir des pages entièrement nouvelles et inédites au chapitre des rapports franco-allemands. Je me mis dès lors à penser que l'Europe pouvait devenir une réalité.

Au mois de décembre 1919, une instruction venue du Haut-Commandement, sur décision ministérielle, prescrivit l'envoi en stage dans des centres régionaux d'instruction physique (C.R.I.P.) des militaires de tous grades, instituteurs dans le civil et appartenant à la classe 1918-1919. Ces centres, sortes de succursales de l'École militaire de gymnastique de Joinville, installés en divers points du territoire, devaient donner en trois mois une éducation corporelle et un enseignement théorique et pratique permettant l'exercice des fonctions de moniteur lors de notre démobilisation. L'instituteur devait pouvoir se doubler d'un gymnaste et être à même d'enseigner tous les bienfaits des exercices physiques aux enfants qui lui seraient

---

[84] N.T. — *Princesse Czardas*, opérette d'Emmerich Kálmán et al. (nov. 1915); grand succès en Autriche-Hongrie (puis au cinéma et à la télévision).

confiés. Pour la première fois, l'école allait associer la culture du corps à celle de l'esprit. C'est que cette longue guerre avait plus que démontré la force et les possibilités d'un corps robuste, machine étonnante en fonction d'une méthode d'action rigoureuse et ordonnée.

Le 2 janvier 1920, je me retrouvai au C.R.I.P. de Royan, caserne Champlain. Nous y étions cent soixante-quinze, du soldat de IIe classe au sous-lieutenant. Le « combat » commença dès le lendemain auprès instructions et consignes distribuées par le capitaine commandant le centre.

Selon un emploi du temps combinant les exercices corporels et l'enseignement théorique, nous étions soumis à un entraînement intensif : leçons de gymnastique et sports sur la plage suivant le temps ou bien dans la cour de la caserne aménagée en terrain approprié, études théoriques (où l'anatomie tenait une grande place) et exposés dans une salle. Les « performances » et les résultats obtenus par chacun de nous étaient enregistrés et notés. Suivant notre capacité physique, nous étions intégrés à un groupe de « forts » ou de « moyens » ou de « faibles ». Nous nous dépensions beaucoup, la nourriture était médiocre, mais le séjour fort agréable.

À dix-sept heures, nous avions quartier libre. On se retrouvait en ville, le samedi, dans les superbes salles de casino, louées aux diverses sociétés pour leurs bals traditionnels. Nous dansions le quadrille des lanciers, le pas des patineurs, le pas de quatre, les mazurkas, les scottishs, les polkas, les valses… Le dimanche, le train miniature qui desservait la grande côte nous emportait dans ses wagons-jouets, drapés de tissu rouge, au halètement d'une locomotive noire et cuivrée, au tintement de sa cloche qui signalait la traversée de la route par le convoi. Une grande familiarité et amitié régnait entre nous. Une même formation, une même destination nous rassemblaient étroitement.

Fin mars 1920, le stage prit fin. En fonction de nos aptitudes physiques et sportives, des résultats obtenus, des notes attribuées aux cours théoriques, un diplôme de moniteur d'instruction physique nous fut délivré. Il allait être effectivement exploité pendant plusieurs années.

Ce séjour à Royan m'avait rapproché étroitement de ma marraine de guerre. À une correspondance suivie depuis le début de 1918 ([85]), avaient succédé des visites dans sa famille à l'occasion des permissions de fin de semaine. J'avais ainsi eu la possibilité d'affirmer et de ressentir la vive affection réciproque qui nous unissait : les projets qui devaient prendre corps étaient ébauchés. Par-delà les études poursuivies par Zette à l'École primaire supérieure de Sainte-Foy et ma démobilisation, la perspective de notre union commençait à se matérialiser.

Début avril, après une brève permission en Dordogne, je regagnai l'Allemagne, pourvu d'une affectation au 5e Bataillon de Chasseurs, en garnison à Trèves. On me chargeait des fonctions de moniteur d'éducation physique au peloton des élèves-sous-officiers. D'avril au mois d'août, j'assumais avec plaisir cette mission. Je me plaisais dans cette capitale carolingienne, marquée par une civilisation romaine ordonnée et puissante, où l'on pouvait évoquer l'ombre de Charlemagne. Les musiques des régiments d'occupation donnaient des concerts sous la *Porta Nigra* (Porte noire), admirable vestige monumental. Je logeais au quatrième étage du *Regierungspräsidium*, l'hôtel de la préfecture. J'aimais gagner les hauteurs boisées qui gardent la Moselle, pousser jusqu'à Coblence, au confluent du Rhin avec la Moselle, pour découvrir, du haut de la forteresse d'Ehrenbreitstein, le romantique panorama du Rhin héroïque. Ces mois passèrent vite. Presque à regret, mais avec la joie intime de retrouver Zette, survint, début septembre 1920, ma démobilisation.

Ma Démobilisation

Peu après la fin de la guerre, durant laquelle mes grands-parents s'étaient faits très âgés, l'Auberge du Lion d'or avait été vendue. Mes grands-parents s'étaient retirés dans une très vieille maison qu'ils possédaient à Issigeac, sur le Tour-de-Ville. Ma mère avait loué de son côté une maison modeste, dans la rue principale,

---

[85] N.T. — Plus haut, on trouve : « Fin novembre [1917], j'entrais en correspondance avec Georgette Trimoulet [...]. »

non loin de la quincaillerie de mon oncle Dubois. Les difficultés du veuvage de ma mère n'avaient pas échappé à sa sœur, ma tante Madeleine, qui avait lentement, finement, posé ses pions dans un jeu calculé. L'Hôtel de Sébastopol et de la Terrasse, à l'un des carrefours du village, était tenu par l'un des notables, restaurateur comme mon grand-père, et veuf. Il appartenait, bien que plus âgé, à la même génération que ma mère. Ma tante Madeleine sut nouer les fils, assurer les liaisons utiles. Au cours d'une permission, j'appris ce remariage, survenu en 1919 – sans l'avoir pressenti ni en être informé –, avec celui qui allait devenir pour moi « mon Oncle Counord ». Ma mère était alors venue habiter Creysse, un bourg du Périgord noir, allongé sur une rue unique et resserré entre la Dordogne et la voie ferrée qui relie Le Buisson à Bergerac ([86]). J'étais majeur : ma profession et mon avenir paraissaient de fait assurés. Une adolescence et une jeunesse, studieuses et tourmentées, m'avaient apporté la maturité avec un certain relâchement obligatoire des liens familiaux trop exclusifs.

Je débarquai donc à Creysse en ce mois de septembre 1920, tout fringant dans ma vareuse bleu foncé, bien coupée, de sous-officier de Chasseur, le béret frappé en relief d'un clairon d'argent. La propriété de mon Oncle Counord était située de part et d'autre de la voie ferrée. Elle comprenait une très grande maison de pierre jaune, coiffée d'une tombante toiture d'ardoise, et où l'on dénombrait de nombreuses et vastes pièces d'habitation, un pavillon de gardien et un jardin relié à un grand potager bordant le coteau boisé par un passage aménagé sous la voie ferrée. J'en fis connaissance pendant ma période de démobilisation. C'était pour moi, une nouvelle fois, une sorte de « réadaptation résidentielle ». Après mon enfance à Eymet, orphelin auprès de ma grand'mère à Issigeac, puis encore à Eymet, et pensionnaire à Marmande et Poitiers, soldat à Périgueux, la guerre et l'Allemagne, c'était une maison inconnue dans un village sans attache. J'y passai quelques semaines sans relief, coupées de brèves visites à Issigeac où la

---

[86] N.T. — Après l'expansion du tourisme et le raffinement de la publicité, vers 1970, cette région occidentale du Périgord noir (lui-même formant le Sud du Périgord) reçut le nouveau nom de Périgord pourpre.

dispersion avait joué auprès des groupes amicaux et fraternels de 1914, 1915, 1916.

Chacun avait pris sa voie, suivi son destin.

Une note de l'Inspection académique de la Vienne me convia, ce même mois de septembre, à un stage pédagogique de trois semaines, ouvert à l'intention des normaliens démobilisés de la classe 1918 et auxquels un poste devait être attribué pour la rentrée d'octobre.

Je rejoignis avec plaisir le doyenné Saint-Hilaire à Poitiers pour y retrouver affectueusement tous ceux de mes camarades revenus « intacts » en dépit des blessures : la mort avait assez peu frappé dans nos rangs. Le disciple de Sully Prudhomme, ce bon M. Chadeyras, nous accueillit, plus blanc, plus émacié, fortement marqué par ces années d'épreuves.

Il ne nous fut point donné de « recettes » ni de formules pédagogiques. Le temps était trop compté. Nous fûmes invités à nous limiter aux méthodes ayant fait leurs preuves, à nous inspirer des bons manuels existants, à en tirer la substance pour chacune des matières essentielles devant faire l'objet de notre enseignement. À la fin du stage, un thème de développement pédagogique, écrit, sur une matière librement choisie, devait servir d'épreuve pour la délivrance du diplôme appelé alors « Certificat de fin d'études normales ».

Je choisis l'enseignement de l'histoire au cours moyen et il me revient l'étonnement de notre directeur, tout heureux de découvrir, à travers notre travail, le sérieux et la qualité de ce dernier. C'est qu'en effet, dans ces « exposés pédagogiques », se révélaient la réflexion et l'expérience vécue de ceux qu'il avait connus, trois ans plus tôt, grands écoliers et qu'il retrouvait hommes.

Promus à la dignité d'instituteur-adjoint, nous fûmes dispersés à travers le département. Nous allions entrer pour de bon dans la vie active – maître d'école, étrange et passionnant métier où l'on n'échappe jamais au regard d'autrui (enfants, parents, village tout entier). Ma première affectation me conduisit à Couhé-Vérac, entre Poitiers et Ruffec, sur la voie ferrée Paris-Bordeaux. Mon séjour fut fort bref : mon prédécesseur, après réflexion, souhaitait conserver ce poste et repoussait la mutation qu'il avait sollicitée.

Vingt-quatre heures plus tard, dans les bureaux de l'Inspection académique, j'étais aiguillé sur Montmorillon. J'allais y vivre la vie d'une petite ville, d'un gros bourg rural, mi-poitevin mi-limousin, durant ce laps de temps, au lendemain d'une guerre qui avait meurtri le pays dans sa chair, mais dont les retombées économiques et sociales ne se faisaient pas encore sentir.

* * *

VI

Sur les Rives de la Gartempe
—
mon enseignement à Montmorillon

La légende rapporte que le nom de Montmorillon aurait pour origine l'installation, après la défaite infligée aux Arabes par Charles Martel en 732, d'un groupe de Maures de cette armée vaincue à Vouneuil, non loin de Poitiers. Faisant retraite vers le Sud et découvrant les possibilités diverses que pouvaient offrir les rochers et les escarpements dominant la rive gauche de la Gartempe, ces Maures (bruns et de petite taille, les Morillons, par dérivation du terme) furent amenés à se fixer sur ces « monts », d'où l'appellation de Montmorillon.

Mais, au plan historique, la ville a pris naissance autour d'un château fort bâti au Xe siècle sur un coteau surplombant la Gartempe. Si le château n'existe plus, des édifices religieux témoignent de l'ancienneté de la cité et de l'ardeur de la foi dans les siècles suivants.

À la pointe d'un rocher, sur la rive gauche où s'est construite la « ville haute », l'église Notre-Dame conserve du XIe siècle son beau chevet roman avec le chœur, la nef ayant été remaniée aux XIIe et XIIIe, et la façade au XIVe, dans le style gothique. La crypte Sainte-Catherine, placée sous le chœur, était à l'origine entièrement recouverte de peintures, dont une partie seulement a été conservée, témoignant, par les couleurs et les attitudes des visages, d'un art très évolué. Également dans la ville haute : la chapelle Saint-Laurent, du XIIe siècle, au clocher coiffé d'une pyramide de pierre, et une chapelle sépulcrale dénommée l'Octogone, présentant un toit de tuiles plates à huit pans, dont le couronnement portait autrefois une lampe funéraire.

Au pied de la vieille ville s'étend la « ville basse », foyer du commerce et des activités. Deux ponts de pierre, dont l'un très ancien, au parapet formant abris de place en place, d'architecture moyenâgeuse, relient les deux villes. Une vieille demeure aux murs massifs, à laquelle se rattache une tour ronde, coiffée d'un toit d'ardoise en poivrière, s'élève à l'une des extrémités du Vieux-Pont et semble garder l'accès de la rue montueuse s'élevant sur la rive gauche. C'est dans cette maison que je fus logé comme locataire du père Plas, artisan sabotier, de 1925 à 1927.

La Gartempe sépare les deux villes. Née dans les monts de la Marche, ses eaux rapides, au cours souvent torrentueux, prennent une couleur sombre, celle du granit noir reflété à sa surface. Sujette à des crues brutales mais bordée de rives pittoresques, abondamment peuplée, la Gartempe offrait maints attraits tant au pêcheur qu'au promeneur. Elle traduisait la rudesse du pays limousin, elle glissait, sinueuse et noire, vers le pas de Touraine, à travers le Poitou, allant mêler ses eaux à celles de la Creuse, à la Roche-Posay. J'aimais la Gartempe. L'hiver, en descendant de la tour de ma demeure et traversant le Vieux-Pont pour gagner l'école, il m'arrivait souvent de m'arrêter un instant pour voir l'épais brouillard flottant à la surface de la rivière en étouffant le bruit des clapotis. L'air était humide et froid, une mélancolie indéfinissable se dégageait de ce pont de pierre. L'été, le soleil jouait sur l'eau rapide; il était bon et tentant de flâner sur ce vieux pont, adossé au parapet attiédi.

*

La nuit d'automne était fraîche, la faible lumière des lampes à gaz répandait comme une sorte de pénombre, une atmosphère feutrée. Une impression de mélancolie dominait. Le directeur,

M. Chartier, prévenu, nous attendait ce soir-là sur le quai de la gare. Car ce « nous » rassemblait Gaston Liège, Marandon et moi-même : l'équipe des nouveaux que le directeur allait prendre en charge à tous égards, à en juger par l'accueil cordial et volubile qu'il nous réserva spontanément.

La gare de Montmorillon

Nous prenant successivement par le bras, ayant tout prévu : location d'une chambre meublée, premier repas au restaurant, il nous emmena d'un pas vif, se prodiguant en explications et informations de toute sorte, vers la ville basse, de l'autre côté de la Gartempe.

Je me dois tout de suite d'évoquer le visage et la personnalité de cet homme dont le comportement affectueusement paternel, en même temps qu'autoritaire, se manifestait soudain avec éclat.

Montmorillon, pour moi, en ce début d'octobre 1920 et pendant plusieurs années, c'est d'abord M. Chartier, familièrement dénommé à la ronde « le père Chartier ». De taille courte, de teint plutôt olivâtre, les gestes vifs et impatients, une démarche nerveuse, il passait brusquement du dialogue suivi et courtois à un éclat de voix exprimant son opposition ou sa réprobation ou son indignation. Son visage ne pouvait être oublié. Dans une face assez semblable à celle de nos lointains ancêtres, osseuse, aux pommettes saillantes, brillaient deux yeux de jais surmontés d'épais sourcils noirs. La bouche, large et charnue, la lèvre inférieure formant lippe, découvrait une denture proéminente, étonnamment robuste. Une barbe blanche et grise couvrait les joues, tapissait la lèvre supérieure mince et allongée, emplissait tout le bas du visage dans un ovale limité, sans recherche patriarcale. Le regard était fureteur, vif. La parole rapide prenait souvent un ton sifflant. Impérieux et dominateur, le père Chartier se voulait « le patron ».

Devenu directeur d'une école relativement importante après avoir transité dans plusieurs postes comme instituteur de village, puis de chef-lieu de canton, il avait conservé dans son comportement le souci d'une discipline ordonnée. Lorsque, au cours d'une discussion, durant une récréation, il ne parvenait pas à se faire écouter ou à convaincre son interlocuteur, en arpentant la cour de l'école, tous maîtres réunis, pour une surveillance collective des enfants tout à leurs yeux, il sortait impatiemment le sifflet de métal qui ne quittait jamais sa poche et il sifflait rageusement pour interrompre son contradicteur. Au reste, bon connaisseur au plan professionnel, naturellement bon et serviable sous cet aspect autoritaire, il réservait essentiellement un tel traitement à celui qui, de fait, se montrait incorrect à son égard.

Excellent père de famille, il témoignait d'une attention prévenante à « Maman » – sa femme –, institutrice en retraite, dont il écoutait volontiers les conseils. Il réservait une particulière affection à sa fille Marguerite, qui achevait ses études de licence et venait de connaître une grave déception sentimentale. Son fils, élève à l'École normale supérieure, option Histoire, avait été tué en 1916 à Verdun, sous l'uniforme de sous-lieutenant. Cette mort avait désespéré le père : des photos rappelaient un peu partout dans l'appartement son souvenir. Mme Chartier, toujours de noir vêtue, révélait une souffrance muette, dans une dignité silencieuse. Enveloppée dans cette atmosphère de deuil, soumise au culte de ce frère exemplaire, mort pour la France, leur fille voulait apporter dans le cercle de famille le réconfort et la vitalité de sa jeunesse pour estomper et diminuer une peine ineffaçable.

Entièrement voué à sa fonction de maître d'école, « hussard noir* » de la République, troisième du nom, le père Chartier croyait à l'homme, à sa raison, à la force de son savoir, à l'ascension sociale par l'instruction et le travail, à la patrie, à l'honnêteté matérielle et morale. Sa laïcité active et laborieuse, la réussite de ses élèves dans les divers postes qui lui avaient été confiés, son expérience et sa familiarité avec les familles lui avaient valu auprès d'elles une large confiance et considération dans tout l'arrondissement. On allait volontiers en pension chez le père Chartier, on allait à son école parce qu'on y travaillait et que l'enfant serait en bonnes mains.

M. Chartier avait retenu, pour mon camarade Marandon et moi-même, une chambre meublée pour chacun de nous, rue Puits-Chaussée, chez Mlle Charruyer, habitant une maison confortable non loin de l'église Saint-Martial, dans la ville basse. Sortie tout droit d'un roman de Balzac, catholique traditionnaliste, nièce d'un chanoine des Deux-Sèvres qui exerçait son ministère à Cerizay, Mlle Charruyer vivait pauvrement de maigres ressources et de la rémunération mensuelle que son frère célibataire, clerc de notaire, boiteux, gros buveur, lui apportait. En tous points dissemblables, le frère et la sœur se disputaient âprement.

Par M. Chartier, pourvu d'informations diverses et nombreuses, Mlle Charruyer saisissait l'occasion de louer deux chambres à de jeunes instituteurs. Une telle source de revenus, appréciables à l'époque, ne pouvait être négligeable et l'hébergement de deux instituteurs laïques, patronnés par leur directeur tolérant et ouvert, devenait source de considération pour cette bien-pensante.

Je fus doté au premier étage d'une chambre meublée d'un lit à baldaquin, d'une table de toilette à dessus de marbre blanc, comportant cuvette, pot-à-eau-broc et seau hygiénique, et d'une table de travail. Une cheminée me permettait d'allumer un feu de bois, le combustible étant bien sûr à mes frais. Je trouvai aux Galeries modernes, dont l'un des fils allait être mon élève, à faire l'emplette d'une lampe à pétrole, au réservoir en métal léger nickelé. Montmorillon n'était pas encore entré dans l'ère de l'électricité. Les rues et les magasins étaient éclairés au gaz, quelques édifices publics aussi; les particuliers usaient encore du pétrole.

Mes relations avec Mlle Charruyer furent des plus courtoises. Mauvaise langue, elle ne savait de Marandon et de moi-même que ce que nous voulions bien lui dire. Appuyé lourdement sur deux cannes, une longue moustache tombante non soignée, un teint aviné, un regard fixe et glauque, vêtu durant l'hiver d'une longue pèlerine de grosse laine bleue à capuchon, son frère claudicant, descendant la rue Puits-Chaussée, de retour de l'étude proche du notaire, faisait l'objet des reproches véhéments de sa sœur. Nous avions parfois avec lui quelques conversations sans intérêt.

Un dimanche matin, réveillés et levés tard, Marandon et moi-même, qui disposions en commun d'un placard-penderie, nous allâmes retirer des vêtements de ce meuble tout proche de la chambre de M. Charruyer. Onze heures avaient sonné au carillon de Saint-Martial. C'était au printemps. Surpris de n'entendre aucun bruit dans la chambre, alors que le comportement de l'occupant était en général bruyant, nous poussâmes la porte par curiosité. Elle ne fermait pas à clef. Étendu sur le dos, tel un gisant, était mort dans la nuit le frère de Mlle Charruyer. Connaissant la discorde et même la haine qui séparait ces deux êtres, sachant aussi que Mlle Charruyer, bien que peu soucieuse de rallumer un dimanche matin la querelle quotidienne, se préoccuperait lors du repas de midi de l'absence prolongée de son frère, nous prîmes la décision de ne rien dire, laissant à l'intéressée le soin de découvrir la macabre réalité.

De fait, en rentrant volontairement tard le soir, nous fûmes informés de la nouvelle. Un drame familial, secret, venait de prendre fin. Mlle Charruyer devenait, de ce jour, seule propriétaire de cette maison, don de son oncle le chanoine, qu'elle avait jusqu'alors partagée avec ce frère alcoolique. Elle me fit comprendre en fin d'année scolaire qu'elle pourrait de ce fait me louer un appartement meublé en vue de mon prochain mariage. Je conclus avec elle un arrangement en ce sens.

De l'autre côté de la rue Puits-Chaussée, au début de la montée de la rue, juste en face de la maison de Mlle Charruyer, se cachait légèrement en retrait la boutique d'épicerie d'un personnage pittoresque et quasi célèbre dans le quartier, sinon la ville. C'était une « vieille fille » très forte et sans forme, au long visage bouffi. Elle régnait dans un capharnaüm de marchandises et produits les plus divers et les plus insolites, et l'on était à même de rencontrer dans ce bric-à-brac les jouets les plus singuliers et les meilleurs bâtons de réglisse. Yves Niot, l'un des fils d'un médecin, au visage d'angelot, avait fait de cette boutique sa station préférée. Chaque matin, collant son nez à la vitrine, il se laissait subjuguer par quelque friandise qu'il savourait lentement. Et régulièrement, il arrivait en retard dans la classe de Liège, son instituteur qui ne pouvait exercer à son égard qu'une autorité de façade, tant était limpide, naïf et désarmant le regard de l'élève Yves. Suzanne Parnaudeau, une collègue, logeait en meublé au premier étage, chez l'épicière. M. Chartier, grand pourvoyeur de locataires, était devenu en quelque sorte le bienfaiteur de cette portion de rue.

Quelle atmosphère quiète et à l'échelle humaine que celle de ce gros bourg poitevin-limousin. À travers les deuils et les épreuves de la guerre terminée, on renouait avec le passé. Le carillon de Saint-Martial psalmodiait chaque quart d'heure un *Ave Maria* ou un cantique adapté à la liturgie du moment. Les rares passants faisaient résonner les trottoirs étroits, les boutiques étaient discrètes, les écoliers bien peignés, le tablier noir au liseré rouge bien repassé. Derrière les volets de leur petite ville, sédentaires et bien closes, les familles s'entretenaient des toilettes de la sous-préfète, de la modernisation de la Grande Rue par l'installation électrique proche, du comportement inquiétant de la Gartempe et de ses crues redoutées. Et à la lueur de ma lampe à pétrole, rue Puits-Chaussée, je corrigeais les cahiers et préparais mes leçons.

L'École Primaire Supérieure de Montmorillon

Ainsi était dénommé le grand bâtiment rectangulaire couvert d'ardoises qui s'alignait de toute sa longueur sur un côté du champ de foire, séparé de ce dernier par des jardins, ouvrant dans sa partie arrière sur les cours de récréation. D'une école primaire réputée et florissante, M. Chartier, tout en conservant celle-ci, y avait adjoint, par son labeur tenace et ses qualités professorales, un cours complémentaire qu'il anima d'une telle ferveur que sa réputation se répandit très vite dans tout l'arrondissement. Le savoir-faire aidant, et fort de l'amitié du recteur Pineau, accablé lui aussi par la mort de ses fils sur le front, le père Chartier put obtenir la transformation de son cours complémentaire en école primaire supérieure.

Il y draina une clientèle de jeunes paysans, fils de propriétaires terriens, qui venaient y recevoir, dans la section agricole conçue avec propos, une formation propre à l'ouverture « intellectuelle » et à une pratique professionnelle dispensée au plan théorique et pratique. Car les leçons de M. Peronnet, professeur d'agriculture à l'échelon de l'arrondissement, conférencier pittoresque mais sympathique au monde rural par sa familiarité et sa compétence, recevaient leur application au champ d'expérience, route de La Trémouille. Dans cet enclos de plusieurs hectares, jaloux domaine du père Chaveau, le jardinier attitré, se succédaient les semailles, les plantations, les floraisons, les récoltes, œuvre collective de cette section agricole, alors originale et considérée.

Dans ce labeur de tous les jours, M. Chartier, infatigable, contracta ce qu'il appelait devant nous « la crampe de l'écrivain », sorte de paralysie progressive des doigts de la main droite soumise à la fatigue excessive d'une écriture manuscrite incessante. Il remédia jour après jour à cette infirmité en recourant à sa main gauche. Et nous le voyions noircir de signes et de mots aux arêtes vives et aux angles aigus, tracés « à senestre » par des doigts longuement éduqués, des pages et des pages…

Ainsi se manifestait à tout instant le directeur de ces jeunes adjoints qui avaient noms Hibrant, Liège, Marandon, Parnaudeau. Tous les quatre, nous « opérions » dans des classes contiguës et mitoyennes, dans l'une des ailes de l'école.

Suzanne Parnaudeau entamait l'éveil des esprits et des intelligences. Son cours préparatoire était peuplé et bourdonnant. Il était assez fréquent, pour apaiser parfois quelque tumulte, qu'elle menace le petit monde de l'intervention du « maître » qui officiait dans la classe voisine. Et il m'advint ainsi de parler très fort et de jeter la crainte pour rétablir dans son autorité ma collègue épuisée par une migraine professionnelle. Mon ami Liège conduisait sans raideur, avec intuition et une connaissance personnelle de chaque enfant, le premier cours élémentaire. Il y excellait à tous égards et avait accepté du père Chartier des fonctions de surveillant général auprès des élèves internes; il savait tout de la maison. Marandon, amputé d'une cuisse, mutilé au front (il était de la classe 1916 ou 1917), appliquait son sérieux et son égalité d'humeur à une pédagogie ordonnée auprès du deuxième cours élémentaire. Pour moi, j'avais reçu l'héritage de la classe de préparation au certificat d'études de Suzanne Parnaudeau, désireuse d'abandonner ce qui représentait alors une sérieuse responsabilité, alors qu'elle était mieux douée pour l'accueil des tout-petits. Nous formions une bonne équipe.

Nos quatre salles de classe occupaient une partie réduite des bâtiments; dans une autre aile et au premier étage fonctionnaient l'école et l'internat, ce dernier au compte du directeur. Soixante-dix à quatre-vingts élèves fréquentaient l'école, la grande majorité internes.

Ma salle était conforme à l'architecture et aux normes des écoles laïques de la Troisième République : hauts murs blanchis à la chaux, parquets robustes, éclairage dispensé par de larges fenêtres, une façade ouvrant sur le jardin jouxtant le champ de foire. Sur une estrade à deux marches, le bureau du maître; derrière, le grand tableau noir, encadré par l'emploi du temps type de chaque journée de la semaine (joliment colorié à mon intention par ma fiancée Zette) et par le tableau des chants et des récitations inscrits pour les épreuves orales du certificat d'études. Contre le mur du fond, la traditionnelle carte de France où figurait encore, en violet, le triangle de l'Alsace-Lorraine. Sous la carte de France, le gros poêle de fonte. Les beautés de notre pays, sous la forme d'affiches illustrées, tapissaient les murs latéraux de place en place. Au centre, bien alignées, s'allongeaient les tables-bancs à deux places, dotées de leur encrier de porcelaine blanche, évidées sur leur longueur pour recevoir crayons et porte-plumes.

Dans cette enceinte pénétraient et en sortaient quatre fois par jour, bien alignés par deux et en chantant, attendant mon claquement de mains pour s'asseoir à leur place, les trente-cinq futurs lauréats du certificat d'études. Je les embrassais du regard, tous propres et bien peignés, certains vêtus avec plus de recherche, le large col blanc amidonné recouvrant le tablier noir au liseré rouge. Et pour Dumas, Peyan, Petitpied et les autres, le rituel pédagogique allait ainsi se dérouler le long de l'année, sans faille et sans contrainte, pour recevoir – signe et gage de promotion et d'ascension familiale et sociale – le diplôme dispensé par les autorités académiques au mois de juin. Celui-ci ornerait la chambre des parents ou de la grand'mère auprès, bien souvent, de l'image pieuse de la première communion qui lui ferait pendant. Ainsi s'exprimaient, par l'un et par l'autre, le savoir et la moralité des petits Français de 1920, encore semblables à ceux qui venaient de rentrer, vivants, du front.

Le père Chartier manifestait à l'égard de nos collègues plus titrés une certaine considération relevant du diplôme et du niveau de formation. Je devins très vite l'ami de Rallet, professeur certifié de sciences. Grand, maigre, le visage osseux, les yeux profonds et doux sous des sourcils en broussaille, une longue moustache blonde, portant souvent en bandoulière le cylindre de métal de l'herboriste, naturaliste par vocation, érudit en mycologie, doté d'une intelligence rapide, catholique pratiquant sans faille, c'était un savant modeste, serviable, courtois, empreint de timidité, admiré pour son travail soutenu. Sa pédagogie bienveillante ne pouvait atteindre que les laborieux et les volontaires. Aussi, récusé par un grand nombre, exerça-t-il une influence déterminante sur les études des meilleurs.

Et si je parais évoquer, trop longuement peut-être, l'atmosphère et la tonalité sociale de cette époque à travers l'un de ses éléments de base, l'école publique, c'est pour en retenir et en souligner le poids et l'efficacité de sa fonction. Le tableau noir et la carte de France constituaient les deux outils de base. Sur le premier s'inscrivaient les mots et les phrases d'un savoir sans prétention, mais indispensable au futur travailleur et citoyen. Par le second, constamment présent à la vue, se traçaient dans l'esprit les caractéristiques du pays, de la patrie, qu'il fallait connaître pour les bien servir dans leur diversité géographique et provinciale. Combien aurait-il été malséant et injurieux de ne pas nommer ou reconnaître, à la carte muette, le port de La Rochelle ou le cours de la Saône.

L'Hôtel de l'Europe

Dans le courant du deuxième trimestre, ma pédagogie fut régulièrement soumise à vérification. J'affrontais les épreuves du Certificat d'aptitude pédagogique. Je connaissais déjà l'inspecteur. Lors de ses visites à Montmorillon, il venait à l'Hôtel de l'Europe partager notre table car, chargé de la circonscription, il résidait néanmoins à Poitiers. C'était un personnage truculent, de type rabelaisien – grand admirateur d'ailleurs de ce dernier –, pragmatique, sans prétention psycho-pédagogique. Tel quel, il me délivra sans difficulté mon diplôme d'enseignant « ès-qualités ». Ainsi promu, je devais prendre place en juin au jury du certificat d'études où je fus appelé à siéger.

Le Temps des Idylles

M. Chartier était un « marieur ». Sans doute, au long de sa carrière d'instituteur-directeur d'école de campagne et sûrement confident de bien des familles, il avait pu contribuer à favoriser des épousailles. Certainement aussi songeait-il avec mélancolie à l'idylle brisée de sa fille Marguerite avec un professeur de l'école, muté à Lyon, et qui n'avait pas su ou voulu donner suite à un projet bien désiré. Aussi bien, lors des récréations, venait-il se joindre à nous dans la cour, nous invitant, galamment, et mettant lui-même en bonne place notre quatuor de surveillants, à « encadrer Mademoiselle », c'est-à-dire Suzanne Parnaudeau qu'il voulait entourée sur sa droite et sur sa gauche par deux d'entre nous, en réalité les deux « mariables » possibles : Liège et moi-même. Marandon commençait déjà, et d'ailleurs par son intermédiaire, à fréquenter Germaine Brouard, jeune institutrice du Cours complémentaire de filles, dirigé par sa sœur aînée.

Courtois, galants, nous l'étions l'un et l'autre, mais ne pouvions – et notre directeur en était dûment informé – en aucune manière envisager d'épouser Suzanne Parnaudeau, notre aînée de quatre à cinq ans. Liège se promettait un long célibat, et moi-même étais un fiancé fervent et impatient. Avec un minois chiffonné, élégante et rieuse, de surcroît fille aînée de la directrice de l'école annexe de l'École normale de filles de Poitiers, Suzanne Parnaudeau devait par la suite contracter un excellent mariage avec un « très bon parti » d'âge mûr.

Nous étions ainsi tous célibataires.

Nous prenions nos repas ensemble à l'Hôtel de l'Europe. Le patron, M. Mercier, jouissait de la réputation méritée de fin cuisinier. Nous avions notre table de pensionnaires dans un angle de la salle à manger; réparties et bons mots allant bon train, chaque repas était un événement joyeux. La serveuse, notre serveuse, se prénommait Germaine. Accorte et rieuse, vite accoutumée aux plaisanteries, même gaillardes, Germaine accueillait nos propos avec une finesse malicieuse, sachant bien, au reste, qu'ils ne témoignaient point d'irrespect à son égard. Et une sorte de complicité s'était établie entre cette gentille et honnête fille et notre équipe gaie et bruyante.

Aux jours plus longs, nous empruntions après le souper la route de Limoges pour une promenade et des rencontres semi-organisées. Le bureau des P.T.T. comptait dans ses effectifs de jeunes « dames employées » (terme de la fonction assumée), presque toutes également célibataires, originaires de divers points de France. Pour elles aussi, la route de Limoges était un circuit de promenade. Elle devint très vite un champ de connaissances et de sympathies réciproques d'où devaient sortir, pour certains et certaines, mariages ou déceptions, peut-être même petits drames… La guerre avait pris fin depuis peu, nombre de garçons étaient morts, nombre de filles étaient à marier. Cette petite ville quiète n'offrait encore ni bal, ni spectacle, ni télévision, mais la douceur de son environnement et le clapotis de la Gartempe. De part et d'autre, nous étions tournés vers la vie et l'espérance du lendemain, et les idylles se nouaient.

Durant cette année scolaire 1920-1921, et malgré les difficultés de communication, je rejoignais Zette le plus souvent possible en fin de quinzaine, parfois seulement en fin de mois. Le train venant de Limoges, emprunté vers 20 h 30 ou 21 h, me déposait à Poitiers à 22 h. L'express de Paris, à 2 h 30 du matin, me conduisait à Coutras à 5 h 15. Il entrait en gare tout empanaché de fumée. Il me laissait souvent isolé sur le quai. Dehors m'attendait la jardinière avec Marquise, la jument capricieuse qui assurait les tournées de pain. Dans le petit jour, Zette, emmitouflée, me glissait une bouillotte d'eau chaude sous les pieds, se blottissait auprès de moi. Son père reprenait les rênes, les secouait sur la croupe de Marquise et, au petit trot, cahotés sur la banquette sans dossier, nous arrivions, engourdis à moitié, les joues fraîches.

Le dimanche s'écoulait vite. Le temps le permettant, nous partions pour une longue promenade au bord de la rivière. En fin d'après-midi, Marquise, de nouveau attelée, m'emmenait à la gare de Saint-Seurin-sur-l'Isle. Je retrouvais les quais de Coutras, un express de nuit me ramenait à Poitiers. Au petit matin, le premier train du jour me permettait de rejoindre Montmorillon pour entrer à 8 heures dans ma classe. Je rattrapais vite en sommeil, le lundi soir, ces deux nuits blanches.

Le Temps des Noces

Avec l'été 1921 arrivèrent les vacances et avec elles, une sorte de répétition à mon propre mariage, celui de la fille de mon directeur. Marguerite Chartier épousait fin juillet, à La Trémouille, un de ses camarades d'enfance devenu ingénieur des Arts et Métiers. Et pour nous témoigner sa sympathie, M. Chartier nous avait invités, Liège et moi, à cette cérémonie, dans ce chef-lieu de canton où il avait exercé plusieurs années. La mariée, très brune, de type « gitane », distinguée, fine et intelligente, formait contraste avec son mari, du type « nordique » par le physique et technicien par les contacts, fort courtois. On le sentait à la fois épris et admiratif devant sa jeune femme dont l'aisance et la culture universitaire le séduisaient. Devenus M. et Mme Paul, ils allaient habiter Nantes ([87]).

Début août, j'étais à Saint-Antoine-sur-l'Isle. Mon mariage avec Georgette Trimoulet avait lieu le 11 et cette date avait posé quelques problèmes, car plusieurs des invités de Montmorillon – Liège, Rallet – devaient assister la veille, c'est-à-dire le 10 août, en Charente, au mariage de l'un de nos amis communs, Santurette, camarade de promotion, délégué quelques mois plus tôt à l'enseignement des mathématiques chez nous. Il avait donc fallu « étirer » et ajuster les horaires pour permettre auxdits invités d'arriver tard le soir, ou tôt le matin, à la gare de Saint-Seurin ou de Coutras où les attendrait Marquise. Aussi bien fut-il possible en recourant aux bienveillants services des voisins d'offrir le logement dans le village à nos invités venus de loin à cette occasion.

---

[87] Marguerite Paul, maman de grandes filles, accueillerait avec effusion ma fille Paulette, étudiante en pharmacie dans cette ville en 1941 et 1942.

Ce fut une noce paysanne. Mes beaux-parents, boulangers, servaient une clientèle étendue. Ma femme était la seule fille de la famille. Il convenait d'informer et aussi d'inviter au bal du soir en cette circonstance. Aussi bien les préparatifs et la mise en place avaient été étudiés avec soin. Le repas de noces eut lieu dans le chai, préalablement tapissé de feuillages. Dans la cour, auprès du chai, fut installée une vaste toile de tente, utilisée pour les bals champêtres et louée pour la circonstance. Un mariage à la campagne est, et il demeure, un événement important. Il suscite la curiosité, fournit l'occasion de l'expression de sentiments divers et de jugements calculés ou spontanés, il offre la source d'échanges et de sujets de conversation dans le village.

Georgette Trimoulet était une jolie fille. Enfant, elle avait gardé les moutons dans les « grands prés » au bord de la rivière; écolière, elle avait été bonne élève de l'institutrice dont l'habitation jouxtait la boulangerie; elle était allée en pension, possédait son brevet et épousait un instituteur, son filleul de guerre. De tels éléments prédisposaient favorablement le village; aussi, nombreux étaient-ils à la messe de mariage, nombreux aussi les jeunes des alentours, le soir, au bal.

Le repas, long et abondant, se prolongea tard l'après-midi. Aussi bien m'apparaît-il superflu de relater le menu de ces agapes estivales et rabelaisiennes où se succèdent jusqu'au crépuscule sauces, rôtis, vins, crèmes, dans une atmosphère de joie vraie et d'optimisme partagé. La canicule sévissait, le cortège, au retour de l'église, s'était étiré, une atmosphère familièrement joyeuse rapprochait les couples. Les enseignants de la Vienne, mes invités, s'empressaient auprès des amies de pension de ma femme et de ses camarades d'école du village, et Liège retrouvait son rôle de séducteur. Au dessert, les chansons fusèrent; Rallet, le savant, improvisa en notre honneur en dix minutes un impromptu dont les rimes participaient des termes les plus singuliers et les plus inattendus qui lui avaient été lancés spontanément de toute part (cagouille, chatouille, choir, grenouille, Hibrant, Laurent, légère, pantin, rasoir, sincère, soir, trottin) :

C'est dans les bois profonds, sous la lune,   le soir
Lorsque, du fond des eaux, monte un chant de   grenouilles,
Quand la fraîche rosée du soir se laisse   choir
Et que sur les laitues circulent les   cagouilles.

La brise dans les joncs fait un bruit de   rasoir
Et délicieusement sur les joues nous   chatouille.
À cet instant divin, l'homme n'est qu'un   pantin
Dont on voit les ficelles aux mains d'un   trottin.

C'est ainsi que parfois, sous la brume   légère,
Exprimant doucement leur passion   sincère,
On pourra voir dans l'ombre errer Madame   Hibrant
Et son heureux époux, son bien-aimé   Laurent.

Ce fut un succès considérable. Le cousin de ma mère, Paul Vincent, parisien d'adoption (il avait une magnifique voix de baryton), poussa ses romances préférées, *La Voix des chênes*, *La Chanson des blés d'or*, et décréta que ce sonnet impromptu devait avoir les honneurs de l'imprimerie ([88]). Il recopia le texte original de mon ami Rallet à cette fin, et effectivement, quelques jours plus tard, nombre de participants au mariage reçurent ce souvenir « poétique ».

Au crépuscule commencèrent à arriver danseurs et danseuses de la commune et des environs. À la nuit tombée, la grande tente s'emplit de musique et de gaîté. Aux rythmes cadencés de l'accordéoniste, du violoneux et du clarinettiste amateurs, entraînés de longue date à la production de leur répertoire, polkas, valses, mazurkas emportaient à grand bruit garçons et filles qui sortaient de temps à autre pour boire la bière bien fraîche servie tout à côté de la salle de bal par le cabaretier du village, bien avisé en la circonstance. Et la mariée se prêta bien sûr, de bonne grâce, aux formalités de l'ouverture du bal, avec son mari, puis avec les garçons d'honneur.

C'était le 11 août 1921, moins de trois ans après la guerre … la vie reprenait ses droits…

---

[88] N.T. — 1. Paul Vincent : un témoin du mariage. 2. *La Chanson des blés d'or* (1882), paroles de Camille Soubise (1833-1901) et de F. Lemaître, musique de Frédéric Doria (1841-1900); *La Voix des chênes* (1888), paroles de Marius Richard.

Le rituel était exigeant; c'est seulement au milieu de la nuit que nous pûmes gagner le bourg voisin du Pizou où très discrètement une chambre nous avait été retenue. Car, tradition oblige, il faut partir de bon matin à la recherche des mariés pour leur porter « le tourain* » et les surprendre au lit. Selon les dires, les enquêteurs auraient poussé leurs recherches très loin et seule une indiscrétion tardive les conduisit à nous offrir de grands bols de chocolat fumant. Et la chambre nuptiale retentit de propos enjoués et rieurs des cavaliers et cavalières de notre suite d'honneur.

Et il y eut un lendemain de noces, avec repas, bal, promenades champêtres pour les jeunes – et la fête prit fin.

Marquise et autres attelages du village ramenèrent les invités à la gare où maints « au revoir » s'échangèrent...

Pour nous, dès le lendemain, nous partions pour un séjour à La Bourboule où j'avais retenu une pension. Au bout d'une quinzaine de jours, nous regagnâmes Saint-Antoine par un train de nuit. Il convenait maintenant de se partager entre nos deux familles : après une semaine auprès de mes beaux-parents, nous étions attendus à Creysse.

Mon Oncle Counord possédait du « bien » : à Issigeac, l'Hôtel de Sébastopol et de la Terrasse (ou Hôtel Counord), un grand immeuble sur le Tour-de-Ville, une propriété prospère à Bardou, l'une des communes du canton réputée pour son vieux château, et la maison de Creysse qu'il avait acquise durant la guerre et qu'il occupait depuis 1919 avec ma mère. Formé de longue date au commerce du bétail, très florissant en Périgord à cette époque, il s'était spécialisé dans le négoce des « laitons* » et nourrains*. Maquignon avisé, il savait conduire son commerce avec rondeur et savoir-faire. Bon vivant, familier du monde paysan et fort d'une longue expérience, il exploitait, avec de substantiels bénéfices, achat et vente des nourrains sur les champs de foire bien approvisionnés du Périgord et du Lot, et traitait sur la place de Bordeaux par l'intermédiaire d'un commissionnaire appointé.

À Creysse, le train de vie était large. Nous y fûmes bien accueillis, quoique la « coupure » se marquât déjà entre notre jeune couple démuni mais fort de son amour – et aussi d'une expérience et d'une maturité insoupçonnées du fait des circonstances vécues (la guerre était passée sur nous) – et les assurances matérielles dont nous étions témoins, s'accompagnant de conseils divers à notre usage. Déjà apparaissait la difficulté de jeter un pont entre la rive « marchande » (mes parents), bien achalandée, et la rive « spirituelle » (notre couple), pauvre mais riche de son devenir.

Ce premier séjour à Creysse fut coupé par une brève visite à Issigeac auprès de mes grands-parents, de ma tante Madeleine et de mon cousin Paul notamment.

À Issigeac, ma femme représentait « l'inconnue », notre mariage semblait une sorte « d'aventure », même au lendemain de cette guerre qui venait de brasser tant de gens, de modifier tant de courants sociaux, psychologiques, mais où les villages demeuraient encore enclos dans leurs mêmes usages. L'accueil fut affectueux, à l'exception de mon grand-père Martin, enfoncé dans la terre jusqu'au cœur, qui ne pouvait admettre et agréer une fille « sans un sou », réitérant une nouvelle fois son hostilité ainsi qu'il l'avait manifestée lors du mariage de mon cousin Amédée avec Adrienne Rives. Ma grand'mère Muralie redoublait de tendresse : elle avait préparé pour nous, dans la maison du Tour-de-Ville, la grande chambre carrelée du premier étage, aux pesants volets, et garni de draps, sentant bon la lessive, un lit de coin pansu, enserrant par étages successifs la paillasse de feuilles de maïs, la couette de plumes d'oie, le matelas d'épaisse laine. Et l'ascension ou la descente de ce meuble, qui avait englouti sous son édredon volumineux tant de générations paysannes, nous fournit l'occasion de beaucoup rire et plaisanter.

Fin septembre, nous regagnâmes Saint-Antoine pour préparer notre embarquement pour Montmorillon. Dûment nantis d'abondantes provisions de bouche, malle et mallettes bouclées, Marquise fila bon train à la gare de Saint-Seurin. À Coutras, l'express grondant et enfumé nous prit en charge. Pour affirmer sa mutation sociale, Zette avait entouré son grand chapeau de panne d'une voilette derrière laquelle elle se plaisait à ombrer son visage. C'était espiègle et mutin, et nous plaisantâmes beaucoup durant tout le trajet jusqu'à Poitiers. L'omnibus Poitiers-Limoges, via

Montmorillon, attendait sagement. À la fin du jour, nous retrouvions notre sous-préfecture, quiète et embrumée, et la rue Puits-Chaussée.

Une notification m'y attendait : ma demande de nomination officielle au titre d'instituteur délégué à l'E.P.S. de Montmorillon était satisfaite. M. Chartier m'avait invité à la formuler au moment de son départ à la retraite, et m'avait vivement recommandé de la solliciter eu égard à l'intérêt qu'il me témoignait et aux besoins à couvrir en personnel après les années de guerre. Cette affectation était prometteuse, la voie s'ouvrait vers une carrière de professeur.

Dans le même temps parvenait un télégramme du Protectorat marocain m'attribuant à la rentrée un poste d'instituteur détaché à Rabat, avec possibilité d'un emploi approprié pour ma femme. Désireux en effet de rechercher une situation où pourraient se conjuguer mon métier d'enseignant et des avantages pécuniaires, j'avais adressé au ministère un dossier de candidature où j'indiquais notamment que je connaissais la langue espagnole. Cet élément avait pu favoriser mon affectation.

Des deux familles fusèrent les plus véhémentes protestations : le Maroc, c'était alors la grande aventure et tous les arguments furent invoqués.

Nous ne partîmes pas pour Rabat. J'en ai longtemps ressenti un vif regret.

J'avais pu m'accorder avec Mlle Charruyer pour obtenir en meublé, outre ma chambre de célibataire, une pièce au rez-de-chaussée à usage de salle à manger. Une partie de la cuisine de sa maison nous était par ailleurs réservée.

Dès lors, nous « entrions en ménage ».

Le Temps des Résolutions

Cette année 1921-1922 fut bien douce et courte, sous le signe de l'amour et de la pauvreté matérielle – à la fois réelle et toute relative par ailleurs, et selon comparaisons diverses…

Mon traitement d'instituteur délégué (qui dépassait de dix pour cent celui de l'enseignement primaire) devait osciller autour de cinq cent francs. Nous étions bien pourvus « d'habillements », les denrées étaient abondantes et très accessibles, nous avions de quoi acheter les bûches pour les deux cheminées. Très vite ma femme s'adapta à sa condition et à notre mode de vie.

Le groupe scolaire venait d'être l'objet de nombreuses modifications. M. Chartier était admis à la retraite; il allait habiter dorénavant dans la belle demeure bourgeoise qu'il avait acquise rue de Strasbourg, la principale artère de la ville, tout près du pont moderne sur la Gartempe, entre la pharmacie du père Gautier – personnage pittoresque – et l'Hôtel de France à la flatteuse réputation gastronomique. Il était remplacé, à la direction de l'École primaire supérieure et de l'école primaire annexée, par M. Naulleau, vendéen d'origine, venant des marches de l'Est où il avait exercé à Giromagny.

L'Hôtel de France, rue de Strasbourg

M. Naulleau contrastait en tous points avec son prédécesseur : grand, corpulent, le visage rond, un regard candide sous d'épais sourcils, le parler lent, les gestes réfléchis, il paraissait témoigner d'une solidité corporelle et d'un comportement réservé, bien qu'empreint d'urbanité, qui le situait *a contrario* de l'impétuosité quotidienne de M. Chartier.

Mme Naulleau, non-enseignante, assumait avec vigilance sa fonction de mère de famille auprès de ses trois enfants, Jeanne, l'aînée, D., sa cadette, et Roger, le garçon. Soucieuse d'ouvrir son foyer vers l'extérieur, dans une petite ville encore inconnue, et désireuse de nouer des relations utiles et éventuellement amicales, Mme Naulleau invita très vite les familles des collaborateurs de son mari. Aussi bien nous fûmes accueillis courant octobre devant le feu de bois de l'appartement directorial.

Jeanne Naulleau, plus âgée que ma femme, pétrie de vertus ménagères, rompue aux « travaux à l'aiguille » (Molière *dixit* [89]), ouverte et cordiale, robuste et franche, désireuse d'aider un foyer, se prit vite d'amitié pour elle. Dès lors, broderies, tapisseries, points divers, confections culinaires diverses devinrent l'objet de maintes rencontres privilégiées dans ce petit monde replié sur soi que constituait le groupe « enseignant ».

Lors de son arrivée et de sa prise de fonctions, M. Naulleau avait conservé mon camarade Liège, déjà engagé antérieurement par M. Chartier, pour assurer la fonction de surveillant général de l'internat. Dans le même temps, le personnel se renouvelait : sur un poste de lettres arrivait Brémond, frais émoulu du concours, instituteur chevronné, antérieurement dans l'Indre-et-Loire. Sérieux, rigide, les yeux abrités derrière de grands verres fumés, revêtu dans la classe d'une longue blouse grise raide, tout imbu d'un savoir livresque considérable, demandant à sa mémoire enregistreuse citations et références, notre collègue semblait allier le puritanisme d'un quaker à une pédagogie toujours davantage en

---

[89] N.T. — *Les Femmes savantes* (1672), II, 7, v. 580-584 (tirade de Chrysale) : « Leurs ménages étaient tout leur docte entretien, / Et leurs livres un dé, du fil, et des aiguilles, / Dont elles travaillaient au trousseau de leurs filles. / Les femmes d'à présent sont bien loin de ces mœurs, / Elles veulent écrire, et devenir auteurs. »

recherche d'efficacité et par là même trop envahissante dans les échanges professionnels. Nous devions par la suite beaucoup travailler de concert.

Et cette année scolaire commença. Nous étions bien loin des collèges et lycées énormes. La connaissance s'acquérait ou s'engrangeait lentement, doucement, de maître à élève, ce dernier étant bien personnalisé, distingué, traité en conséquence : peu ou pas de prétentions dans l'exercice du métier, mais un souci d'apporter ce qui devait être un fondement à conserver, une atmosphère à la fois ouverte et vigilante. Nous aimions, jeunes, ces adolescents un peu plus jeunes que nous.

Au seuil de notre vie de jeunes mariés, nous étions proches de la formule « une chaumière et un cœur ». La chaumière était cependant la maison bourgeoise, solide et inconfortable en partie, de notre logeuse Mlle Charruyer. Dans les pièces que nous avions louées en meublé, Zette apporta rapidement quelques compléments agréables. Habile manuellement, douée au plan esthétique, vite liée d'amitié avec Jeanne Naulleau, elle égaya notre *home* de travaux à l'aiguille, broderies, tableautins. Et les soirs d'hiver, devant le feu de bois, le crissement de ma plume sur le papier se mêlait au choc très léger des petits blocs de bois retenant les fils d'un tambour à broder. Un profond sentiment de paix et de tendresse intime nous unissait.

J'avais à rattraper physiquement, en nourritures terrestres, les années de désordre ou insuffisance alimentaires de mon temps d'internat et de soldat. Une mauvaise et assez persistante éruption cutanée s'était manifestée l'année écoulée et un traitement assez long avait permis d'en venir à bout. Aussi, utilisant son savoir-faire et les recettes culinaires éprouvées de notre région, Zette était-elle appelée à confectionner des plats répondant à nos appétits dévorants. J'accusais en été dix kilos supplémentaires et compensais de la sorte une silhouette trouvée antérieurement trop « longiforme ».

Jours et semaines allaient bon train. Courant décembre des perspectives nouvelles vinrent s'offrir à nous : Zette était enceinte. Le futur prenait déjà un autre visage. Mes résolutions en furent fortifiées. Pour moi : le professorat. Pour Zette : la préparation à la maternité et l'installation matérielle ultérieure dans un logement approprié, dans nos meubles.

Paulette

Nous étions appelés à un séjour indéterminé à Montmorillon, nous allions en devenir des habitants à part entière rapidement, bien considérés par Dupuy le boucher, Dupin le marchand de bois et de charbon, Gautier le pharmacien, Compagnon le charcutier, bien pourvu à la saison en alouettes et lapins de garenne, Rochon le marchand de draps et nouveautés à la vitrine attirante qui offrait en tentation à Jeanne Naulleau et à ma femme, expertes en tissus, ses rouleaux de lainages et d'épaisses ratines dont les coupons d'occasion seraient confiés à la couturière attitrée, après maintes consultations de modèles et de catalogues.

Et les Galeries modernes, aux reflets blancs des becs de gaz qui les illuminaient, venaient jeter le soir, au crépuscule, une grosse tache lumineuse sur la rue centrale où clignotaient de place en place les hauts réverbères de fonte. Derrière les fenêtres non closes encore, les lampes à pétrole des pièces du rez-de-chaussée se faisaient discrètes, leur lueur tamisée révélait le fauteuil familier, le bureau, le vaisselier... La petite ville, dans la pénombre, se faisait douce et familière aux passants.

Il me plaisait d'aller converser chez le libraire dont la boutique se cachait un peu dans l'encoignure du pont moderne qui enjambait la Gartempe. Libraire et papetier, cet homme était avant tout artisan imprimeur. À ce titre, il avait la charge d'imprimer chaque semaine le périodique d'informations locales de l'arrondissement, *La Gartempe*. J'avais noué des relations de confiance et d'amitié avec cet homme d'une quarantaine d'années, grand, très brun, en partie chauve, l'œil noir enfoncé sous d'épais sourcils, enveloppé dans une longue blouse noire d'imprimeur. J'engageais avec lui de grandes conversations sur la ville, les événements locaux, le train des choses. Robuste, laborieux, expérimenté, il représentait dans la localité, dans l'atmosphère provinciale, un élément constitutif de la vie sociale, un type de professionnel sérieux et travailleur, une de ces petites cellules dont l'ensemble formait la trame et la continuité de ces milliers de villages et petites villes.

L'École primaire supérieure demeurait avant tout notre centre d'intérêt, la scène renouvelée d'activités et actions diverses. Notre petite équipe de professeurs ou aspirants-professeurs était bien homogène. Elle se retrouvait souvent, surtout les dimanches après-midi, pour un confortable goûter chez Mme Naulleau. Sa fille Jeanne, assistée de la cuisinière de l'internat, confectionnait de succulentes pâtisseries; on y faisait honneur. M. Naulleau nous traitait comme un père de famille.

L'année scolaire 1921-1922 s'avançait. L'été s'annonçait. Je n'étais nullement prêt pour affronter à Poitiers l'écrit du professorat. Je ne pris pas le départ. Nous allions cueillir au « Clos » (le terrain d'application de la section agricole de l'école) les cerises sur les arbres au tronc ventru, et le dimanche après-midi, manger des clafoutis chez Mme Naulleau.

Fin juin, sur les conseils de notre médecin, le docteur Niot, Zette partit pour Saint-Antoine. La naissance était envisagée pour juillet. Ce temps de repos, où le lait de chèvre apporta à la future maman un élément de qualité (bu après la traite), favorisa l'accouchement. Le 16 août 1922, la sage-femme du Pizou, âgée de plus de quatre-vingts ans, délivrait la patiente. À midi, Paulette faisait son apparition, dans une humble petite pièce carrelée, blanchie à la chaux, impeccable d'ordre et de propreté dans sa pauvreté, la chambre où ma femme, jeune fille, avait fait son lieu personnel de retraite et de culture. La vieille sage-femme repartit à pied vers sa demeure à deux kilomètres et sa visite ultérieure devant se situer quarante-huit heures plus tard seulement, il incombait à la famille de prendre en charge toutes les dispositions indispensables pour assurer les meilleurs soins à la mère et à l'enfant.

Aussi bien, très peu de temps après la naissance – était-ce deux ou trois heures ? – retournant auprès de l'enfant en vue d'assurer une surveillance régulière, je découvris aussitôt à travers les linges qui l'emmaillotaient une large tache de sang. Constatation rapide : une hémorragie s'était déclarée au niveau du cordon de l'ombilic. Le médecin, alerté par téléphone depuis la cabine du bureau auxiliaire des P.T.T., put arriver très vite et réparer l'erreur ou la maladresse commise lors de la coupure du cordon ombilical ([90]).

Les grandes vacances d'été furent partagées entre Saint-Antoine et Creysse.

Mon Oncle Counord et ma mère voulurent donner un certain faste au baptême de cette petite-fille. Le premier avait perdu un tout jeune enfant, seulement âgé de quelques jours, après le mauvais accouchement de sa première femme. Il paraissait vouloir s'attacher plus particulièrement à cette petite fille dont il devenait en quelque sorte le grand-père par alliance. Il en devint donc le parrain, et il fut convenu qu'elle serait dénommée Paulette (notre choix), Gabrielle (du prénom du parrain) Hibrant.

La cérémonie du baptême se déroula à Creysse dans un grand appareil de robes d'été, de vestons bien coupés, de cols durs ornés de nœuds de cravates. Nombreux étaient les convives autour des tables dressées en plein air, dans le jardin qui s'allongeait, tapissé d'arbustes verts, entre la façade arrière de la maison et le talus de la voie ferrée. Sans doute, ce repas comportait-il, entre autres mets, un certain civet de lièvre à la royale qui avait été précédé de la lamproie à la bordelaise. Je passe sur les gigots et les glaces pour rappeler seulement que les desserts étaient accompagnés d'un vin de Samos que le maître entretenait avec soin en parfait état de vieillissement, et dont la teinte mordorée s'apparentait dans les verres aux rayons du soleil et à un nectar évoquant celui qui emplissait les coupes d'un banquet de la Rome antique.

Toute frêle dans une interminable robe blanche, l'héroïne du jour, assise, ou plutôt soutenue, sur les genoux de sa grand'mère, attendait paisiblement de prendre le sein.

Et déjà, avec les vendanges, s'annonçait la rentrée des classes. Dans les derniers jours de septembre, nous retrouvions

---

[90] Je laisse soin à mes petits-enfants, pères de famille en 1980, de réfléchir, à la lumière de ce petit fait, sur les conditions « d'environnement » familial, médical, social, qui étaient celles de l'enfant et de ses parents, dans la très grande majorité des situations identiques, dans le premier quart de ce siècle.

Montmorillon, mais c'était dès lors pour établir le foyer agrandi dans un nouveau logis.

Le Temps de Vivre

Me sachant à la recherche d'un appartement et disposant d'une partie de son immeuble rue de Strasbourg, mon premier directeur, M. Chartier, m'offrit en location une partie du rez-de-chaussée et du premier étage : cuisine, salle à manger, deux chambres, cabinet de toilette.

Nous entrions dans nos meubles.

Un premier recensement nous permit une dotation satisfaisante en lits de coin, literie, sièges divers par appel aux ressources familiales. L'équipement de la cuisine, essentiellement une cuisinière noire, tôle et fonte, barre et poignées de cuivre, bouilloire intérieure recouverte aussi d'une plaque de cuivre, fit l'objet des conseils et des prix spéciaux de mon oncle Arthur Dubois. Le mobilier lourd, celui de la salle à manger, fut choisi sur un catalogue Lévitan, et la vaisselle, sur celui de La Samaritaine. Une horloge-cartel murale nous engagea aussi dans un crédit auprès d'une fabrique alsacienne. Et sous la table de la salle à manger, un tapis noir et rouge (dit « d'Avignon ») devait permettre par la suite à la rampante fillette de s'installer commodément et paisiblement pour y « raser » son ours en peluche, traîné au préalable par une seule oreille à travers toute la maison. Ma femme allait compléter cet emménagement par des peintures et des travaux à l'aiguille.

Dans un cadre clos et tranquille, dans une atmosphère réciproque de sympathie avec notre propriétaire, nous avions l'impression de commencer à bien appartenir à cette petite ville. Je devais alors gagner entre six cent cinquante et sept cent cinquante francs par mois, c'était la période transitoire où le franc n'avait pas encore été stabilisé par Raymond Poincaré. La société dite « de consommation » demeurait alors inconnue. Les besoins essentiels d'un train de vie modeste pouvaient être couverts. Ces deux années furent laborieuses, intimes, discrètes, bénéfiques.

Chargé de l'enseignement réglementaire de la gymnastique, mon diplôme de moniteur d'instruction physique acquis sous les drapeaux m'ayant valu cette affectation supplémentaire, je dirigeais plusieurs fois par semaine les classes de notre école soit sur la grande place ombragée devant l'école pour les leçons méthodiques, en groupe, en vue de la culture et de la maîtrise individuelle du corps par les exercices et mouvements d'ensemble appropriés, soit sur le terrain de sports, route de La Trémouille, pour la pratique progressive des jeux et sports au plan personnel et collectif. Le dimanche après-midi, j'étais appelé à jouer dans l'équipe de football constituée par mes élèves. Puis je retrouvais chez mon directeur Zette qui avait couché dans son landau Paulette endormie et, par un long circuit, était venue m'attendre en bavardant avec Jeanne Naulleau, experte en gâteaux maison. Au fil des semaines, des mois, notre foyer avait pris son rythme fait de ces petits bonheurs invisibles.

Zette gouvernait la maison, assurait les marchés chez le boucher, chez le charcutier, et chez le crémier voisin au camembert succulent. Elle s'approvisionnait au marché de plein vent sur les places, s'attardait aux Galeries modernes, chez Peyan dont le fils avait été mon élève en 1920-1921, accueillait deux fois la semaine le jeune Guerrand, fils d'un riche maquignon, élève de l'école, doué en dessin, pour travailler à quelques reproductions de peinture. Souvent, avec Jeanne Naulleau, travaillant de concert à des broderies, les deux amies partaient en promenade, Paulette dans sa voiture, et devisaient devant les boutiques.

Liège venait souvent nous rendre visite; il se plaisait à la maison. Nous écoutions ses confidences diverses. Dilettante, repoussant ou récusant tout engagement qui aurait pu le « fixer », il avait abandonné la préparation au professorat d'éducation physique, où il aurait pu réussir, et orientait une partie de ses loisirs vers des activités nouvelles, telle la construction et le montage de postes de radio à galène. Par ailleurs, très bon maître et surveillant général averti, il menait une vie de célibataire à la fois roué et méfiant à l'endroit d'une « gent féminine » très préoccupée par une recherche matrimoniale.

Assez fréquemment, nous nous retrouvions avec mes deux collègues et leurs familles, Brémond et Santurette, pourvus de jeunes enfants. Ce dernier, comme moi, préparait le professorat de sciences sous le préceptorat bienveillant de notre ami Rallet, « l'homme aux herbes et aux champignons ». Santurette trouva en lui un guide et un animateur.

À l'intérieur de ce cadre scolaire parfaitement programmé, les semaines s'écoulaient vite, laborieuses, emplies de petits faits familiaux et professionnels. Montmorillon, bourgade agricole, éloignée des gros courants de circulation, vivait encore à l'heure rurale, au clapotis de la Gartempe, au carillon du clocher de l'église Saint-Martial. Les cloches traduisaient les fêtes et les saisons, découpaient les jours et les nuits, soulignaient les temps de travail et de repos, de quart d'heure en quart d'heure.

Les images et les sons d'une radio encore balbutiante et tout extérieure au terroir provincial demeuraient lointains et étrangers. La nature et les champs s'offraient au regard, les routes ombragées, à la promenade, la rivière, aux pêcheurs et aux rêveurs, les rues, quiètes et discrètes, à la flânerie et aux rencontres.

Sans doute est-ce cela qu'on a appelé « le temps de vivre ».

Le Salaire de l'Ambition

Deux fois, en 1923 et 1924, en dépit d'un travail méthodique, de veillées tardives, j'avais échoué au concours de la première partie du professorat des écoles normales, qui se décidait selon l'ordre de classement et le nombre de places à pourvoir. En effet, depuis 1920, ce concours avait été profondément modifié et valorisé. Il comprenait deux parties : la première, qui pouvait ouvrir aussi l'accès à l'École normale supérieure de Saint-Cloud pour les mieux placés, les autres recevant le diplôme de professeur-adjoint, et la seconde, affrontée deux ans après l'obtention de la première, aboutissait au titre de professeur titulaire dans la spécialité préparée et désignait le lauréat, selon son rang de classement, pour exercer dans une école normale d'instituteurs ou dans une école primaire supérieure.

La dissertation littéraire et le thème-version anglais m'avaient jeté dans le trou. J'avais mieux résisté en histoire et géographie. Consciente de mon travail et de ma volonté, Zette fondait en larmes au reçu du papier administratif notifiant mon infériorité. Et ce bon M. Chartier, attentif et réconfortant, lui disait doctement : « Il n'y a pas d'exemple qu'un travail régulier n'ait pas été payé un jour ».

Et de ce fait, absorbant peu à peu auteurs et programmes inscrits au concours, j'abordai juin 1925 avec solidité.

Entre-temps, cette même année, avait été créé pour les écoles pratiques un professorat de lettres avec option Histoire-Géographie-Langues vivantes, dont le contenu, nettement relevé, reprenait en grande partie, mais sur des bases nouvelles et sous un aspect moins « pointilleux », celui du professorat des écoles normales et des écoles primaires supérieures. En effet, l'enseignement technique, sous l'emprise d'une économie exigeante au plan industriel et des échanges, devait être appelé à former une main-d'œuvre de qualité; il lui fallait des maîtres formés pour cette tâche. Ce nouveau professorat me semblait impliquer moins de savoir critique et analytique que d'ouverture aux textes et aux faits. Tel quel, moins « livresque », il répondait davantage à ma « tournure mentale ».

Je me présentai à l'un et à l'autre.

Cette fois, Balzac vint à mon secours. Il convenait de dégager, dans *Le Curé de Tours*, l'un des ouvrages figurant au programme, la vérité humaine, permanente de quelques-uns des personnages-clés du roman. Parmi eux se situait la méchante vieille fille Sophie Gamard, dont le comportement allait contribuer à l'effacement progressif, en tous domaines, du bon curé. Était-ce hasard ou heureuse conjugaison des choses ? Ce fut en tous les cas, pour moi, une soudaine illumination. Sophie Gamard devenait mon ancienne logeuse, Mlle Charruyer : personnage physique, comportement calculateur, agissements sinueux, environnement – maison, cadre de vie – de dévotion rituelle et organisée. Les deux personnages se recouvraient. Je m'embarquai immédiatement dans une dissertation ordonnée et complète, sûr de mes données « concrètes ». Les deux épreuves d'histoire et de géographie ne m'ayant pas causé de soucis, étant dans le droit fil des programmes, j'étais appelé trois semaines plus tard à subir les épreuves orales.

À quelques jours d'intervalle, j'affrontai également la première partie du professorat des écoles pratiques de commerce et d'industrie. Là aussi je fus admissible à l'oral.

Courant juillet, j'arrivai pour l'oral une première fois à l'École normale supérieure de Saint-Cloud, et une seconde fois à l'École normale supérieure de l'enseignement technique, 151, boulevard de l'Hôpital à Paris.

Mon premier oral fut plutôt médiocre. En anglais, où j'avais à lire et commenter quelques pages d'un chapitre des Bandar-Log, le peuple singe du *Livre de la jungle*, avec mon accent périgourdin et ma technique incertaine de traduction et d'expression, je ne brillai guère. En littérature, après un exposé convenable, un trou de mémoire m'interdit de retrouver l'année 1642, date du triomphe du *Cid*. Je m'en tirai néanmoins avec un rang de classement subalterne : trente-huitième sur quarante-cinq admis. J'avais touché le but.

La deuxième fois, je fis meilleur contenance auprès des examinateurs et me tirai avantageusement du combat. Je fus admis cinquième. Ce concours prévoyait l'entrée des douze premiers candidats admis en qualité d'élèves boursiers pour une durée de deux ans en vue de la préparation à la seconde partie du concours. Le taux annuel de la bourse était alors de sept mille deux cents francs; le régime était l'externat. Je refusai spontanément. Ce qui pouvait, à la rigueur, convenir à un célibataire n'était pas envisageable – sauf ressources complémentaires personnelles, ce qui n'était pas mon cas – pour une famille de trois personnes.

Je rejoignis Montmorillon, deux parchemins en poche, ravi.

Fin juillet, je reçus ma nomination sur place de professeur-adjoint.

Quelques jours après, la Direction de l'enseignement technique m'offrait, malgré mon refus d'élève boursier, une nomination de professeur-adjoint à l'École pratique de Rouen. Je la déclinai, après avoir examiné, sous tous les angles, cette proposition avec Zette.

Devenu professeur-adjoint à Montmorillon, au traitement mensuel, pour nous mirifique, de mille cent cinquante francs, je pouvais envisager une situation professionnelle et matérielle mieux assurée, la poursuite du concours de seconde partie dans des conditions de travail identiques, et une liaison culturelle suivie, par correspondance et documents, avec des camarades entrant à l'Enseignement technique qui me feraient parvenir des informations valables.

À l'occasion du déroulement des épreuves orales à Paris, Zette m'avait accompagné. Paul Vincent et Delphine, sa femme, cousins très proches de ma mère, nous avaient invités à séjourner chez eux, à Asnières. Delphine, d'origine belge, fine et bonne, exploitait un magasin de bonneterie; Paul avait sa boutique d'horloger-bijoutier rue de Rome. Ils furent nos guides. Nous fîmes maintes visites de monuments, édifices classés, clôturant ce séjour par une soirée au Casino de Paris où se produisaient alors les deux vedettes chères aux Parisiens : Mistinguett et Maurice Chevalier.

Cette année 1925 fut faste. M. Chartier avait gagné : le travail avait payé.

D'une Occasion à l'Autre

La rentrée 1925 voit se modifier les visages de l'école et nous apporte d'importantes mutations.

M. Naulleau venait de partir à la retraite. Il se retirait aux Sables-d'Olonne. Il était remplacé par M. Thébault, professeur de mathématiques qui prenait possession de son premier poste de directeur. Comme M. Naulleau, M. Thébault était vendéen. Un peu plus de la quarantaine, robuste et bien charpenté, légèrement grisonnant, le visage sanguin, les yeux vifs et rieurs, accueillant et cordial, de caractère droit, assumant au haut niveau les devoirs de sa fonction, M. Thébault allait s'efforcer d'ouvrir, à l'extérieur, par relations étudiées, les portes de l'école, et de la porter à un plus haut degré d'animation. Il devait y réussir.

D'autre part, M. et Mme Chartier prenaient la sage décision, l'âge aidant, de vendre leur maison et d'aller s'installer à Nantes, comme leur fille Marguerite après son mariage. Nous devions déménager.

Entre-temps, mon ami Brémond, brillamment admis au concours de l'Inspection primaire, recevait son affectation à ce titre à Guingamp, d'où il allait prendre en charge plus de quatre cent cinquante maîtres : quel succès mérité ! Il exultait, il touchait le sommet. Brémond parti, arriva un matin d'octobre Mlle Thibaut, nommée à son poste. À la mémoire encyclopédique, au laboureur de la littérature, au critique des textes, succédait une jeune femme titulaire du professorat d'anglais, riche d'une culture distinguée, ancienne élève du célèbre professeur-pédagogue-philosophe Alain, mais dépourvue de toute expérience « sur le tas ». Une intellectuelle de grande race allait prendre la suite d'un ancien maître d'école.

Brémond avait logé jusque-là au pied de la ville haute, dans un appartement du père Plas, sabotier de son état. Ainsi, au débouché du Vieux-Pont donnant accès à la rue montueuse se présentait, massive et grise, une construction faite de murs épais, troués d'ouvertures à petits carreaux, dominée par une tour ronde coiffée d'un toit en poivrière et encapuchonné d'ardoises. La boutique du sabotier, précédée de quelques marches, ouvrait sur la chaussée. Une grosse et lourde porte cloutée, tout près de la boutique, donnait accès à un escalier mi-pierre mi-ciment ferré, en colimaçon, ouvert dans la tour, qui conduisait à l'étage et aux greniers. Une architecture étrange et peu rationnelle distribuait les diverses pièces du logis, et on atteignait, de la cuisine, par un petit escalier, une petite terrasse encastrée dans ces murs.

Le départ de Brémond me permit de négocier auprès du père Plas la location de l'appartement ainsi vacant. L'affaire se conclut aussitôt, le propriétaire témoignant d'une considération sans borne à l'endroit d'un professeur si savant et modeste qu'il avait si hautement apprécié. Nous passions de la maison bourgeoise à la demeure moyenâgeuse d'un sabotier. Quelques jours avant la rentrée et avec la collaboration active et efficace de mes bons amis Rallet et Liège, en accord avec le père Plas et à mes frais, nous refîmes les tapisseries et les peintures de l'appartement. Je crois me souvenir que le rouleau destiné à la cuisine (immense) coûtait très peu. Juchés sur des échelles, le fil à plomb constitué par une ficelle rendue bien verticale par un gros marteau ou d'épaisses tenailles, je revois Rallet ajustant les rouleaux, enduisant, tendant, coupant … dans la bonne humeur et la joie.

Une tour ronde coiffée d'un toit en poivrière

Cette rentrée donnait à Zette des occupations et activités renouvelées : l'appropriation de notre nouveau logis à notre vie familiale, une prise en charge plus exigeante et plus attentive de notre fillette, des relations de voisinage, des contacts nouveaux avec le récent directeur, sa famille, la petite communauté scolaire.

Je devins très vite un familier du père Plas, plus encore, je pense, que Brémond, toujours en proie aux citations, aux références littéraires et pédagogiques. Car le lieu de « combat » de cet homme, je veux dire son atelier-boutique, m'appelait et m'attirait. En 1925, le père Plas accusait alors de soixante à soixante-cinq ans. Courtaud et massif, les yeux fureteurs, le sourcil épais, la lèvre charnue, un visage rond encadré d'une barbe grise en liberté, il apparaissait comme l'un de ces farouches et rudes artisans du siècle écoulé. Sa vie se confondait, s'était confondue, avec la fabrication des sabots de bois, la seule chaussure paysanne au cours des âges. Et si, après cette guerre mondiale, une évolution se dessinait dans ce monde rural si longtemps clos, le père Plas, réputé à la ronde, conservait une clientèle fidèle et nombreuse. Demeuré célibataire, il « occupait » sa boutique presque en permanence : enveloppé d'un vaste tablier de cuir, les lunettes d'acier glissant sur son nez, une chaise robuste à siège de cuir, entouré des outils familiers – ciseaux à bois, gouge et tant d'autres, le sol tapissé de copeaux, les murs revêtus de sabots de hêtre ou de châtaignier, bien alignés par paires et s'offrant aux « chalands » – le père Plas évoquait à mes yeux, comme dans mon premier grand livre de lecture, Étienne le bon sabotier, personnage de relief, accueillant en 1872, après leur départ de Phalsbourg, les deux jeunes Lorrains à la première étape de leur tour de la France. Le sabotier vosgien et le sabotier limousin se rejoignaient ainsi dans mon esprit et je me plaisais à y retrouver l'un des éléments de la France profonde.

Mme Petitpied était la cousine du père Plas. Devenue veuve, sans enfant, un peu plus jeune que lui, elle avait pris en charge la vie matérielle de ce cousin souvent bourru et bougon qu'elle entourait de soins quotidiens. Grande, de noir vêtue, toujours coiffée d'un bonnet blanc tuyauté, le visage fin, le contact agréable, elle assumait avec vigilance et autorité les repas, l'entretien du linge et des vêtements du célibataire endurci. Mais Mme Petitpied possédait sa maison et limitait son activité à cette collaboration matérielle, le sabotier assumant lui-même le côté financier de son activité.

Souvent, à la fin du jour, en rentrant de l'école, je m'attardais volontiers dans la boutique après avoir fait de même sur le Vieux-Pont.

L'été, la Gartempe aux eaux murmurantes et aux reflets noirs, glissant, moirée, sur les granits de son lit, s'offrait, limpide et peu profonde, aux lavandières qui battaient leur linge au long des rives de part et d'autre du pont, échangeant maints propos. Tableau paisible dans le soleil couchant.

L'hiver, la brume enveloppait la ville, le pont. Un froid humide se dégageait de la rivière. On l'entendait, grossie, torrentueuse, souvent près de « déborder ».

Sous la lumière blanche d'un bec de gaz, le père Plas faisait résonner sa boutique de coups de marteau. J'entrais, il s'interrompait. Et, sans doute après y avoir beaucoup pensé seul, il allait retirer un vieil atlas d'un coin de sa boutique et m'interrogeait sur tel ou tel aspect du mystère géographique. Car cet artisan sabotier, instruit par l'expérience et non par l'école, mais avide de savoir (il pratiquait tout seul, sans s'en rendre compte, ce qu'on dénomme aujourd'hui « formation permanente »), possédait cet esprit de curiosité et cet « appétit d'éclairage » sur le monde qui lui conféraient dignité et respect. J'ai voulu souligner ce besoin et cette forme « d'ascension intellectuelle » de l'humble sabotier de Montmorillon, recherchant avec moi, dans des échanges amicaux, la connaissance de son pays et de notre planète.

Paulette venait de dépasser ses trois ans. Vive et réfléchie à la fois, elle savait utiliser habilement l'escalier tournant. La boutique de l'épicière et celle du boucher jouxtaient ou faisaient face à la boutique du sabotier. L'épicière élevait un jeune chat, il devint vite le favori de la toute nouvelle occupante, Paulette, qui devint l'amie de « Sucette » Langrenet (l'épicière portait le même nom). Dans le même temps, la fillette de la jeune femme du boucher, M. Darret, s'évertuait, après la marche à quatre pattes, à rechercher l'équilibre, grandement aidée par la même Paulette qui pouvait jouer ainsi à la poupée vivante, les deux enfants s'employant de concert à domestiquer de leur mieux Sucette Langrenet. Une terrasse ombragée surplombant la rivière, protégée par un bon mur, accueillait les deux amies et leur petit félin. Par mauvais temps, le trio trouvait refuge et complaisance auprès de Mlle Langrenet.

Nul ne pouvait alors soupçonner l'avènement des « grandes surfaces ». Sabotier, épicier, boucher, instituteur, habitant au coude à coude dans un même secteur, constituaient une communauté vivante et solidaire, tout empreinte de rapports familiers et amicaux.

Les passants et les clients traversaient le pont, montaient ou descendaient vers la ville haute ou la ville basse.

Selon l'orientation du vent, le carillon de Saint-Martial psalmodiait son cantique tous les quarts d'heure, franchissait la Gartempe. Lui répondaient les cloches de Saint-Laurent. La petite ville, rythmée tout au long du jour par les sonneries, s'assoupissait et s'endormait le soir sous l'incantation permanente, parfois quasi hallucinante, du seul carillon de Saint-Martial.

Une Formule Stratégique

J'avais décidé de ne pas courir deux lièvres à la fois et d'abandonner la seconde partie du professorat des écoles normales pour affronter au mieux celle des écoles pratiques de commerce et d'industrie ([91]). Confiant, laborieux, assuré maintenant de la réussite à la seconde partie du professorat des écoles pratiques, seul envisagé par raison, par prudence et par intérêt professionnel bien compris, je m'engageai de nouveau totalement dans cette préparation par correspondance. Conseils, informations et appuis précieux me furent apportés par Texier et Peyrègue, deux camarades du concours à la première partie du professorat, entrés à l'École normale supérieure de l'enseignement technique. Mlle Thibaut, qui allait devenir assez vite Mme Delteil, me prit entièrement en charge pour la version qui figurait à l'oral. Au moins une fois par semaine, elle me prodiguait son savoir tout empreint de gentillesse spontanée. Chemin faisant, en traduisant événements et récits de l'histoire d'Angleterre, je parvins à obtenir, l'échéance venue, un « satisfecit » convenable.

À l'occasion d'une tournée d'inspection à Montmorillon et des conseils prodigués après sa visite dans ma classe, M. ab der Halden, inspecteur général, m'avait recommandé de contacter M. Timbal, directeur de l'E.P.S. de Bellac. M. Timbal était un spécialiste de la géographie. Il en avait la passion. Il possédait une extraordinaire bibliothèque, toute consacrée à cette discipline. Il jouissait à ce titre

---

[91] Ces dernières devenues depuis, en grande pompe de vocabulaire, « lycées techniques ».

d'une réputation affirmée. Le corps des inspecteurs généraux le considérait avec grande faveur.

Muni de la note de recommandation de M. ab der Halden, je me présentai un jeudi à Bellac pour la première prise de contact. Je fus accueilli avec une grande cordialité. L'E.P.S. de Bellac comportait un internat; Mme Timbal, ouverte et active, l'administrait en gestionnaire bienveillante et avisée.

De la table où siégeaient aux heures des repas M. et Mme Timbal, et éventuellement leurs invités, on prenait en enfilade le long réfectoire et il était possible, du regard, de contrôler le service et la tenue des pensionnaires. L'atmosphère était à la fois chaleureuse et familiale. Je fis connaissance à cette occasion de mon collègue Rougerie, instituteur détaché à l'école, préparant comme moi le professorat des écoles pratiques. Il devint très vite excellent camarade. Après le repas, M. Timbal nous conduisait dans sa bibliothèque et, sur la base du programme figurant au concours mais allant bien au-delà, tout plein de son savoir, il nous prodiguait conseils et références, nous entraînait à la découverte de notre planète, de ses habitants, de ses continents – géographies physique, économique et humaine n'avaient aucun secret pour lui.

Les copies, les exposés que nous lui apportions pour examen et correction faisaient l'objet de notations, à l'encre rouge, remplissant tous les blancs et les marges de nos feuilles. Un certain devoir sur les chemins de fer transcontinentaux aux États-Unis, où j'avais mis toute ma science et le maximum de présentation ordonnée, fut revêtu d'une telle « toile d'encre rouge » que j'en vins à me demander si je parviendrais un jour à me hisser à un niveau convenable. À la vérité, ce sérieux et cette sévérité dans ma prise en charge furent bénéfiques et me permirent de mieux utiliser et classer les données afférentes à un thème ou sujet proposé en vue d'en faire un exposé synthétique complet.

Le soir, à la fin de telles journées de travail, je regagnais la gare de Bellac pour rejoindre Montmorillon – les deux petites villes, distantes d'environ quarante kilomètres, se situaient l'une et l'autre sur la voie ferrée transversale qui unit Poitiers à Limoges. Souvent, Rougerie m'accompagnait. En automne, à la nuit tombante, le quai s'éclairait à la lumière blanche et limitée de quelques lampes à gaz. Au loin, dans la pénombre, la montagne de Blond-Berneuil (à plus de 500 m) paraissait écraser l'horizon; des grelots tintaient au cou des moutons demeurés encore sur les pâturages du Limousin. Derrière nous, Bellac, paysanne et profondément provinciale, s'enfonçait peu à peu dans la nuit silencieuse.

Je me souviens longuement de ces stages hebdomadaires à Bellac, de la collection étonnante de bassinoires de cuivre toujours enrichie par Mme Timbal et qui ornait dans la plus grande originalité antichambres et pièces du grand appartement, et des encouragements et de l'appui que je reçus durant ces deux ans. De la découverte aussi de ce coin de Limousin où vient s'adoucir progressivement le plateau central, où le sol et le climat à la fois verts, brusques, âpres, révèlent leur force et leur salubrité. D'un terroir empli d'histoire, enfoncé longtemps dans l'isolement, demeuré fidèle à sa race, à son habitat, à son passé de paysans rudes et laborieux, j'ai conservé le souvenir d'un des nombreux « morceaux » de ce qui fait la France profonde.

En gare de Montmorillon, dans un crissement de freins annoncé par un long coup de sifflet, le train se rangeait sagement le long du quai. Je rentrais chez le père Plas où notre soirée était toute remplie de ma journée de Bellac. Auprès de moi, Zette, brodant ou tricotant, écoutait mon récit. La soirée passait, Paulette s'était endormie dans le lit tout neuf, encadré de fines barres laquées blanc et d'autres, longues, en cuivre.

*

Le Cours complémentaire de filles bénéficiait d'une excellente réputation. Sa directrice, Mlle Brouard, célibataire d'un certain âge, pédagogue de grande qualité, entretenait des rapports amicaux avec l'École supérieure de garçons. L'une de ses sœurs venait d'épouser mon ami Marandon. Sa nièce, du même âge que Paulette, paraissait souvent auprès d'elle, en compagnie de cette dernière. Elles faisaient l'objet de gâteries et de faveurs des grandes élèves. Et ma femme rendait ainsi souvent visite au cours complémentaire.

Me sachant dégagé de la lourde servitude de la préparation à la première partie du professorat, et désireuse à la fois de donner plus de relief à son établissement et de l'associer plus étroitement à l'École primaire supérieure, elle obtint, en accord avec M. Thébault, la participation de ses maîtres. Il me revint donc, durant ces deux années, d'assurer l'enseignement de la géographie auprès des jeunes filles candidates au Brevet élémentaire et à l'École normale. Je m'y appliquais de mon mieux et c'était un plaisir renouvelé de retrouver à chaque leçon, les mêmes visages sérieux et attentifs, la même déférence.

Je revois, à longue distance, le cahier de cours, remarquablement tenu et ordonné, de Denise Chapuis, douée et avide d'apprendre, témoignage de l'intérêt et de mon souci d'efficacité. Je devais la retrouver longtemps après, très accidentellement, en gare de Coutras et en route pour Saint-Antoine-sur-l'Isle. Elle était mariée, maman, heureuse, et rejoignait son mari à Périgueux. Nous évoquâmes longuement, entre Coutras et la gare de Saint-Seurin-sur-l'Isle, ce « bonheur de Montmorillon » où son père était alors fonctionnaire des Finances. Je me réjouis beaucoup, secrètement, d'avoir un peu contribué à son appétit de savoir et de l'expression spontanée de sa reconnaissance. Est-ce de ma part, à tant d'années de distance, générosité d'esprit que d'évoquer les regards attentifs, l'application de ces adolescentes à la blouse impeccable, aux cheveux noués ou ordonnés, déférentes et empressées, qui faisaient en tous domaines l'objet d'une éducation quotidienne de la part de Mlle Brouard et de ses adjointes. Et quel succès, en fin d'année scolaire, le jour de la fête où ces jeunes filles interprétaient des scènes classiques ou des chants particulièrement poétiques ou évocateurs. Oui, en ce temps-là, tous et chacun avançaient avec certitude, dans l'ordre journalier, vers son devenir professionnel, familial et social, au rythme des habitudes nécessaires et des petits devoirs acceptés.

À la Chaleur du Foyer

Nous avions acheté, en quittant la maison de M. Chartier, une cheminée qualifiée alors de « prussienne » et consommant indistinctement bois et charbon. Nous l'avions installée dans la pièce à manger et à travailler. Quand la brume tombait sur la Gartempe, à la lumière de ma lampe de bureau, il faisait bon, devant elle, pour corriger mes copies et engranger le savoir nécessaire pour affronter « en beauté » la seconde partie du professorat.

Zette peignait ou tricotait, Paulette remplissait la demeure de ses allées et venues auprès de nous. La cuisine était immense. Dans une encoignure se dressait une monumentale armoire à deux portes venue d'Eymet ou d'Issigeac, propre à recevoir un volume considérable de linge et de vaisselle. La cuisinière nous dispensait très régulièrement une chaleur bienfaisante. C'était le temps où le sac de charbon de cinquante kilos valait de huit à neuf francs et, la poussière de charbon étant donnée par-dessus le marché, il était loisible de maintenir du feu en permanence. Le soir, au coucher, une bonne couche de cette poussière, préalablement mouillée, répandue sur la braise, conservait en veilleuse jusqu'au matin le foyer incandescent à travers le trou de tirage pratiqué à l'aide du tisonnier, dans l'épaisseur des boulets recouverts. Et le père Plas que j'invitais parfois à venir bavarder, se montrait tout réjoui du confort de son locataire.

Paulette grandissait, vive et serviable. Certaines fois, sa maman se trouvant souffrante et contrainte de rester à notre étage, elle se chargeait des commissions chez l'épicière et chez le boucher. Et, sagement assise sur la dernière marche de l'escalier à vis dont elle connaissait les dangers et le secret – bien tenir la rampe de fonte –, elle attendait, à l'heure voulue, mon retour de classe. Souvent, aux beaux jours, jouant à la maman, elle emmenait avec elle la toute petite fille de M\ :sup:`me` Darret pour jouer sur la terrasse, près de la boucherie. À leurs pieds, les lavandières battaient leur linge dans l'eau vive de la Gartempe.

Les saisons et les mois s'écoulèrent, rapides, coupés par les vacances scolaires que nous passions à Saint-Antoine et à Creysse.

Juin 1927 arriva. Paulette, qui avait ses grandes et ses petites entrées au cours complémentaire, lequel offrait à ses trois-cinq ans des sujets renouvelés de plaisir et de découvertes, se vit décerner lors de la distribution des prix, le prix de « bonne compagnie ». Et l'obstacle de la seconde partie du professorat des écoles pratiques fut franchi allègrement. Mon nom figurait en position n° 6 sur la liste des admis.

Pour nous s'ouvrait une voie plus large, prometteuse. Fin juillet, je reçus mon affectation à l'École nationale professionnelle de Tarbes (nomination de choix), au traitement de mille six cent cinquante francs par mois. C'était alors le « pactole ».

*

Et me voici, quittant cette petite ville après un séjour de sept ans.

1920-1927 : le pays, exsangue et appauvri, se reprenait à respirer, à espérer. Un million et demi de morts, plus de quatre millions de blessés ou infirmes, la richesse nationale amputée des trois-quarts... ([92]) Mais la vie reprenait ses droits, la jeunesse, sa vitalité et ses espoirs, en dépit d'une Europe désagrégée, mutilée, où plus rien ne serait comme avant. Les hommes voulaient et croyaient que l'avenir allait leur ouvrir, dans un esprit de solidarité et de concorde, la sécurité, la quiétude, fondements d'un renouveau. Aussi bien, notre génération au sens large – ceux qui avaient subi la guerre – se retrouvait dans de tels sentiments.

Et sur les bords de la Gartempe, durant cette période de sept ans, ce fut bien un asile de paix, de bonheur discret, d'amitié. Dans ce lieu chargé d'histoire, je vois revivre, alors qu'un si grand nombre d'entre eux ont disparu, des portraits et des ombres.

* * * * *

[92] N.T. — Des 537 000 prisonniers, 17 000 moururent en captivité; les pertes militaires incluent aussi 1 140 000 chevaux et 20 000 pigeons-voyageurs. De 1920 à 1925, on érigea 30 000 monuments aux morts.

L'École nationale professionnelle de Tarbes

Le personnel de l'E.N.P. de Tarbes, 1930
L'auteur est au 1er rang à partir du bas, 2e à partir de la gauche.

NOTE du TRANSCRIPTEUR

N.T. — Le témoignage de M. Hibrant ne couvre qu'un tiers de sa vie. M. Hibrant enseignerait effectivement à Tarbes puis, nommé Officier d'académie en 1934, il deviendrait directeur de l'École pratique de commerce et d'industrie de Saint-Nazaire l'année suivante; il serait promu Officier de l'Instruction publique en 1937. En 1942, il serait en quelque sorte forcé « pour son bien », après le coup de main de commandos anglais sur la base sous-marine et une affaire concomitante d'adjoint arrêté par la *Gestapo*, d'aller se mettre au frais au collège technique de Bordeaux, dernier poste de sa carrière. (Le cercle, une sorte de cercle, serait complet quand je rencontrerais en 2012, en Inde, la petite-fille du commandant de l'attaque-suicide sur Saint-Nazaire.) M. Hibrant passa ainsi un tiers de sa vie avec Georgette. Homme de nature à survivre à cinq guerres, il lutterait avec Georgette jusqu'à ce qu'elle expire d'un cancer en 1950. Il se remaria deux ans plus tard avec son homologue du collège de filles, Micheline Dupont; ses lettres relatives aux oppositions auxquelles il fit face lors de son remariage dévoilent un grand stratège, sage, patient, excellent juge de caractère, empreint de positivisme à toute épreuve. Laurent et Micheline furent ensemble quarante ans. Durant cette époque, il fut promu Commandeur des Palmes académiques en 1957, et Micheline en fut nommée Chevalier en 1961 et Officier en 1969. Il aimait s'asseoir, après son hémiplégie, dans son jardin de Cenon (Gironde), et jouir de ses derniers jours en méditant sur le passé. Il décéda en 1992 et repose à Saint-Antoine-sur-l'Isle, auprès de sa première femme. Sa fille, Paulette, qui avait mis au monde une fille et deux garçons, mourut cinq ans après lui. Micheline prévoit reposer auprès de ses parents, à Étauliers (Gironde).

Je ne sais plus quand j'ai rencontré M. Hibrant pour la première fois. Je devais être bien jeune et mon père m'avait sans doute présenté selon sa formule habituelle : « Et voilà le Panaché… » Je me souviens d'une visite que mon père et moi, nous lui fîmes un jour à l'improviste, à son collège technique du cours de la Marne, à Bordeaux, vers 1960. « Allons, viens ! » me lança mon père pour me faire sortir de la voiture. Je redoutais d'avoir à croiser le regard des élèves de cette école qui me paraissaient bien plus dégourdis que moi. Avec deux ans d'avance au lycée, j'étais à la traîne dans plusieurs matières, sauf en histoire-géographie et, grâce à ma mère et peut-être un peu comme mon arrière-grand-père Chaval, sauf en allemand et en thème latin. J'étais d'autant plus sur mes gardes que j'estimais la première consonne du mot « collège » agressive, je n'aimais pas la « gravité » de l'accent, et le mot « technique » me faisait penser à une discipline implacable. Arrivés dans le bureau de M. Hibrant, un bureau immense, caverneux, sombre, et après que les deux hommes s'étaient dirigés l'un vers l'autre en échangeant quelques mots de patois et que mon père n'eut pas manqué de faire remarquer de combien j'avais grandi, je me faisais aussi petit que possible pour les épier et déjouer toute tentative de complot à mon égard : je voulais rester à mon lycée. Et puis, me souvenant comment il avait porté ses messages en voltigeant d'un trou d'obus à l'autre, d'une tranchée à l'autre, je trouvais un petit air de renard à ce M. Hibrant et je m'en méfiais. « Et à Issigeac… » Quand j'entendais ces mots, je pouvais me détendre et regarder un peu autour de moi, mesurer l'épaisseur des dossiers sur le bureau ministre et les comparer à ceux de mon père qui portaient des noms de villes où il y avait des agences d'assurance. Sans doute aussi par son désir de me suggérer certaines choses de façon irréfutable, un peu à la manière du constat ou de l'enquête, et avec un minimum d'explications, un jour mon père m'emmena jusque dans une des cours du collège où quelque chose de grave s'était passé. Bien que je n'aie retenu les détails de l'affaire, les gestes et les intérêts de mon père et de M. Hibrant pour l'histoire et le sens du lieu se gravèrent en moi. Les nécessités de la vie firent que nous ne nous revîmes plus pendant près de vingt ans. Mais M. Hibrant me garda toutefois en mémoire et les deux ou trois fois où, de passage en France, je m'arrêtai chez lui, j'étais chaque fois frappé par son hospitalité et en particulier par les dialogues qui se développaient entre nous : contrairement à ses compatriotes, il ne s'emballait pas dans des exposés instantanés me faisant la leçon sur les pays où j'habitais – géographe de formation, il aurait pu aisément le faire –, non, il m'écoutait, moi, l'ancien petit lycéen d'ailleurs – il savait écouter et, comme je l'ai remarqué dans les rencontres de ma vie, écouter, en plus de s'adresser aux gens par leur nom, est l'une des principales qualités d'un chef. La dernière fois que je l'ai rencontré, en 1984, avec son épouse, Micheline, après une de ces longues conversations – ce n'était pas des discussions, c'était des conversations –, il eut le même geste que quand je quittai la France, vingt-trois ans plus tôt : il m'offrit un des livres de sa bibliothèque, une anthologie de poche de la poésie française. C'est ce geste que je revois encore aujourd'hui, comme si M. Hibrant était encore là, devant moi. La maquette de ses mémoires et notes rectificatives suivirent – et disparurent au cours de mes déménagements, jusqu'à ce que je remette mes papiers en ordre. Cet homme, donc, se proclamant d'une France profonde qui n'existe plus aujourd'hui (« … et que peut représenter ou traduire, en 1974, mon prix d'excellence de 1914 ? »), cet homme tout aussi épris du monde, capable d'imaginer une réconciliation franco-allemande dès 1919, qui avait ouvert sa maison, chez lui, dans son village, dans le fin fond de son Périgord médiéval, à des réfugiés de ce que les Français appelaient encore l'Orient (cf. *Voyage en Orient* de Lamartine, « la question d'Orient » ou « l'Armée d'Orient »), cet homme n'avait pas oublié ce qu'il représentait pour moi, et ce n'est qu'en transcrivant ses mémoires que je devais saisir la portée de son influence sur ma vie – une découverte pressentie qui devint un troisième cadeau, posthume celui-là. Car enfin, si M. Hibrant suggère dans son récit que c'est à Milé

Naoumovitch que mon père doit d'avoir rencontré ma mère, c'était bien à lui, Laurent Hibrant, que mon père devait d'avoir rencontré Milé Naoumovitch – des rencontres différentes, un oui pour un non ou vice-versa, et je n'aurais pas été et ces lignes ne seraient pas. (Naoumovitch, devenu directeur de l'usine métallurgique de Sévoïno, reviendrait rendre visite à ses amis dans les années cinquante. Je ne me souviens pas de son passage; Mme Hibrant m'a raconté que les trois hommes s'étaient retrouvés à Cenon; ils avaient eu chacun leur dose de naufrages ou de catastrophes, mais leur amitié était restée intacte, sinon plus forte. Je reverrais Naoumovitch encore une ou deux fois; il était coiffé d'un éternel béret; je le trouvais superbement grand, un peu penché en avant [sauf pour tirer une bouffée de sa pipe], et inspirant la confiance avec sa voix de baryton. Avant d'aller en voyage chez lui, mon père m'emmenait chaque fois avec lui choisir soit une nouvelle pipe, soit une nouvelle canne à pêche pour son ami; c'était difficile d'en trouver, « là-bas ». Et, tout en vérifiant les noms de cette biographie, je retrouvai la trace de sa veuve et réussis à lui parler.) M. Hibrant avait quatre ans de plus que mon père. C'est ainsi à cet homme, grand et simple à la fois, droit au point de ne pas retoucher ses écrits, comme me l'a confirmé sa veuve, c'est à cet homme qui semble avoir plus de souvenirs des estaminets de la banlieue de Dunkerque en 1918 que de toutes les Années folles, à cet homme qui allait au travail en 2 CV, que je dédie mes efforts de publication de son témoignage.

J. Lambert, Lac MacDonald (Québec), juin 2013.

GLOSSAIRE

ambine (f.) : 1. **crognon** et anneau de fonte entrelacés (du mot ambès [double]). 2. anneau de bandelettes souples et torsadées, destiné à lier lâchement un joug double, en le chevauchant, au timon qui traverse ses boucles pendantes.

assiette à calotte (f.) : **assiette creuse** d'enfant (**calotte** [f.] : tape passant sur la tête avec le plat de la main).

assiette à soupe – V. **assiette creuse.**

assiette creuse (f.); **assiette à soupe** (f.) : assiette destinée à recevoir un plat liquide.

balle (f.) : ballot d'épis et de grains comprimés.

barrique (f.) : tonneau d'une capacité pouvant atteindre de 36 à 400 l. (Barrique bordelaise : barrique d'une capacité de 225 l).

bataillon de marche : unité militaire mise provisoirement sur pied à partir d'éléments d'autres unités (cas d'une conjoncture nécessitant une adaptation structurelle).

bestiaux : bœufs, vaches, chevaux; parfois aussi : porcs, moutons et chèvres.

bleu horizon : couleur des uniformes des troupes métropolitaines françaises de 1915 à 1935, symbole du **poilu.**

bonde (f) : 1. orifice d'un tonneau. 2. bouchon de bois servant à sceller l'orifice d'un tonneau.

bouteillon; bouthéon : nécessaire individuel du soldat (voté en 1887, abrogé en 1895 mais maintenu).

bouthéon – V. **bouteillon.**

cagna (f.) : abri sous-terrain fait de terre et de rondins, souvent creusé à même une tranchée.

calander : polir et farder (?).

cépage : variété de vigne dotée de caractéristiques conditionnant son adaptation aux différents types de sols et de climats, et déterminant la puissance, la longévité et la couleur de son vin.

chabrol : assiette de soupe qui, une fois servie, est assaisonnée de vin rouge.

cochon de lait – V. **laiton.**

cornière (f.) : 1. gouttière réceptrice des eaux de pluie de deux pans de toit. 2. (syn. : couvert 1.) avant-boutique couverte et extérieure à une boutique, délimitée par une arcade ou un portique et concédée contre imposition. 3. (syn. : couvert 2.) maison dotée d'une avant-boutique couverte.

couvert 1.; **cornière** (f.) 2. : avant-boutique couverte et extérieure à une boutique, délimitée par une arcade ou un portique et concédée contre imposition.

couvert 2.; **cornière** (f.) 3. : maison dotée d'une avant-boutique couverte.

crognon : 1. pièce fixée à l'extrémité du timon par une lame d'acier et destinée à amortir les saccades. 2. bague de bandelettes souples et torsadées, destinée à recevoir et lier le timon, et suspendue aux extrémités d'une potence de calage traversant un joug double.

cuisine roulante (f.); **roulante** (f.) : cuisinière multi-fours tractable, à table de cuisson et tuyau-cheminée.

écoulage : séparation du jeune vin des peaux et pépins.

écu d'argent : 1. pièce de monnaie ayant valu de 3 à 6 **livres tournois** (1263-1829 [en 1789, env. 20 euros de 2006]); dite aussi « louis d'argent » (1640-1803). 2. nom populaire de la pièce de 5 **francs-argent** (1795-années 1930).

enchaud : rôti de porc piqué à l'ail et confit, servi froid.

engelure (f.) : gonflement inflammatoire de la peau causé par le froid et risquant d'évoluer du rouge au noir et de nécessiter une amputation. – V. **gerçure**.

entérite (f.) : inflammation de l'intestin grêle.

fête du cochon (f.) : **pèle-porc** à Montmorillon (Vienne).

fièvre puerpérale (f.) : fièvre causée par une infection de l'utérus lors d'un accouchement.

franc-argent : pièce de monnaie remplaçant la **livre** (entre 4,505 et 5 g d'argent, 1795 / 1803-1920); la pièce de 5 francs-argent (25 g d'argent) remplaçant l'**écu d'argent** sera frappée jusqu'en 1878.

franc-or : unité monétaire (0,290 g d'or, 1803-1928), remplacé par le **franc Poincaré**, puis unité de **monnaie de compte** (1930-2003); la pièce de 20 francs-or fut dite aussi « **louis d'or** » puis « napoléon ».

franc Poincaré : 1/5 (1928) puis 1/20 (1938) du **franc-or**.

fusil Berthier; fusil M^le 1907-15 : fusil à trois cartouches de 8 mm; remplaça peu à peu le **fusil Lebel**; équipa notamment les troupes coloniales (France, Balkans), la Légion étrangère, les brigades russes (France, Balkans) et la nouvelle armée serbe (modifié de 1916 à 1932).

fusil Lebel; fusil M^le 1886 : fusil à dix cartouches à poudre sans fumée et à balles chemisées de 8 mm pouvant atteindre une cible à plus de 400 m (peu à peu remplacé par le **fusil Berthier** modifié).

gaz moutarde – V. **ypérite**.

gerçure (f.) : fissurette de la peau ou des muqueuses causée par le froid, l'humidité et la déshydratation, et risquant d'évoluer en plaie ouverte. – V. **engelure**.

hussard noir : instituteur public de la IIIe République (1870-1840), appelé ainsi par Charles Péguy, utilisé après 1913.

issue (f.) : élément autre que la farine rejeté par une céréale lors de sa mouture.

jardinière (f.) : charrette hippomobile légère servant à transporter des produits maraîchers.

juille (f.) : lanière de cuir longue et solide servant à atteler des bœufs de part et d'autre d'un timon de charrette.

laiton; porcelet; cochon de lait : jeune porc qui n'est pas encore sevré.

livre 1. (f.) : 1. unité de masse de l'Ancien Régime variant entre 380 et 552 g selon les régions. 2. unité de masse dite « livre métrique », définie de 1812 à 1839 comme valant 500 g et subsistant dans l'usage de la langue un siècle plus tard.

livre 2. (f.) : unité monétaire remplaçant la **livre tournois** (0,31 g d'or, 1720-1795, 4,505 g d'argent lors de son remplacement par le **franc-argent**).

livre parisis (f) : unité de **monnaie de compte** de l'Ancien Régime (755-1667), remplacée par la **livre tournois**.

livre tournois (f) : unité de **monnaie de compte** de l'Ancien Régime (parfois appelée franc, surtout entre 1360 et 1641), remplaça la **livre parisis** et représenta entre 0,124 et 0,862 g d'or (1203-1720), remplacée par la **livre**.

louis d'or : 1. pièce de monnaie ayant valu entre 5 et 24 **livres tournois** (en remplacement de l'écu d'or, plus de 3 g d'or, 1640-1792). 2. nom populaire de la pièce de 20 **francs-or**.

maquignon : acheteur-revendeur de **bestiaux**.

marraine de guerre (f.; 1914-1918, 1940-1944) : jeune femme célibataire chargée de correspondre avec un soldat au front (ou prisonnier), son filleul (de guerre), pour lui maintenir le moral.

métayer : locataire terrien qui fournit une partie de sa récolte au propriétaire (ou bailleur).

millas : galette à la farine de maïs.

mitaine (f.) : demi-gant qui laisse les dernières phalanges libres.

monnaie de compte (f) : monnaie fictive servant à stabiliser les comptes indépendamment des cours.

morale kantienne : code de conduite fondé sur l'immortalité de l'âme et échafaudé par Immanuel Kant (1785), reflétant la morale prussienne, propre à l'individu qui se soumet au devoir et aligne sa vie strictement sur l'ordre établi et la loi, pour atteindre la vertu et la dignité, états estimés être plus élevés que le bonheur ou l'intérêt individuels, et en pratique pouvant mener à un effacement raisonné de l'individu comme dans les mariages arrangés (cf. *Effi Briest* [1894] de l'Allemand Theodor Fontane), ou à l'épanouissement raisonné de l'individu dans l'expansion territoriale ou la conquête coloniale (V. Kipling).

mousqueton : carabine légère à canon court.

napoléon : pièce de 20 **francs-or** (entre 5,80 et 6,45 g d'or [env. 260 euros de 2010], 1803-1914) remplaçant le **louis d'or** et portant successivement les effigies de la République, de Napoléon Ier, Louis XVIII, Louis-Philippe, Charles X et Napoléon III.

nourrain : jeune porc sevré.

ouiller : remplir un fût partiellement vide avec un vin de même nature.

pain K K : ration de pain de guerre allemand (*Kriegs Kartoffelbrot* ou *K-Brot aus Kartoffelflocken*), composé de farine de pommes de terre (20 p. 100 ?), pouvant comporter sciure de bois et sang de bœuf.

pèle-porc – V. **fête du cochon**.

phylloxéra : 1. insecte parasite de la vigne qui en ronge les racines. 2. maladie de la vigne causée par l'insecte du même nom.

pistole française (f.) : unité de **monnaie de compte** de l'Ancien Régime ayant représenté env. 10 **livres tournois**, puis dite pour 10 **francs-argent** (1795) et enfin 10 **francs-or** (1803).

poilu : soldat français de la Première Guerre mondiale surnommé ainsi vers 1915 (au sens de 1897 : celui qui est brave, viril, n'a pas froid aux yeux et a de la poigne et du poil

« au bon endroit »); surnom remplaçant ceux de « grognard d'Austerlitz » (1805) et de « soldat de la Marne » (1914).

porcelet – V. **laiton**.

reps : étoffe à côtes perpendiculaires aux lisières, employée dans l'ameublement.

roulante – V. **cuisine roulante**.

saindoux : graisse de porc utilisée en friture ou pour la présentation de charcuteries froides.

sanguette (f.) : mets poêlé, à base de sang de volaille, mêlé d'ail, de persil et de lardons.

saugrenade (f.) : soupe.

soviet : conseil politico-administratif.

tambouille (f.) : plat du jour, bon ou mauvais.

télégraphe Bréguet (1844) : mode de communication par fil électrique (mis en service sur la ligne ferroviaire Paris-Versailles).

tin : cale de tonneau.

tonneau bordelais : tonneau d'une capacité de quatre **barriques** bordelaises.

toupine (f.) : petit pot en terre.

tourain; tourin : soupe du Sud-Ouest; dans sa forme périgourdine : à base d'ail, d'œufs et de graisse (d'oie ou de canard); il agirait comme dégrisant tôt le matin.

tourte (f.) : pain gris-brun de forme ronde.

truie (f.) : catapulte-bélier manœuvrée par une centaine d'hommes.

ypérite (f.); **gaz moutarde** : arme chimique sous forme de gaz asphyxiant, attaquant les yeux, la peau et les muqueuses (même à travers les vêtements), les symptômes apparaissant six heures après exposition, mortel à grande dose (1 p. 100 des victimes), toujours actif des mois après imprégnation du sol (utilisé pour la première fois en préparation de la bataille de Passchendaele [Belgique, 31 juillet-6 nov. 1917], dans la nuit du 11 au 12 juillet 1917 près d'Ypres [Belgique] par les Allemands sur les Britanniques).

Patois du Périgord

accourdaïro, l' : médiateur entre un marchand de bestiaux et un acheteur éventuel (traduit comme accordeur ou appairieur).

basto, la (pl. : *leï bastos*) : comporte à brancard : grand panier de bois arrimé à une paire de brancards en leur milieu et nécessitant deux porteurs (usage relaté : vendanges).

bouyricou, lou : panier d'osier (usages relatés : lessive, boucherie).

bugado, lo : 1. buée. 2. lessive.

cantou, lou : 1. coin. 2. grande cheminée avec bancs latéraux.

carreyrou : venelle ou ruelle, cailloutée.

charretou : charrette légère à 2 roues, généralement tirée par un âne.

cioul : cul.

coulachouïe, la : collation.

médici, lou : médecin.

oustal, l' : ferme.

pourta : porter.

piotos, leï : dindons.

rétzou, lou : régent.

roudina : grogner.

talon : faim.

toutdzour : toujours.

vinadgé, lou : collation arrosée de vinée (ou dose de vin).

REPÈRES BIOGRAPHIQUES

Alain (Émile-Auguste Chartier, 1868-1951) : dreyfusard, ancien combattant, professeur et philosophe pacifiste et antireligieux, collaborationniste; auteur : *Mars ou la guerre jugée* (1921), propos de 1912 à 1938 (*Propos sur l'éducation* [1932]), etc.

Alphonse IX de Poitiers (1220-1271, frère de Louis IX de France), Capétien : comte de Poitiers, de Saintonge et d'Auvergne (1241), comte de Toulouse (1249); le plus riche prince de France, participant aux VIIe et VIIIe croisades.

Balzac, Honoré de (1799-1850, L.H. 1845) : journaliste, imprimeur et romancier romanesque; auteur de plus de quatre-vingt-dix romans et nouvelles, dont *Le Curé de Tours* ([1832] 1843).

Barbusse, Henri (1873-1935) : dreyfusard, ancien combattant, auteur d'inspiration réaliste, empoisonné par Staline (?), Prix Goncourt pour *Le Feu* (1916).

Brindejonc des Moulinais, Marcel (1892-1916, L.H. 1913) : aviateur vainqueur de la coupe Paris-Varsovie 1913, abattu par deux appareils français (?).

Bruno, G. (Augustine Fouillée, 1833-1923) : femme de lettres, auteure : *Le Tour de la France par deux enfants*, roman d'instruction civique publié en plus de quatre cents éditions entre 1877 et 2012; etc.

Capétiens, dynastie des (987-1789, 1814-1848) : dynastie princière d'origine franque. – V. Alphonse IX de Poitiers; Charles V de France; Henri IV de France; Louis IX de France.

Chadeyras, Francisque (1871-?) : instituteur (Cunlhat, Draguignan, Lavaur, etc.), inspecteur primaire (Lavaur), directeur d'école normale (Poitiers); auteur : *Superstitions et Légendes d'Auvergne* (1900), *Un peu de notre âme* (1932), *Emmanuel des Essarts* (1935), *Chants du soir* (1936); V. Bibliographie.

Charles V de France, dit Charles le Sage (1338-1380), Capétien-Valois : roi de France (1364-1380); Deuxième Guerre de cent ans (1337-1453) : récupéra, grâce à Du Guesclin, la quasi-totalité des terres perdues aux Anglais pendant son règne.

Chartier. – 1. V. Alain. 2. V. Index des personnes.

Chaval, J. Louis (1848-1933) : pharmacien, maire d'Issigeac (1901-1925).

Chevalier, Maurice, dit Momo (1888-1972, L.H. 1938) : chanteur et acteur (1908-1967), condamné à mort (1944), innocenté (1945); Oscars (1930, 1959).

Cooper, James Fenimore (1789-1851) : ancien combattant, premier grand romancier américain, d'inspiration romantique, connu en France pour ses romans d'aventures; auteur : *Histoires de Bas-de-Cuir* (cinq vol. 1823-1841), etc.

Corneille, Pierre (1606-1684) : avocat, puis dramaturge des problèmes d'honneur et de choix; auteur d'une trentaine de pièces : *L'Illusion comique* (1636), *Le Cid* (1637), *Cinna* (1641).

Courteline, Georges (Moineau, 1858-1929, Académie Goncourt 1926) : dramaturge et romancier, dreyfusard; auteur : *Les Gaietés de l'escadron* (1886, film 1932), etc.

Diane de Poitiers, épouse de Brézé (1500-1566, cousine de la future reine d'Henri II de France) : éducatrice, amie et maîtresse d'Henri d'Orléans, futur Henri II de France.

Dorgelès, Roland (Lecavelé, 1885-1973, Académie Goncourt 1929, L.H.) : ancien combattant, journaliste-écrivain, Prix Fémina pour *Les Croix de bois* (1919).

Du Guesclin, Bertrand (1320-1380) : duc de Molina (1366), roi de Grenade (1369), connétable de France (1370-1380); Deuxième Guerre de cent ans (1337-1453) : spécialiste de la guérilla, chassa les Anglais du Poitou.

Eugène III, Bernardo Paganelli di Montemagno dit (1080 ?-1153) : pape (1145-1153), lança la IIe Croisade.

Fénelon, François de Salignac de La Mothe (1651-1715, académicien 1693) : archevêque et écrivain, auteur des *Aventures de Télémaque*, roman politico-didactique écrit à l'intention du dauphin, publié par un tiers (1699).

Ferry, Jules (1832-1893, franc-maçon 1875) : journaliste, avocat, maire de Paris (1870-1871 [siège des Prussiens, Commune]), ministre (notamment de l'Instruction publique, 1879-1881, 1882, 1883 [secondaire aux filles /1880/, primaire gratuit /1881/, obligatoire et laïque en français /1882/]), président du Conseil (1880-1881, 1883-1885), artisan de conquêtes coloniales (Asie, Afrique); président du Sénat (1893); assassiné.

Foch, Ferdinand (1851-1929, L.H. 1892, maréchal [France, Grande-Bretagne, Pologne] et académicien 1918) : guerre franco-prussienne (1870-1871), polytechnicien (1871), brigadier (1907), Première Guerre mondiale (1914-1918), généralissime interallié (mars 1918), stratège de la victoire sur l'Empire allemand.

Galmot : 1. Henry E.A.C. (1875-1954) : fils d'instituteur communal (J.B.A. Édouard Galmot [1845-1910]), professeur de français à l'école pratique de Marmande. 2. Jean (1879-1928, frère d'Henry), dit Papa Galmot, journaliste, dreyfusard, homme d'affaires, Guyanais depuis 1906, député de la Guyane (1919), mal vu des notables et politiciens locaux, victime de fraude électorale, mourra empoisonné, mais immortalisé par une plaque à Monpazier, la littérature (*Rhum*, de Blaise Cendrars, 1930) et le cinéma (*Jean Galmot, Aventurier*, d'Alain Maline, 1990).

Gambetta, Léon (1838-1882, franc-maçon 1869) : avocat, député, artisan de la IIIe République, ministre (notamment de la Guerre), président du Conseil (1881-1882).

Gauthier, [Pierre-] Léon (1888-1939) : fils d'instituteurs à Saint-Aubin-d'Eymet, docteur ès lettres (thèse sur Jean Lorrain, 1935); directeur de l'École primaire supérieure de Tournus, puis de Rouen; auteur : *Le Français à l'école* (1924) et textes choisis (après 1935); *Clos Mouron* (1928), *Mange-Femmes* (1930) et autres romans sous pseudonymes; co-éditeur (avec Paul Morand [1888-1976, futur diplomate /1913/, ministre /1942/ et académicien /1968/]) : *Femmes de 1900* (1932), œuvre posthume de Jean Lorrain (Paul Duval [1855-1906, Académie Goncourt 1896]). Les noms de Léon Gauthier (docteur ès lettres) et de Laurent Hibrant se retrouvent comme ceux de co-auteurs d'un livre de textes choisis pour l'enseignement technique (Paris, Vuibert, 1939). Le nom de Pierre-Léon Gauthier, fils d'instituteurs et directeur d'E.P.S. comme ledit Léon Gauthier le devient dans la présente relation, se retrouve dans le n° 37 du *Manuel général de l'instruction primaire des instituteurs et des institutrices* du 2 juin 1928 comme celui de l'auteur du roman régionaliste *Clos Mouron* (Paris, Baudinière, 1928), Grand Prix des Vignes de France (1928). Il existe aussi un Pierre-Léon Gauthier né en 1888, auteur de *Jean Lorrain : la vie, l'œuvre et l'art d'un pessimiste à la fin du XIXe siècle*, thèse présentée pour l'obtention du diplôme de docteur ès lettres à la Faculté des Lettres de l'Université de Paris (Paris, Lesot, 1935), la même année qu'il aurait fait publier avec commentaires *Un Second Oratoire : chroniques retrouvées de Jean Lorrain* (Dijon, Jobard, 1935). D'autre part, il existe aussi un professeur ou directeur d'école Léon Gauthier, auteur d'un article pour enfants dans le *Journal des instituteurs*, donné parfois comme Pierre-Léon Gauthier, auteur en collaboration de divers livres de textes choisis, d'un *Cours de morale* (Paris, Vuibert, cinq éditions de 1941 à 1947), et d'un cours d'instruction civique. Enfin, il existe aussi un Pierre Léon-Gauthier, auteur de *Cœurs en croix* (Paris, Baudinière, 1929) et de *Clos de Bourgogne* (Beaune, Renaissance, 1931), alors qu'un Léon Gauthier aurait publié la même année *La Treille du Bois-Mouron* (Paris, Redier, 1931), trois ans après la parution de *Clos Mouron* dudit Pierre-Léon Gauthier mentionné plus haut. (Si ces Gauthier peuvent être confondus et ne former qu'un auteur, ils ne peuvent l'être avec Léon Gauthier [1862-1949], docteur ès lettres, aussi de l'Université de Paris [1909], professeur d'histoire de la philosophie [1910-1932], qui avait déjà commencé ses recherches en 1899, en Algérie.)

Genevoix, Maurice (1890-1980, académicien 1946, L.H., C.G., P. Ac.) : ancien combattant, auteur décrivant les relations Homme-Nature-Mort (*Ceux de 14*, 1949), Prix Goncourt pour *Raboliot* (1925).

Gontaut-Biron, Maison de : lignage de la noblesse de Guyenne, né de l'union de Gaston de Gontaut (1113 ?-1195, participant à la IIe Croisade) à la fille du seigneur de Biron vers 1150.

Guillaume II d'Allemagne, Frédéric Guillaume Victor Albert de Hohenzollern (1859-1941) : cousin de George V du Royaume-Uni et petit-cousin de Nicolas II de Russie, roi de Prusse et empereur d'Allemagne (1888-1918), sapa les travaux de ses chanceliers et donna à son pays une politique expansionniste (de la *Realpolitik* à la *Weltpolitik*) : Empire ottoman, Chine, Maroc, Afrique subsaharienne, Nouvelle-Guinée, Samoa.

Henri II de France (1519-1559), Capétien-Orléans-Angoulème : duc de Bretagne (1536-1547), roi de France (1547-1559); mena des guerres contre l'Italie, l'Espagne et l'Angleterre; réprima les débuts de la Réformation.

Henri IV de France (1553-1610), Capétien-Bourbon : Henri III de Navarre (1572-1610), roi de France et de Navarre (1589-1610), ami de Montaigne, vainqueur des guerres de religion, protecteur des protestants, restaurateur de la prospérité; assassiné.

Hugo, Victor (1802-1885, académicien 1841, L.H. 1825) : poète, romancier et dramaturge romantique, sénateur (1876); en exil 1851-1870; auteur : *Les Misérables* (1862), *Pour la Serbie* (1876), *Le Cimetière d'Eylau* (1877), etc.

James, William (1842-1910) : pionnier de l'enseignement de la psychologie aux États-Unis d'Amérique; auteur : *The Principles of Psychology* (1890 : *Principes de psychologie*), *Pragmatism* (1907 : *Le Pragmatisme* [1911]), etc.

Joffre, Joseph, dit Papa Joffre ou Le Vainqueur de la Marne (1852-1931, franc-maçon 1875, L.H. 1885, maréchal 1916, académicien 1918) : polytechnicien (1869), guerre franco-prussienne (1870-1871), guerre franco-chinoise (1881-1885), Tonkin (1887), professeur d'artillerie (1891), Soudan (1892-1894), Madagascar (1899-1901, 1902-1903), brigadier (1901), Première Guerre mondiale (1914-1918), commandant en chef (1914-déc. 1916).

Kant, Immanuel (1724-1804, académicien prussien) : précepteur, enseignant, bibliothécaire puis professeur et philosophe faisant la synthèse des idées de Francis Bacon et de Descartes en opposant théorie et pratique, et liberté et devoir moral; auteur : *Kritik der reinen Vernunft* (1781 : *Critique de la raison pure*), *Grundlegung zur Metaphysik der Sitten* (1785 : *Fondements de la métaphysique des mœurs*), *Kritik der Urteilskraft* (1790 : *Critique de la faculté de juger*), etc.

Kipling, Rudyard (1865-1936, franc-maçon 1885) : journaliste, romancier et poète, partisan d'un colonialisme moraliste et anglo-saxon (annexion du Transvaal et de l'État libre d'Orange par l'Angleterre [1877, 1900], et des Philippines par les É.-U.A. [1902]), francophile et défenseur de Poincaré; auteur : *The Jungle Book* (1893-1894 : *Le Livre de la jungle* [1899]), "If" (/1895/ 1910 : Tu seras un homme, mon fils [1918]), "The White Man's Burden" (1899 : Le Fardeau de l'homme blanc), etc.; Prix Nobel de littérature 1907.

La Fontaine, Jean de (1621-1695, académicien 1683), poète moraliste et dramaturge, auteur des *Fables* (1668-1678-1694).

Lacourrège, Pierre : champion de France du 110 m haies en 17 secondes 1/5 (1910), ingénieur-chimiste, s.-officier instructeur à la caserne Bugeaud de Périgueux (1917).

Le Roy, Eugène (1836-1907, franc-maçon 1878) : ancien combattant, fonctionnaire, écrivain républicain, dénonciateur de la notion de grande ville et de la collusion des pouvoirs temporels et spirituels; auteur : *Jacquou le Croquant* (1899), etc.

Leygues, Georges (1857-1933) : avocat, dreyfusard, ancien combattant, député du Lot-et-Garonne, ministre (notamment de l'Instruction publique, puis de la Marine), président du Conseil (1920-1921); connaissance des poètes académiciens Sully Prudhomme et José-Maria de Heredia, et, après les pertes de quelque 40 bâtiments en 1914-1918 et les mutineries de 1919, artisan de la nouvelle marine de guerre qui devait se saborder à 90 p. 100 en rade de Toulon en réaction à l'invasion de la France inoccupée, par l'Allemagne et l'Italie (27 nov. 1942, 115 bâtiments).

Louis IX de France, dit Saint Louis (1214-1270, frère d'Alphonse IX de Poitiers), Capétien : roi de France (1226-1270); chef des VIIe et VIIIe croisades.

Lyautey, Hubert (1854-1934, L.H. 1895, académicien 1912, maréchal 1921) : saint-cyrien, Tonkin (1894-1897), Madagascar (1897-1902), brigadier (1903), gouverneur militaire puis protecteur général du Maroc (1907-1925), partisan d'un colonialisme indirect, Première Guerre mondiale (1914-1918), ministre de la Guerre (1916-1917), guerre du Rif (1925-1926); auteur : *Le Rôle social de l'officier* (1891), *Du Rôle colonial de l'armée* (1900), etc.

Malherbe, François de (1555-1628) : soldat de la Ligue catholique, poète théoricien de l'art classique et réformateur du français.

Mangin, Charles, dit Le Buveur-de-Sang ou Le Boucher (1866-1925, L.H. 1893) : saint-cyrien, partisan de l'offensive à outrance, brigadier (1913), en occupation en Rhénanie; auteur : *La Force noire* (1910).

Marx, Karl (1818-1883) : économiste, journaliste et révolutionnaire; auteur : *Manifest der kommunistischen Partei* (1848 : *Manifeste du Parti communiste* [1893]); *Das Kapital. Kritik der politischen Ökonomie* (1867, 1885, 1894 : *Le Capital [:] Critique de l'économie politique* [1872]); etc.

Mistinguett (Jeanne Bourgeois, 1875-1956) : chanteuse et actrice (1908-1955).

Molière, Jean Baptiste Poquelin dit de (1622-1673) : comédien et dramaturge le plus joué; auteur de plus d'une trentaine de pièces plus ou moins satiriques, notamment de la petite bourgeoisie, et provocatrices (critiquées par Bossuet) : *Le Misanthrope* (1666), *Le Bourgeois gentilhomme* (1670), *Les Femmes savantes* (1672), etc.

Montaigne, Michel Eyquem de (1533-1592) : humaniste, ami d'Henri III de Navarre, magistrat (1556-1570), soldat (1573-1577), négociateur (1572, 1574, 1583, 1588), maire de Bordeaux (1581-1585), ami d'Henri IV de France; auteur des *Essais* (1580-1592; attaqués par Malebranche, Bossuet, Pascal et Port-Royal, mis à l'Index : 1676-1854), embastillé en 1588.

Nivelle, Robert Georges, dit Le Boucher (1856-1924, L.H. 1895) : polytechnicien (1876), révolte des Boxers (1900), Première Guerre mondiale (1914-1918), brigadier (1914), commandant en chef (déc. 1916-mai 1917, disgracié au début de la bataille du Chemin des Dames).

Péguy, Charles (1873-1914, tué à l'ennemi) : écrivain et poète d'inspiration mystique, dreyfusard, préoccupé par les affaires sociales et rejetant le modernisme (lucre, spéculations et publicité se faisant au détriment de l'éducation); auteur : *Les Mystères de Jeanne d'Arc* (1910-1912), *Ève* (1913), etc.

Pétain, Philippe, dit Le Vainqueur de Verdun (1856-1951, L.H. 1915, académicien 1929) : saint-cyrien, professeur de tactique, partisan de la défensive, Première Guerre mondiale (1914-1918), brigadier (1914), pionnier de l'Armée de l'Air (1916), commandant en chef (mai 1917-1931), maréchal (1918), guerre du Rif (1925-1926), ministre de la Guerre (1934), ambassadeur (1939); Seconde Guerre mondiale (1939-1945); président du Conseil (1940), dictateur pactisant avec les envahisseurs nationaux-socialistes et fascistes (1940-1944); condamné à mort puis à la prison à perpétuité (1945); auteur : *L'Éducation nationale* (1940 ?).

Pierre Ier de Serbie, Pétar Karageorgévitch (Pierre Kara [1870-1871]) dit (1844-1921, L.H. 1871) : ancien combattant mphile, prince élu roi de Serbie (1903-1918), roi des Serbes, des Croates et des Slovènes (1918-1921); éduqué à Belgrade, Genève (institut Venel-Olivier), Paris (collège Sainte-Barbe), Saint-Cyr (1862-1864), traducteur en serbe (1868) de *De la liberté* de John Stuart Mill, s.-lieutenant de la Légion étrangère (blessé sous Orléans [11 oct. 1870], prisonnier, s'évade et reprend sa place au combat [armée de la Loire]); insurrection balkanique contre les impôts ottomans et les massacres de chrétiens (1875-1877, cf. Hugo, *Pour la Serbie*, 1876); rencontre Nicolas II de Russie en 1897 pour la protection des chrétiens d'Orient et lui laisse un de ses fils comme page; guerres balkaniques (1912-1913); Première Guerre mondiale (1914-1918); délègue mi-août 1914 la conduite des opérations militaires à son fils régent (et va combattre sur le front et encourager ses troupes).

Plantagenêts, dynastie des : 1. dynastie princière (1128-1453) fondée sur la Maison franque des Ingelgériens, née de l'union du premier Plantagenêt, Geoffroy V d'Anjou (1113-1151), à la petite-fille de Guillaume le Conquérant, Mathilde d'Angleterre (1102-1167). 2. dynastie royale anglaise (1154-1485) née de l'union du fils du premier Plantagenêt, Henri II d'Angleterre (1133-1189), à Aliénor d'Aquitaine (1122-1204), et qui contrôla un empire s'étendant de l'Écosse aux Pyrénées et de l'Irlande à l'Auvergne (1154-1214).

Poincaré, Raymond (1860-1934, académicien 1909, L.H. 1913) : avocat, journaliste, député (Meuse, 1887-1903), sénateur (Meuse, 1903-1913), dreyfusard, ministre (Finances 1894-1895, 1906, 1926-1928 [abandon du franc-or et dévaluation], Instruction publique 1895, Aff. étr. 1922-1924), président du Conseil (1912-1913, 1922-1924, 1926-1929), président de la République (1913-1920).

Poisson-Le Normant d'Étiolles, Jeanne-Antoinette, marquise de Pompadour (1721-1764) : maîtresse de Louis XV, protectrice des philosophes (dont Voltaire), mécène des arts; promotrice d'une chanson paillarde sous forme de ronde enfantine, *Nous n'irons plus au bois* (1753), après l'atténuation de sa relation avec le roi.

Prévost, Marcel (1862-1941, académicien 1909, L.H. 1935) : polytechnicien (1882), ingénieur, dreyfusard, ancien combattant, auteur décrivant les ravages du monde moderne, la vie provinciale et le caractère féminin.

Prudhomme – V. Sully Prudhomme.

Rabelais, François (1483/1495-1553) : prêtre catholique et médecin; auteur humaniste satiriste : *Pantagruel* (1532), *Gargantua* (1534), *Tiers Livre* (1546), *Quart Livre* (1552), *Cinquième Livre* (1562-1564); critiqué par les théologiens.

Rallet, Louis (1897-1969) : docteur ès sciences naturelles (thèse sur la phytogéographie de la Brenne, 1936); instituteur à Argenton-s.-Creuse (Indre), membre de la Société botanique des Deux-Sèvres (1915, contributeur à son bulletin), professeur de sciences naturelles à l'École primaire supérieure de Montmorillon (Vienne); biographe de René Primevère Lesson (1953); auteur : *Vendée, Saintonge et Poitou* (1954) ; co-auteur : *Notices botaniques et itinéraires commentés* (1954), *Catalogue des muscinées du département des Deux-Sèvres* (1966).

Renoir, [Pierre-] Auguste (1841-1919, L.H. 1900) : peintre impressionniste de quelque six mille nus, portraits, paysages, etc.

Rodenbach, Georges (1855-1898) : poète symboliste et écrivain, connaissance d'Émile Verhaeren; auteur : *Bruges-la-Morte* (1892), etc.

Roux, Marie marquis de (1878-1943) : docteur en droit (thèse sur les effets de l'insolvabilité civile, 1903); avocat, journaliste historien; auteur : *La République de Bismarck* (1905), *Le Droit royal historique* et *La Révolution à Poitiers et dans la Vienne* (1911), *Pascal en Poitou et les Poitevins dans* Les Provinciales (1919), etc.

Saint Louis – V. Louis IX de France.

Sully Prudhomme, R.A.F. Prudhomme dit (1839-1907, académicien 1881, L.H. 1895) : poète, dreyfusard, Prix Nobel de littérature 1901.

Voltaire, François-Marie Arouet dit (1694-1778, académicien 1746, franc-maçon 1778) : étudiant en droit, secrétaire diplomatique, historiographe puis homme de lettres et philosophe invitant le doute et défendant la tolérance et la liberté d'expression; embastillé en 1717 et 1726, écarté de Paris et exilé plusieurs fois; auteur de l'*Essai sur les mœurs et l'esprit des nations* (1756), *Candide* (1759), etc. (près de deux cents volumes).

*

BIBLIOGRAPHIE
DIRECTEMENT RELATIVE à L'ÉPOQUE ou aux NOMS ÉVOQUÉS

ADAM, Rémi, *Histoire des soldats russes en France, 1915-1920 [:] Les damnés de la guerre*, Paris, L'Harmattan, 1996. (books.google.fr, 2013.06.15.)

Anonyme, *Historique du 5ème Régiment d'Infanterie, 1914-1919*, Paris, Lavauzelle, 1920. (histoiredebeynes.com/IMG/pdf/RI-005.pdf, 2013.06.15.)

BARBUSSE, Henri, *Le Feu*, Paris, Flammarion, 1916.

BRUNO, G., *Le Tour de la France par deux enfants*, Paris, Belin, 1877.

CHADEYRAS, F., « La Lecture à l'école primaire », *Revue pédagogique*, 1 (1920).

———, *Belles Lectures françaises*, Paris, Delagrave, 1921-1937.

CHEVALLIER, Gabriel, *La Peur*, Paris, Stock, Delamain et Boutelleau, 1930.

DORGELÈS, Roland, *Les Croix de bois*, Paris, Albin Michel, 1919.

GAUTHIER, Léon, « À la Guerre comme à la guerre [:] les causes de la Grande Guerre expliquée aux petits enfants », *Journal des instituteurs*, 44 (1er août 1915), p. 464.

GAUTHIER, Pierre-Léon, *Clos Mouron*, Paris, Baudinière, 1928.

GENEVOIX, Maurice, *Ceux de 14*, Paris, Durassié, 1949.

JARACH, Louis, dir., *Le Brevet supérieur [:] Bulletin spécial de préparation*, Paris, Fernand Nathan, 1907-1928.

LECOC, Louis, *Pages héroïques de la 5e Division d'Infanterie, 1914-1918*, Paris, Buttner-Thierry, 1918. (ancestramil.fr/uploads/01_doc/terre/infanterie/1914-1918/ 5_di_1914-1918.pdf, 2013.06.15.)

MÉLINAND, Camille, *Notions de psychologie appliquées à l'éducation : 1ère année des écoles normales (programmes du 20 août 1920)*, nouv. éd., Paris, Fernand Nathan, 1923.

POPOVIĆ, Andra, *Ratni album 1914-1918 / Album de la Guerre de 1914-1918 / The Album of the War of 1914-1918*, Belgrade, Uredištvo ratnog albuma, 1926. (ubsm.bg.ac.rs/engleski/dokument/103/, 2015.06.21.)

QUINET, Edgar, *Le Livre de l'exilé*, Paris, Dentu, 1875.

RALLET, Louis, « Quelques plantes et stations nouvelles pour l'Indre », *Bulletin de la Société botanique des Deux-Sèvres*, Saint-Maixent, Garnier, 1925, p. 30-33. (gallica.bnf.fr/ark:/12148/bpt6k6295492b.image.swf, 2013.06.17)

———, « Contribution à l'étude de la flore du Berry », *Bulletin de la Société botanique des Deux-Sèvres*, Saint-Maixent, Garnier, 1926, p. 63-64. (gallica.bnf.fr/ark:/12148/bpt6k6267803h.image.swf, 2013.06.17)

ROUX, Marie de, *La République de Bismarck*, Paris, Nouvelle Librairie nationale, 1915.

SIMMAT, Gérard, *La Vienne 1900-1930 [:] Mémoire d'hier*, Clermont-Ferrand, Tisserand, 2002.

SPENGLER, Oswald, *Le Déclin de l'Occident [:] Esquisse d'une morphologie de l'histoire universelle*, 2 vol., Paris, Gallimard, 1948.

TJOURITCH, Antoniyé, Солунци говоре [:] овако је било [*Les Anciens de Salonique racontent [:] Ça s'est passé comme ça*], 2e éd., Gornyi Milanovatz, Kulturni centar, 1979.

VIDAL de la BLACHE, Paul, *Tableau de la géographie de la France*, Paris, Hachette, 1903.

*

N. B. : Dans les index qui suivent, les numéros de page gras renvoient à des développements explicatifs ou définitionnels, et les numéros de page italiques, à une carte ou à une illustration.

INDEX de l'ALIMENTATION

INDEX des ÉCOLES

INDEX des LIEUX

INDEX des PERSONNES

INDEX des RÉGIMENTS et des CASERNES

INDEX des TITRES

—8☉8☉8—

www.ingramcontent.com/pod-product-compliance
Lightning Source LLC
Chambersburg PA
CBHW060333100426
42812CB00003B/973